1948
大風大浪

王雲五從政回憶錄

王雲五 著　臺灣商務印書館

自序

我生六十有五，一事無成。在一個生日中反省一下，自認我的大半生不能不算努力；但努力與成功畢竟是兩件事。

許多我所不認識的人，特別是失學而有志的青年，卻以為像我的出身，像我所受的教育，仍能使我廁身於事業與著作之林，在他們不免視同一種希望，因而紛紛要求我寫自傳，以資觀摩；隨著還有不少的朋友，同樣以此相勸。

但我自計，立德、立言、立功，既無一可記；即對於泰半落空的努力，也不知從何寫起。同時頑軀尚健，自計假我二十年，得專事於學問，彼時或尚有立言之可能。逡巡未敢執筆，至少亦有所期待。

最近的情形卻不同了。好幾個刊物簡直為我定下題目，有要我寫學校生活的，有要我寫怎樣自修的，有要我寫從事出版事業的，也有要我寫參政經過的。在這樣逼迫之下，我便一連寫了幾篇不太長，也不算短的文字。其中記述有遠在五十多年前的回憶，本來自己已模糊不清；可是執起筆來，好幾個陳舊而幾至泯滅的影子有如浸入顯影的藥液中，漸漸便顯現出來。特別是在我的學校生活一篇中，在執筆之初，自己也不信能產生這樣一幅不濃不淡的影像。因此，我便獲得了一些鼓勵；在兩三個月內，斷斷續續為四個刊物寫了四篇的回憶，更從舊刊物中檢出目前已不易見到的其他兩篇文字。綜合起來，對於我從啟蒙以來五十六年間的讀書治事，各方面都有一些記述，藉此或可揭露我的生活一斑。

為著供應無數青年的需求，我便以此六篇文字刊行單冊，定名為「我的生活片段」；若云自傳，則吾豈敢。

中華民國四十一年七月二十二日王雲五識於臺北

一九四八大風大浪
——王雲五從政回憶錄

目錄

從政篇

兩年半的從政

我之從政，始於民國三十五年五月，而終於三十七年十一月，恰好兩年有半。兩年半的時間，不能算長；但適在多事之秋，而我所處的地位，愈變動愈複雜，尤以最後半年間之所遭遇，簡直是許多老政治家畢生所未經見。事後回憶，不無可記的價值。但在記述我之從政以前，有略述其前期，就是我的參政階段的必要。

一、國民參政會

民國二十六年七月七日我國開始對日抗戰。政府為團結全國力量起見，於二十七年四月組織國民參政會，遴選參政員二百人，或代表省市，或代表特區，或代表海外僑民，或代表政團及文化經濟團體。由於遴選的來源不同，參政員便分為甲乙丙丁四種，我是以代表文化界的資格而膺選的，故屬於丁種。第一屆國民參政員丁種中，除括有中國共產黨領袖七人，青年黨民社黨領袖各若干人外，皆為文化工商界的知名人士，其中並有不少無黨無派者。

國民參政會既以集思廣益，團結全國力量，以利抗戰建國為目的，其人選自與有關抗戰的前期會議有深切聯繫。所謂前期會議，計有兩次，一是一二八滬戰發生後在洛陽舉行的國難會議，一是七七蘆溝橋戰事發生後在牯嶺舉行的廬山談話會。這兩次會議我都被邀參加。對於國難會議，我因忙於收拾商務書館被燬的餘燼，不克出席；對於廬山談話會，我曾應邀與議。談話會的主席是汪精衛氏，而蔣介石先生當時係以軍事委員會委員長的地位擔任副主席。出席這次談話會的人，後來便構成國民參政會的中堅，但是國民參政會的中共參政員卻沒有參加這次談話會，原因是國共合作抗日係在八一三全面抗戰以後，不過國共合作抗日的原則，在這次談話會中當有所決定，而我在當時發表的意見也是強調此項主張的。

談話雖然不採決議的形式，可是政府既極端重視此會，而與會者無一不主張抗戰；於是抗戰的大計無異在此會中定奪。會後，並由七七局部的抗戰，進至八一三全面的抗戰；而固定性的國民參政會也就應運而生。

國民參政會第一屆第一次大會於民國二十七年七月六日在漢口舉行。那時候議長是汪精衛氏，副議長是張伯苓氏。參政員凡能夠出席的無不出席。會場中充滿了團結抗戰的氣氛，大家知無不言，言無不盡。黨派的成見和宿恨，至少在表面上都為國家觀念所掩蓋。我素性非必要不發言，言之必有物；加以向無黨派，當此國難關頭，國家既然給我一個建言的機會，自不敢輕率發言，而對於應說的話，卻也毫不顧忌，以盡言責。又因事關國家大計，會議雖忙，事前對於所有議案，無不一一閱過，預為考慮；所以在這次大會中，我的發言次數雖不多，以有上述的立場和準備，更因聲音洪亮而清晰，發言亦適可而止，頗能博得同人的好感。後來我在參政會中漸露頭角，和被迫從政，也就種因於此。

這一次參政會召開後，不久武漢便淪陷，政府西遷重慶，建立陪都。從此時起，直至抗戰勝利，首都遷回南京為止，歷屆參政會都在重慶舉行。參政員任期為一年，但國民政府認為必要時得延長一年。參政會前後分為四屆，每屆組織和選任方法續有變更；大抵人數漸有增加，而代表省市的參政員也由中央遴選漸改由地方議會選舉。惟丁種參政員仍由中央遴選，始終未改。我由第一屆起，接連四屆均被選為參政員。自第四屆起，並膺選為主席團之一。依參政會的規定，參政員改任公務員後，應即辭職，但主席團之選任既不以參政員為限，故仍可於改任公務員後繼續擔任。因此，我於三十五年五月出長經濟部後，當然辭掉了參政員；卻仍兼任參政會主席團主席之一，直至三十六年下半年，才與王世杰氏同時自動辭此兼職，騰出兩缺，使實際上能負參政會職責之參政員可以膺選。

我的工作

在我列名於國民參政會的時期中，前後計達九年，總括一下我的工作，計出席大會約十次；任駐會委員三年餘；任主席團主席約兩年；被選代表參政會赴英國訪問往返約四個月；憲政實施協進會成立，我被選代表參政會參加；參政會經濟建設策進會成立，我也被指定為常務委員。現就各項工作分別略述如下。

對於出席大會，按照規定每年雖有兩次，然由於交通不便，後來事實上每年才召開一次，或者兩年召開三次。每次會期，初為十日，後改為十四日，而提案往往多至三四百件。可是我的提案特別少，恐怕在參政員中我要算提案最少之一人。以對於大會發言而論，我也不能算多。但在重要的討論中，我往往不肯放過，結果也往往按我的主張而獲得通過。

駐會委員會

關於駐會委員會，因為兩星期召開一次，故除能留居會所所在地者外不克擔任。在太平洋戰事發生以前，我因商務書館的生產重心在香港，不得不長留該地主控；因此，除於參政會舉行大會時我才由港飛渝出席外，平時都不在渝。及太平洋戰事發生後，我改為常川留渝，便被推為駐會委員，直至當選主席團為止，因主席團照章主持駐會委員會，無需選充駐會委員，自可同樣參加也。駐會委員會的任務，主要是聽取政府各部會的施政報告，並提出質詢，當然也得建議於政府，後來職權擴大一點，還加上調查及受委託調查之一項任務。因此，我在常川居留重慶的時期，便先後以駐會委員及主席團主席之一的地位，不斷和政府接觸，正式的或非正式的有所建白。

主席團

關於主席團，則依國民參政會組織條例的規定「國民參政會置主席團，由國民參政會選舉主席五人（後來改為五人至七人）組織之，其人選不以參政員為限。國民參政會及其駐會委員會開會時，由主席團互推一人為主席。」因係輪流主席之故，我在每一次大會中輪任主席不過兩次左右，可是對於最後一二次的會議，大家總要我擔任，甚至加任一次主席。原因是我已獲得「開快車」的綽號，換句話說，就是在我擔任主席時，議程之進行特別迅速。本來議案處理的快慢，與主席確有頗大的關係。我的頭腦還算清楚，對於討論時發生的波折，尚能隨機應付；因此，許多不必要的爭執，在我主席時總可避免，會議的時間也就常省了不少。參政同人對於我之擔任主席，總算都很滿意。可是在某一次會議中，因我堅持會議規則，違反了少數人的要求，遂遭遇綽號「大礮」的某參政員反對，高呼「主席專制」及「更換主席」，而隨聲附和的也有些人，議場秩序一時頗騷亂。我一點不為所動，鎮靜主持，結果還是我勝利了。經過這一事件後，這位參政員對我倒特別客氣。

訪英團

關於訪英團的參加，係因民國三十一年間，英國國會為中英比肩作戰，對我國表示好感，特別組織國會訪華團，以上下議院各二人，其中保守黨二人，自由黨及勞工黨各一人，訪問我國。我政府為報聘故，於三十二年冬由國民參政會及立法院組織一訪英團，以參政員四人及立法委員一人構成之。遴選的結果，參政會方面以主席團主席王世杰氏和我與胡霖杭立武四參政員擔任，立法院方面以溫源寧氏擔任。我們於三十二年十一月十八日由重慶啟行，三十三年一月二十八日離英；歸途我和溫杭兩氏折往近東，訪問伊朗土耳其及伊拉克三國，於三月十八日返抵陪都。在英國時，我們備受政府國會和社會的熱烈歡迎，並招待分赴各地參觀。我於英國上下兩院聯合歡迎會中，代表訪英團致詞，並曾出席各地民眾歡迎大會講演。在伊朗土耳其和伊拉克的訪問中，招待亦極熱烈，為時雖短，所得印象頗深。歸國後，我以見聞所及，著作訪英日記及戰時英國兩書，合計不下廿萬言，均由商務書館出版，流行頗廣。此處可勿庸複述，僅將三十三年四月我對國民參政會駐會委員會的口頭報告，錄出於後：

「英國係愛好和平之國家，戰前軍備遠不如積極準備侵略之德國；於戰爭初期情勢至為危險，結果卒轉敗為勝，國力大增，民生安定。實由人盡其力，物盡其用，地盡其利之故。而其克收速效與大效，則不得不歸功於英人遇事所採公平的原則，科學的方法，與守法的精神三者。

所謂公平的原則，即對於人民所負擔租稅兵役工役一律平等，而其生活所受管制，亦一律平等。因負擔公平，則人人樂於效力，不敢規避；因管制公平，則人民雖不無患寡之處，而無不均之感。結果人力動員至為徹底，物力節約亦得切實執行。

所謂科學的方法，則一方面政府措施均能於事前作通盤之籌劃，任何決定悉本於客觀的條件，故政策得收聯貫之效，而無前後或彼此衝突之弊；他方面則人民致力，尤其是對於生產之工作，無不事事依據科學的方法，故能盡量增進其效率，並減少其耗廢。

所謂守法的精神，則英國人夙以守法著稱於世，事前對於立法不肯苟且放過，事後對於法律規定，無不極力奉行。違者縱幸免於法律之制裁，亦不能逃社會的制裁。因此，戰時種種動員人力及管制物資之法律，無不切實執行，與許多國家之一法立即有許多人希圖規避，因而良好的法律執行時效力不彰者，迥不相同。且不僅人民能守法而已，政府及公務員亦極度守法，正所謂法律之前人人平等，因此人民更樂於守法。所有戰時法律之實施皆能收最大之效，即由於此。

本人留英兩月，觀感所及，竊認為英國之實況與背境，雖有與我國不同之處，英國行之而收大效之具體辦法，在我國固未必可以完全仿行；然其收效之主要條件，即上所謂公平的原則，科學的方法與法治的精神，則中英原無異致，深望我政府國民均能特別注意也。」

憲政實施協進會

憲政實施協進會係根據國民參政會第三屆第二次大會，對於提前實施憲政之決議，於民國三十二年冬由國防最高委員會所設置。依該會組織規則的規定，其任務在推進憲政實施工作，其會員除以國民參政會主席團為當然會員外，由國防最高委員會就國民黨中央委員國民參政員及其他富有政治學識經驗或對憲政有特殊研究之人士，指定三十五人至四十九人充任，並置常務委員九人至十一人，並以國防最高委員會委員長為本會會長。我那時候係以參政員之資格被指定為會員，並經指定為常務會員，該會於三十二年十一月召開第一次大會。我首先提出「提前實行提審制度並調整圖書雜誌審查辦法案」，其原文如左：

「世界上立憲國家，其人民權利之最基本者，莫如身體之自由與言論著作出版之自由。所謂身體自由，即非依法律不得逮捕拘禁或處罰，其因犯罪嫌疑而被逮捕拘禁者，本人或他人得聲請法院於若干時期內提審。我國五五憲草亦有此規定，其提審期即為逮捕拘禁後之二十四小時內；此與一般立憲國之原則正同。惟查各地方警察或其他機關濫用職權，無期拘禁人民者時有所聞，為奠立憲政基礎計，提審制度自有早日實行之必要。至於言論著作出版之自由，任何國家在戰時固不能不酌予限制，即以言論最自由之英國而論，戰時亦施行檢查新聞刊物辦法。此與我國戰時之審查圖書雜誌報紙辦法，原則本無不同。不過英國所檢查者以有關軍事及國際消息為限，其他皆不在檢查之列。我國審查範圍至為廣泛，除新法報紙全部須經審查外，圖書則除應用科學之無關國防者外一律須經審查……竊以為言論著作出版之自由既為立憲國不易之原則，而在戰時為國家安全計始對此項自由加以限制，雖亦有其必要，惟既以戰時國家之安全為目的，似宜酌仿英國辦法，將審查範圍縮小，並將審查手續改善……，以上兩事，擬請本會常務委員會詳擬辦法建議於政府。」

此一提案，在蔣介石先生以本會會長資格主持之下，即日通過，交常務委員會討論具體辦法。想不到人身自由和言論自由這兩項立憲國的基本條件，迄於抗戰結束後，仍未能真正實現。在我訪英回國以後，於三十三年三月二十七日，應憲政實施協進會之邀，對全國廣播，我又以實施憲政的先決條件為題，針對在英國的觀感，謂英國憲政之如此鞏固與完善，自有其道，而其所以致此之道，似可視為任何國家實施憲政之先決條件。此種先決條件約有三項，第一是地方自治，這實在是憲政的基礎。第二是法律主治，就是法律高於一切，其意義有二，一則武斷的權力絕對不許存在，二則不但無一人在法律之上，而且全國人民，不論為貴為賤，為富為貧，一律受治於普通法，並受同樣的普通法院所管轄。第三是人民的基本自由備受尊重，英國人的一般見解，以為民治的憲政能否達到目的，在於人民之是否有權選舉其所欲選之人以組織政府，並得依和平的手段變更其所反對的政府，然欲達上述之目的，則人民須能自由批評政府，能自由集會討論政治，並能避免政府違法的逮捕與拘禁。蓋我始終認為憲政雖千言萬語不易說明，而一言以蔽之，祇是「法治」一語，而法治之前提，便是人民必須具有基本自由也。我這次廣播詞發表後，昆明出版的自由論壇第三期，有讀「王雲五氏實施憲政的先決條件」的社評，認為「語重心長，發人深省，確能針對時弊，提出辦法，發時人之所未發。」其結論並稱：「王氏處今日中國，當為敢於陳述平易道理，說老實話之第一人，其字句之誠摯樸直，殊為可喜」云云。

經濟建設策進會

經濟建設策進會係根據國民參政會第三屆第一次大會的決議而設置。初名為經濟動員策進會，以輔助國家總動員法令及戰時經濟法令之實施，並協助推動其各級業務，以期切實管制物價，鞏固經濟基礎為宗旨；全體參政員皆為會員，設會長一人，由國民參政會主席團推定，設常務委員二十五人至四十一人，由會長就會員中指定之；又為工作便利起見，得設分區辦事處，每處設主任一人，並得酌設副主任，均由會長就常務委員中指定擔任。嗣改稱經濟建設策進會，組織任務仍舊，並決定將後方分為川西、川東、西北、川粵贛及滇黔五區，每區設一辦事處。三十二年一月各區辦事處同時成立，滇黔區辦事處主任原已由該會蔣兼會長指定褚參政員輔成擔任。褚氏因事一時不克前往昆明，遂由蔣兼會長邀我暫行代理。那時候滇省情形頗為特殊，許多人都認為中央的措施不易在該省推行。我因為不獲推辭，也就不自揣度，受命前往，但聲明代理時期以一個月為限，經蔣同意。我留昆明的一個月中，對於中央政策與地方情感，總算維持得很好，而於該省經濟管制，也奠立了一個頗為滿意的基礎，尤其是開始管制之第一個月內，狂漲一時的物價平抑了不少，而對於糧價之平抑，收效更著。一時頗為西南聯大的許多朋友所稱許，並以我能持不卑不亢之手腕，執行中央政策為奇蹟。褚輔成氏於是年一月十七日致我一函，中有「閱報知台端已於二日抵昆，限價工作，進行順利，足見大無畏之精神可以克服一切困難也」。我經過這一個月協助滇省府實施限價的嘗試，因於二月間返抵陪都後，據經驗與研究所得，以「從限價到平價」為題，寫了一文，在東方雜誌發表，強調下列各點：㈠限價固須因地制宜，卻萬萬不可各自為政，致發生鄰地物價衝突之弊；㈡限價須注意連繫性物品的關係，勿因一物之限價致妨礙他物的生產；㈢管制物品的種類不可過於繁瑣；㈣立法要寬，行法要嚴，一改我國流行「立法嚴行法寬」之習慣；㈤限價之物必須同時限量發售，以免因供求不相配合，而破壞限價的防線；㈥惟有增產與節約並行，始能使限價的功效維持較久。文中對每一要點，均就觀察所得舉證實例。

我自昆明回渝，迄於抗戰結束，對於經濟建設策進會的工作，仍然不斷努力。在三十三年八月二十八日該會經濟建設組常務會員曾向蔣兼會長提出經濟建設原則建議書，便是由我主稿，計列原則十八項，分別詳加說明，茲將原則列後：㈠經濟建設宜由國家計劃，而儘可能容許人民經營，俾配合國策迅速發展；㈡工農並重，收取相輔並行之效；㈢重工業宜早日建設，以植工業建國之本；㈣工業上各主要部門務宜配合，俾可順遂進行；㈤工業主要原料宜預籌供應之充分，以固基礎；㈥水陸運輸宜加速建設，並自籌交通工具之供應，以利交通；㈦鐵路建設宜與經濟配合，以收相互為用之效；㈧航空事業宜積極發展，以謀交通之迅捷；㈨農業特重防洪灌溉並及機械之利用，以增進農產；㈩厲行科學管理，以增效率；(十一)預謀勞資調協，以減工業上之損失；(十二)技術人員宜注重深造與實用，俾資應付經濟建設之需要；(十三)制定獎勵國民儲蓄之有效辦法，以利自籌資金，發展工業；(十四)積極增進外銷物產，以期發展對外貿易；(十五)對外貿易宜劃分國營民營之界限，而對民營所得之外匯仍繼續管制；(十六)與盟邦技術合作，利用其資本與戰時過剩之設備，為我國奠立工業之基礎；(十七)確立健全之金融制度，俾工業建設不致受阻；(十八)租稅宜簡單化，俾政府有實際之收入，而人民不致受擾。

基於上面各種原則，並建議我國第一次五年經濟計劃之目標六項，即：㈠食糧自給；㈡衣料自給；㈢八種基本工業，即動力、金屬鑛（鐵銅鋁鋅等）之開發與冶煉，機器、基本化學、電工器材、石油採煉、燃料及煉焦、水泥等各有相當規模，並能彼此配合；㈣主要消費工業（特指造紙及製革）充分改良，並能作適當之供應；㈤改善主要輸出品，如絲茶磁等之質與量，及桐油豬鬃銻鎢汞等可供輸出者，充分輸出之；㈥完成與經濟有關之主要鐵路至少三萬七千五百公里，並改良內河航運，完成公路網，自行供應交通工具。

國共問題

我是一個無黨派之人，而且不以參政為目的而參政；因此，我的立場向來是不偏不倚的。可是在某一次的發言後，一方面因為我獲得不少的好感和讚揚，他方面卻為我惹起很大的誤會，竟有說我是國民黨的「自家人」的。其後，外間盛傳國民黨想把中委的頭銜拉攏四個黨外人士入黨，而我也就是其中之一個。其實前者的誤會正如後者的誤會一般，絲毫不是事實。祇因我一本良心的主張，不知顧忌，而所主張或與國民黨的主張大致相同，因此便發生這種誤會。事情是這樣的。當參政會第二屆第一次大會開會之前幾日，就是在三十年二月底我剛從香港飛到重慶與會時，便聽見中共方面對於新四軍事件，向政府提出辦法若干條請求採納，在政府未予採納以前，中共參政員將不出席。政府正派出代表和中共駐在陪都的代表交涉，並有居留陪都的若干參政員從中斡旋，聞可有妥協之望。為了和諧起見，曾把原定召集預備會議選舉主席團的日期，延遲了一二日；因為在本屆大會中，參政會的議長制要改為主席團制，主席團定為五人，大家曾在會外商量，除原任正議長蔣介石先生屬於國民黨籍及原任副議長張伯苓先生那時還沒有黨籍，同人擬一致推選為主席外，還有三席擬即推選中國共產黨青年黨及民社黨參政員各一人充任。後來接到通知，決於三月二日上午八時開預備會，選舉主席團，九時接著開第一次大會；因此我認為國共間的問題或者已經妥協了。可是到了二日上午，我如時到會，候了許久，還未搖鈴開會。原來是期待著從事斡旋的幾位參政員的最後努力。約莫八時半，他們來了，才知道問題還沒有解決，中共參政員仍然拒絕出席，於是又等了些時，才舉行預備會議。選舉主席團的結果，除蔣張兩前任議長及民社黨的張君勱氏青年黨的左舜生氏照原議當選外，本來想以中共參政員擔任的一席卻換了女參政員吳貽芳氏，大約因中共參政員拒絕出席，致臨時由當局改定的。選舉舉行後，接著召開第一次大會，對於中共問題並沒有提出報告，並聞會後從事斡旋的各位仍然繼續努力。

次日上午舉行第二次大會，一開始當然是照例的報告事項，而在這個程序下，便發表了毛參政員澤東等七人二日刪電和董參政員必武鄧參政員穎超三月二日函稱未能出席大會。隨後即由秘書長詳細報告接到毛參政員等刪電後的交涉與斡旋經過。報告畢，由擔任斡旋之褚輔成黃炎培和參政員發表意見，均謂毛參政員等之不出席，有失團結原旨，故希望設法消弭，仍擬繼續勸諸出席。隨著另有兩位參政員發言，對於中共頗多指責；其中一位措詞尤嚴厲，至責中共為不顧信義，不顧國家民族利益，並有希望政府嚴申綱紀，統一軍令，全國同胞一致起而制裁等語。詞畢，主席蔣介石先生正起立宣布開始次一程序的教育報告。我那時候忍耐不住，立時起來請求發言。我在事前絕未準備發言，可是聽了某某參政員等傾向一面的言論，深恐使人誤會參政會的立場，而且怕要影響繼續尋求妥協的工作。於是本著良心的主張，發表我的意見如後。

「剛才看到董鄧兩參政員提出的臨時解決辦法十二條，在精誠團結的原則下，我相信這些辦法至少有許多條是同人所贊成，尤其是我以無黨派的立場，更為贊同。不過要使這些辦法得到採納，如果中共和政府直接商談不能收效，最好是提交本會討論。本會縱然不是立憲國家的國會，至少也是全國人民和我們自己所期望成為戰時的國會。因此，任何不易解決的政治問題，都不難在本會中謀致合理的解決。至於中共參政員主張先行解決，再出席會議，我想在目前的實際情形下，不僅無法解決問題，而且還要在國民參政會中開了一個特例。因為參政員出席與否，除病假事假外，恐不應有其他理由，或以解決條件為出席的條件。本席現在建議對於本案應採這幾項的措置：㈠中共參政員的來函不宜對外公開，以免增加誤會；㈡希望中共參政員重加考慮，仍能出席；㈢中共參政員如能出席，可將所提臨時解決辦法作成提案方式，提付本會討論；㈣中共參政員出席後關於本問題的提案，本會同人應本諸良心，秉公討論，應通過者予以通過，不應通過者予以修正或作其他合理的決定；㈤希望政府寬大為懷，勿執成見，如果中共參政員能出席，其提經本會通過之案，務望政府盡量採納。」

上開的一席話，完全出自良心與誠意，絕不左右袒。從不斷的掌聲中，可證明當時已獲得大多數同人的贊成。但事後聞中共參政員對我的發言，認為袒護政府；而國民黨中有若干人因我對中共參政員之拒絕出席雖持異議，而對其提出的解決辦法，卻表示大都贊同，也對我不很滿意。後來聽說蔣介石先生對我的主張認為很公允，因此原來對我不很滿意的若干國民黨籍參政員才改變其態度。過了幾日，中共參政員還沒有出席，於是許多參政員都勸我把那天的臨時發言，作成提案，以動議提付大會通過。因即寫成提案如左：

「茲謹請大會對於毛參政員澤東董參政員必武等未能出席本屆大會事為如下之決議：

㈠本會於閱悉毛參政員等七人致秘書處刪電，董參政員必武等二人本月二日致秘書處函件，暨聆悉秘書處關於此事經過之報告，對於毛董諸參政員未能接受本會若干參政員與本會原任議長之勸告，出席本屆大會，引為深憾，本會為國民參政機關，于法于理，自不能對任何參政員接受出席條件，或要求政府接受其出席條件，以為本會造成不良之先例。

㈡本會連日聆悉政府各種報告之後，深覺政府維護全國團結之意，至為懇切。一切問題，除有關軍令軍紀者外，在遵守抗戰建國綱領之原則下，當無不可提付本會討論，並依本會之決議，以促政府之實行。因是，本會仍切盼共產黨參政員深體本會團結全國抗戰之使命，並堅守共產黨民國二十六年九月擁護統一之宣言，出席本會，俾一切政治問題悉循正常途轍，獲得完善之解決。抗戰前途，實深利賴。」

此一動議案擬就後，同人連署極為熱烈。即日提出大會討論，經全體一致之決議通過。到了閉會前半天，照例須選舉駐會委員，我極力主張把中共的董參政員必武選為駐會委員，希望藉此連繫，繼續保持團結。我的主張結果給採納了；董參政員便當選為駐會委員。大會閉會後，董氏經各方調人的勸告，總算肯出席駐會委員會；其後幾次大會中，中共參政員雖沒有全體出席，但董氏和其他一二人卻仍繼續出席，直至抗戰勝利之日國共關係還能維繫。

擬由參政會設法解決國共問題，原是我一貫的主張。因為參政會的目標就是精誠團結四字。如果國共分裂，那裡還有精誠團結；如果參政會不能達成精誠團結，又何嘗有參政會？因此，當中共參政員堅持先接受條件再行出席之時，我鑑於政府既然同樣堅持，不肯應允，彼此陷於僵局，故力主中共參政員應先出席，以有關問題提付討論，期藉緩衝而獲解決。我認為參政員中國民黨員雖占大多數，惟國民黨不乏開明之士，願置國家利益於政黨之上；同時還有不少非國民黨員可以居間斡旋。在大敵當前的時候，為著民族的存亡利害，大家能聚首一堂，把問題的癥結坦白揭開，總可有助於解決。這或者是我個人書生之見，可是同此主張者也不乏人。在上述出席問題未能解決的一個大會期內，我們固然無能為力。但其後畢竟有一個機會，就是在三十三年九月召開之一個大會內，我在開會前寫信給主席團，請求轉商政府把和中共商談的經過和結果向大會報告。主席團和政府都接受了我的請求，定於九月十五日在大會中，政府方面由張治中部長報告，中共方面由林參政員祖涵報告。兩方報告後，我即發言，貢獻解決的意見。茲就速記錄中把我的發言抄附於左：

「本席以參政員資格，在開會前一天，寫了一封信給主席團請求轉請政府把和中共商談的經過和結果向大會報告。我的請求動機有三點。第一，本會以團結全國力量為最大任務，對於任何阻礙團結的因素都不能不想辦法去消滅。第二，現在已經接近抗戰最緊張的關頭，當然需要集中全國力量，尤其是兵力，來抗戰。我們知道中共方面是擁有相當的軍隊，同時政府在防護地區也保留有相當的部隊；假如團結問題能夠早日解決，這兩部分力量都可以用在抗戰和反攻上面。第三，本會同人都是人民代表，我們對於執政的國民黨和中國共產黨，一個很有力量的政黨，不能攜手合作，是不能不關懷的。

由於上述三個動機，所以我才有上述這一個建議。現在很高興，我的建議被主席團接受了，也被政府接受了。對於今天的情形，本人特別感動。因為我本想不到這個會可以公開，這種公開的精神，就足以象徵這個問題可以得到解決。向來像這一類問題，解決的進行都是秘密的；而現在居然能夠公開，這可以使我們欽佩政府的坦白。同時上午聽了林參政員的報告，和現在聽到政府代表張部長的報告，都是充分表現其誠懇及政治家的風度。他們把內容坦坦白白的說出來；在這種情形下，尤其使我們感覺到問題實在有解決的希望。現在說到個人的意見。我是沒有黨沒有派的一個人。我的意見，是純粹站在國民一份子和國民代表的地位，本著良心而發表的意見。

剛才聽了林參政員和張部長的報告，我把它們歸納起來。雖然說問題很不少；但是最重要的問題，也是問題癥結所在的地方，卻祇有兩個，一個是政權公開，一個是軍令統一，政權公開是中共所提的，其實不但是中共所主張，我想全國人民也同樣的主張，而國民黨政府也是一再宣布他們還政於民的決心。軍令統一是政府所提出的。當然，這不但是政府的主張，也是全國人民的主張，就是中共也贊成的，因為中共四項諾言中的第四項也曾明白申言，十八集團軍願意在軍委會管轄之下接受軍委會指揮。在林師長彪的四個條件中，也有服從中央的字樣。在西安中共代表所提的意見書，也有這一條。今天還聽到林參政員口中懇切坦白的申言中共決心實踐四項諾言。這就是說，軍令統一也不成問題；而且今天也由林參政員口中懇切地表現出來了。在這兩大原則之下，一個政權公開，一個軍令統一，雙方都同意，都沒有異議。從這兩個原則上去求解決，那有不能解決的問題？

現在再引申說明一下：

就政權公開來說，已經由國民黨，由政府，由領袖再三聲明，在抗戰完結後實行憲政。對於這點，我們很欽佩國民黨和政府大公無私的精神。不過問題在這裡，就是時間問題。大家都盼望它很快實現，本席當然也同樣盼望它很快可以實現。但有一個事實問題，就是實行憲政必須宣布憲法；宣布憲法，得先召集國民大會。現在要召集國民大會，當然有困難。但是我想所謂憲法有兩種，一是形式的，就是召集國民大會所制定頒布的憲法；一種是無形式的，不待頒布憲法，自然慢慢走上憲政的路。後者現在很可以實行。假使政府真正能把訓政時期約法切實執行，假使政府能夠擴大各級民意機構的職權；那麼，即使是不具形式的憲法，也可以走上真正憲政的軌道；而我們的政權公開也就更進一步了。

其次，就軍令統一來說。剛才說過，中共承認軍令應該統一；而政府和全國人民也是同樣的看法。剛才聽到兩方面報告關於相差多少軍多少師的話，我想在軍令統一的大原則下，這是很簡單的，沒有問題的。現在對敵反攻正要用兵的時候，雙方一兩師的差別，完全是枝節的問題。大問題在軍令統一。假使軍令真能統一，所有軍隊都是國家的軍隊，沒有彼此之分，界線之別。為了反攻，我們當然需要大量的軍隊，我想這問題應該不成問題。希望在不久的將來，當可得到解決。

此外，我對於整個問題，還有兩點意見。

第一，我希望政府和中共能夠繼續的加速的商討。我們在會場上可以看見兩個標語：「國家至上，民族至上。」我們希望政府和中共都要把這八個字時刻放在心上。本著這八個字的精神去謀解決，相信沒有不可解決的問題。更希望政府和中共都本著互讓的精神，加速地求得問題的解決。

第二，我們希望過去的事實不必談，談起舊事，糾紛愈多，感情愈壞。我們必須忘掉過去，趕快準備將來的工作。

對於政府方面，我還要提出下列兩點：

第一，剛才聽張部長的報告，政府對這個問題的解決，確是採取寬大的政策。我個人很希望政府在寬大之中，更能寬大一點。

第二，現在即使不能實行真正的憲政，但是希望能夠更進一步，向憲政的路上走。

對於中共方面，我也有兩點意見：

第一，中共所提出的各項意見，有許多在原則上我都贊成。但是我很希望中共能有事實上的表現。剛才張部長的報告說，軍令統一是一個大問題。照我在上面的申述，這個問題實在不成問題，不過我希望多多在事實上表現出來。

第二，我希望雙方商談之後，能夠把一個個結子解開，不要一個沒解開又增加一個，關於條件問題，我還沒有把這些資料一一看過。不過總希望結子不再增加。

以上是個人良心上的主張。最後要說一說對於本會同人的期望，今天聽了雙方坦白誠懇的報告，希望大家本著精誠團結的精神，多用點腦筋，想想辦法，對本問題的解決貢獻其意見。當然，這些問題不是很短時間可以解決，尤其不會在此次會期中間解決，不過我總希望大家能夠提出意見，貢獻於政府和中共朋友。我個人本來就有些意見。不過剛才我說過不願意增加結子。自己既不能相信這些意見可使雙方同意，所以暫時不便提出來。如果大家有意見貢獻給政府和中共朋友，使這些問題得到解決，使全國精誠團結；那麼，不但是國家之福，也是國共兩黨之福。」

二、政治協商會議

這次參政會閉會後，國共兩方便繼續尋求解決問題的途徑，而以參政會為基礎，組織一個特別委員會，開誠討論為原則。這個特別委員會，經過相當時期的醞釀，卒形成所謂政治協商會議。該會議經由五方面代表所組成，就是㈠國民黨，㈡中國共產黨，㈢民主同盟，㈣青年黨，㈤社會賢達。各方面人數不同，計國民黨八人，中國共產黨七人，民主同盟九人，青年黨五人，社會賢達九人，共三十八人。一至四方面的代表由各方面自行推出；惟社會賢達的人選，則由四方面會同推舉，彷彿是公斷人之第三方面，須由一二兩方面公同推舉一般。第五方面被推定的人，為邵從恩莫德惠傅斯年胡霖錢永銘郭沫若李燭塵繆嘉銘及我。至其他四方面的代表，則第一方面為孫科張羣吳鐵城王世杰邵力子陳立夫張厲生陳布雷八人，第二方面為周恩來董必武吳玉章葉劍英鄧穎超王若飛陸定一七人，第三方面為張瀾張君勱張東蓀沈鈞儒黃炎培梁漱溟張申府章伯鈞羅隆基九人，第四方面為曾琦陳啟天余家菊常乃德楊永浚等五人。會期規定為三星期，由三十五年一月十日開始，原定是月廿二日閉會，於必要時並得再度召開。後來延至一月三十一日才閉會。關於討論範圍，事前煞費商量，規定為兩項，一是和平建國方案，一是國民大會召集有關事項。會議中除開全體大會十次外，所有討論問題都是分組舉行，計分為政府組織、施政綱領、國民大會、憲法草案及軍事問題五組，由各代表自行認定；後來並增設一綜合組，由五方面各推舉代表加入。我除認定參加政府組織組外，並由第五方面推舉參加綜合組。

政府組織

政府組織組所討論者，係關於行憲前聯合政府的組織方案。大家對於這個過渡時期的政府應採取委員制，那是一致的。但關於各方面所占國民政府委員的人數，和少數黨的否決權，卻為中共所極重視，而民主同盟對於中共的主張也極力擁護。國民黨則傾向於維持國府主席的相當權力，對各方面委員人數的分配，自然有它的主張。青年黨和第五方面參加該組的代表，為求會議之妥協，故以調停雙方的意見為主旨；但青年黨除調停國共雙方意見外，對於民盟也持有一種特殊的意見，就是認為青年黨以黨員人數及成立先後而言，均應視為第三大黨，民盟雖由若干黨派聯合而成，但其實有盟員人數及成立年齡均遜於青年黨；因此，極力主張該黨在未來的國民政府中所占委員名額應多於民盟，至少也應與民盟同數。反之，民盟所持的意見卻與青年黨正相反，而認為民盟所占府委名額，無論如何，必須超過青年黨。在此情形之下，不僅國共互異其立場，民青也意見相左。因此，我以第五方面的立場，極力調停於四者之間。經過了許多的折衝，總算解決了兩個原則。其一，規定國民政府委員名額為四十人，國民黨以第一大黨占其半數，即二十名，其餘四方面合占二十名。其二，規定國民政府委員會會議，對通常事項，仍照通例以過半數表決，但涉及共同施政綱領之變更，則須有三分之二委員贊同，始得通過，換句話說，對於此類重大事件之決議，少數黨派得聯合三分之一之委員行使其否決權。討論至此，已屆閉會時日，各代表亦皆神疲力竭，對於四方面合占之府委名額二十名如何分配，咸主張俟閉會後再由四方面自行協商。我獨認為「打鐵趁熱」，不宜擱置。因為國共之能否合作，視乎聯合政府之能否成立；好容易才把聯合政府的原則商定，倘四方面所占府委名額未能分別確定，則聯合政府仍無法成立。趁此各方面情結尚熱之時，把所有的問題一起解決了，則聯合政府之成立指日可待；否則一經擱置，問題轉多，或者會因此一問題而影響全局。可惜同組各人均不贊同，總以為稍緩無妨；而不料後來果因此小節而使包括中共在內之聯合政府終不克成立，洵至局勢愈演愈惡，不可收拾也，我對於此事，總覺心以為危，雖經政府組織組同人所拒絕，後來在綜合組中，我仍將此意見提出。我並提供具體的解決方式，就是把二十名之府委名額，先就四方面平均分配，每方面名占五名，但因尊重中共為第二大黨，由其他三方面各讓出一名，加入中共應得之五名內，結果中共實占八名，其他三方面各占四名。我認為這是極公允的分配辦法；可是中共堅持該黨與民盟必須合占十四名，俾足三分之一以上，可以行使否決權，民盟除與中共同一主張外，並強調該盟係由許多黨派組成，不當與青年黨占相同之數額。青年黨則認為民盟所占名額斷不能超過該黨。我雖力勸中共與民盟不必堅持該兩方所占名額足以構成三分之一以上，蓋參加協商會議之四方面既經共同制定施政綱領，倘國民黨一方面欲有所變更，其他各方面自必與中共民盟同一立場；如此則三分之一之否決票數不患不能達到。青年黨代表贊同我的主張，力言如國民黨想變更協商決定的施政綱領，該黨可保證與中共民盟一致加以否決。按照這幾個星期內各方互讓的實例，假使此項會議能照我所主張，續延數日閉會，對此問題謀致各方妥協解決，深信不難達到。可惜我的主張，初既不克通過於政府組織組，及在綜合組提出，則大會閉幕已確定於一小時後舉行，對此非片言所能解決的問題，也祇好擱置。想不到聯合政府本可立即成立的，後來竟因此一未決問題而受阻，而國共兩方的隔閡，不能於聯合政府一堂聚首中設法消泯，其後雙方意見距離愈遠，愈無法妥協，望今思之，我猶深感萬分之惋惜也。

國大問題

協商會議中，還有一個問題為各方所熱烈爭持。這就是關於國民大會舊代表的有效問題。在某次大會中，中共民盟及青年黨都主張國民大會代表應重新選舉；國民黨則主張維持原有代表。第五方面有一二發言者，也傾向重新選舉。我獨持異議，認為原有代表固然選出了多年，似乎不能代表新的民意；但國民大會之不能如期召集，其責任不在各代表，因處此抗戰之非常時期，甚至重視選政如英國者，其現有國會議員之任期，亦因戰事而特別延長。查我國國民大會代表選舉法明定，各代表之職責應於第一屆國民大會召集後解除。國大一日不召集，則其職責一日不能解除。第一屆國大之主要職責在制憲，制憲為法治之本，倘以政治方式變更制憲代表之法律地位，不僅此例不可開，且原有代表倘以護法之名，自行集會，豈不是徒滋糾紛。至謂多年前所舉的代表不能代表新的民意，固係事實；但我有一折衷辦法，可以解決此困難，即仍能維持原有代表的地位，查國民大會代表組織法規定有由政府遴選之代表二百四十名，又規定國民黨中委均為國大代表，此項中委計有四百六十名，兩者合計七百名，皆無需選舉，而為政府與國民黨所支配。此次政治協商會議之目的，係因國民黨還政於民，並容納各黨與社會賢達於聯合政府，自可本此原則，將政府與國民黨所能支配之代表名額七百名公平分配於各方面，同意以各地方尚未選出之代表，與原有代表身故或附逆者若干名，合計當不下九百名，與現存之舊代表為數大致相等。依此辦法分別遴選與選舉，則代表新的民意者在未來之國民大會中，至少可占半數。這實在是對於法律事實均能兼顧的辦法。當我提出此意見時，中共民盟青年黨初時固均不贊成，即國民黨方面，因須取消其全部中委為當然代表的資格，也未必贊同。可是經過國民大會組多日的討論，竟然脫不了我的建議。除各方面已根據我的建議為協商的基礎外，原來主張全部代表改選最烈的中共，也表示倘一切問題皆獲得滿意的解決，則對於承認原有代表一問題將不堅持。其後協商的結果，擬將這七百名的代表分配為國民黨二百三十名，中共二百名，民盟及青年黨各一百名，社會賢達七十名。國民中共及社會賢達均已同意，惟民盟及青年黨則由於前述的理由，仍在爭執。民盟堅持必須超過青年黨之數，青年黨則認為至少須與民盟同數。在已定期閉會之日，上午十時召開最後一次的綜合組會議，擬對此事作最後決定。又因閉會前政府和國民黨均須以協商結果分別提交國民政府會議及國民黨中常會通過；所以整日的會議程序故已排定，記得約十二時召開國民政府會議，下午二時召開國民黨中常會，下午三時舉行協商會議最後一次的大會，隨著便舉行閉會式。但在上午召開的綜合組會議中，對於民盟與青年黨所占的代表名額，討論很久，仍未協議。綜合組主席孫科氏因時屆正午，須出席原定之國民政府會議，乃推我代主席，繼續協商。最後由國共兩黨自動表示，各就分配所得的名額讓出若干，以增加民盟分配之數。於是暫行休會午膳，會外協商，決定國共兩黨各讓出十名，故表面上民盟與青年黨雖各占一百名，實際上民盟所得一百廿名。此問題才告解決。我從這一事件觀察，深覺國共兩黨彼時確有妥協之可能，假使府委名額能酌延時日，以我建議的分配辦法為基礎，酌為增減，互作讓步，在彼此均有誠意的那時，其解決不是不可能的。

憲草修正

協商會議的中心問題，本當是中華民國的憲法草案。五五憲草固然不是國民黨所堅持不變，但國民黨畢竟對於孫中山先生的建國大綱不便變更過甚。其他各方面終覺民主憲政，不能不取法於世界先例，即孫先生之所謂五權，亦脫胎於三權之制衡，僅將我國古代之考試監察兩權加重，實則此兩權在三權憲法之國家亦未嘗不存在，特分別容納於立法行政兩部門而已。於是多數主張將監察院形成一般立憲國的上議院，並將考試院之權限酌為減縮，且取消其對於立法院之提案權。又為懲前毖後，過分防止行政院之專擅，特將立法院對行政院之控制權加重，同時又遷就五五憲草原案，未照立憲國通例將解散立法院之權加入。此外變更最大的，便是關於國民大會的構成與其職權。五五憲草賦予國民大會的職權很大，但在以三權憲法為實際基礎的憲草中，立法院既成為監督政府的常設機構，自不宜再有一最高立法機構置於立法院之上，於是憲草組便決定將國民大會變成無形的機構，就是把各省縣市的民意機構的代表合併起來，成為國民大會，而以行使選舉總統副總統為其主要職權，僅因敷衍建國大綱關於國民大會行使四權的規定，在憲草修改原則內，加入「全國選民行使四權，名之曰國民大會」一條。後來因匆匆閉會，這些修改原則也就匆匆透過綜合組，更通過了最後一次的國民大會，但是大家都知道憲法具有整體性與專門性，僅僅在短期的協商會議中決定若干修改原則，還不能據以提交將來召集的制憲國民大會，因即決定於協商會議閉會後，組織一個憲草審議委員會，委員名額二十五名，由協商會議五方面各推五人，另公推會外專家十人參加審議，其職權即根據協商會議決定之憲草修改原則，並參酌憲政期成會修正案，憲政實施協進會研討結果及各方面所提意見，彙綜整理，製成五五憲草修正案，提供國民大會採納。並規定如有必要，得將修正案提出協商會議協商。後來決定於協商會議閉會後，以五方面合組之綜合組代行協商會議之職權，主持憲草審議之重要原則。

協商會議五組中，關於施政綱領和軍事問題兩組的工作，一則因綱領中列舉各項目，都是人人所贊同的原則，所以沒有經過什麼爭議，便一致通過；一則因為整軍問題，複雜而專門，非由專家主持不可，除商定幾項原則外，決議成立軍事三人小組，把那些複雜而專門的問題移付該小組研討，因此在協商會議中也就很順利的通過了。

小組續商

一月三十一日協商會議閉幕後，國民黨內部對於憲草修改原則與國民大會的構成和職權頗多不滿，後來便歸納為幾個要點，對於會後繼續存在的綜合組及新組織的憲草審議委員會提出討論。我對於綜合組及憲草審議委員會均繼續參加。因此，在協商會議開會期內，我雖忙於政府組織及國民大會兩項問題，對憲草修改未暇參加研討，在會後，卻得以從容參加。由於繼續討論之憲草問題，多與原則攸關，故以綜合組為研討之中心，審議會則側重於技術與形式方面，而遇有關係原則之處仍須提請綜合組決定也。會期內之綜合組人選因有暫離陪都者，故重行推定，每方面仍為兩人，並加推第一方面之孫科氏為召集人，共十一人。記得第一方面為王寵惠王世杰，第二方面為周恩來秦邦憲，第三方面為張君勱張申府，第四方面為余家菊陳啟天，第五方面為我與傅斯年。同時又由綜合組推定五人，每方面一人，構成憲草小組，其人選為王寵惠秦邦憲張申府陳啟天和我，但憲草小組討論時，綜合組之其他代表亦得參加，並得帶同顧問人員出席，因此中共之王若飛陸定一都常列席，而王世杰章伯鈞余家菊諸氏也往往參加，祇有第五方面其他各人都因事極難出席，所以始終乃每會必到者祇有我一人。憲草小組議有結果，再召開綜合組，作最後決定。該小組開會十餘次，均在重慶美專校街王寵惠氏所主持的國防最高委員會秘書處舉行。我們討論的範圍頗廣，凡對政協決議之原則認為窒礙難行者，都加以研討。其獲得結論，並提付綜合組獲得協議者，為將無形之國民大會，修改為有形的國民大會，並將其職權作具體的規定。這一問題，先後經過憲草審議委員會、憲草小組及綜合組的熱烈討論，我對於上述三種會議無一不參加，現在把我在綜合小組對此問題之一次發言紀錄列後，以見當時各方的意見一斑：

「我是主張有形的國民大會的。我對於國大的組織意見與青年黨的主張相同。國大組織分為職業與區域兩種代表，但兩種代表的名額應予限制。憲政實施協進會主張職業代表的名額，須與區域代表的名額定一比例。我以為職業代表總數應不超過區域代表總數三分之一。職業代表由各省農工商及自由職業團體與人口在百萬以上之市工商自由職業團體選舉之。

關於國大職權，我在提出的書面意見中共分六項，前四項與青年黨意見相同，寅卯外二項與民主同盟意見大體相同。我願照民主同盟意見，將此兩項加以修正。我在職權中的辰項主張，如國大行使四權，則創制權應限於創制立法原則，而且創制的範圍不妨限制嚴些；因為將來國大代表總數達二千餘人，如創制法律，人數太多，實不相宜；且創制限於原則，外國亦多有此例。立法院如同意此項立法原則，即可完成立法程序；如不同意，可另行起草法案，提付複決。我主張立法院不作為國大的構成份子；這與哲生先生意見，把立法委員監察委員兼充國大代表的不同。

國大代表任期雖定為六年，但會議不宜召集太多。我主張兩年一次，如兩年還嫌太多，不妨改為三年一次。至臨時大會的召集，共分三種，一由總統召集，二由監察院召集，三由國大代表五分之一以上之請求而召集。」

後來大家的協議，和我的主張無大出入；祇有職權一項採取了我所提議的前四項，而後兩項即關於法律原則之創制，與法律之複決，經協議修正為「關於創制複決兩權，除前項第三第四兩款規定外，俟全國有半數之縣市曾經行使創制複決兩項政權時，由國民大會制定辦法並行使之」。

此外，在憲草小組已大致獲得結論，而在綜合組尚未正式協議者，為行政立法兩院的制衡關係。此一問題，在憲草小組中討論最多。對於行政院不願執行立法院之決議時，可交一次之複議，而對於複議所需之表決人數，中共民盟初時堅持仍為過半數，其他各方面，則主張應為較高之人數。我們原主張為三分之二，後來中共願讓步至五分之三；可惜到了綜合組未能獲致協議。又立法院既可使行政院辭職，而依照立憲國的制衡通例，政府自應有解散立法院之權，我和若干代表都有此種主張，但國民黨卻不贊成，因此制衡的關係不免成為單方面的，此則不無缺憾也。

在憲草小組討論各問題時，大家皆能平心靜氣，祇有一項例外。就是中共的秦邦憲氏對於青年黨的陳啟天氏，曾因某問題而破口大罵，致陳氏忿而退席。後來由我和國民黨與民盟兩方各推代表一人，分頭勸說調解，經過了幾日，陳氏才恢復出席。秦邦憲氏雖有上述的事件，但他對於憲草的討論，往往都很合理。某次討論某一問題，我的主張為另一中共列席者所反對，經我講述理由後，秦氏竟表贊同。過了兩日，秦氏因對於小組大致已作結論的若干問題，須回延安向中共總部請示，與王若飛氏同乘專機飛行，不幸失事，秦王兩氏均遇難，我當時著實的惋惜，認為此與憲草繼續協商若干問題之獲致協議殊有影響也。

繼續協商期內，如能本著大會召開時各方的妥協精神，益以充分的研討時間，其成就當然很大。可惜自大會閉會以後，接連發生一串的不幸事件，如校場口事件，新華日報搗毀事件等，以致國共兩方感情日趨惡化。我雖極力主張不論實際負責者係何人，然此類事件發生於陪都所在，政府保護不力，責無旁貸，至少對於新華日報應從速予以賠償。我的主張，政府中表示贊同者雖不乏人；然不能當機立斷，中共遂得藉口政府之缺乏誠意，於是本可解決的許多續行協商問題，卻因此等枝節事件而延擱或僵持。我那時候又力主從速組成聯合政府，則中共前此所處在野地位，對政府措施不免多所懷疑者，既經加入政府，便可協同主持，如不幸事件果係國民黨人所主動，則可運用各黨派之合作，加以制裁，如事出誤會，亦可冰釋。無如府委名額未能於大會中各方熱誠合作之時商定，此時彼此疑忌漸深，協議更難，直至政府遷返南京，尚無成議。那時候，大家急於東下，對於繼續協商未決的許多問題，也祇好期待返抵南京再談了。

三、復員東下

思前想後

我於三十五年四月中旬，由重慶飛返隔別了九年的第二故鄉上海。那時候，我對於政治仍懷著繼續協商，務達於妥協的願望；但是當我到了上海之初，我應先解決一個先決問題，這就是對於商務書館所負的責任，我在「兩年中的苦鬥」一文中，已經明白表示我的決心，就是等到恢復了商務書館在一二八所受的損失，我便辭去商務的職責。到了二十六年五月商務書館的股東會，在結算盈虧和資產以後，經即通過把該館因一二八燬損而減少的資本全部恢復；那時候我本擬立即辭職，祇因一念的游移，不忍把一手恢復的事業驟然擺脫，打算再費半年工夫，替它準備了將來的計劃，再行脫離。不料七七戰事起，繼以八一三的全面抗戰，臨難不苟免之義為我平素所服膺，故第二度的決心，便是苦撐戰時的危局，至抗戰結束時為止。因此，在抗戰期內，無論局勢怎樣艱難，無論各方面對我怎樣的需求，我總是守著崗位，鍥而不舍。縱因鑑於天下興亡匹夫有責，故在留後方的時候，從旁參政，備極熱心；但對於商務書館的責任，不肯須臾放下。最高當局雖迭經示意，想把我羅致於政府之中，但經我剴切陳明，終予諒解。然常常想起由於二十六年一念的游移，我便繼續捱了七八年的艱苦；於是立下最大決心，就是等到抗戰勝利，把商務書館的責任交還董事會，我斷斷不再留戀。我不僅因為十餘年間，兩度支撐商務的危局，一度完全復興，一度維持不墜，以致神疲力竭，需要休息；而且我還有一種見解，就是鑑於人生上壽不過八十，我已把約莫三分之一的生命供獻於一種事業，那就是從民國十年在商務書館任職至三十五年，今後假使我還有二十年的餘生，似乎應該另作一種嘗試。人生斯世，彷彿是在遊歷，我既來此世界一次，不應專在一地遊覽。在重慶時期，我就無時不想得嘗擺脫商務，並希望這時期能在我六十歲以前，俾從六十歲起，另向一方面活動。我所預期的活動，不外從政和研究學術兩途。許多人心裡想從政，卻諱言從政。我則不然。我在重慶時曾對許多朋友說過，一個人假使自信能替國家負一點責任，不必自鳴清高。在二十年來，我已經把國家和個人或私人事業的密切關係看得太清楚了；譬如一棵大樹動搖，斷不容小鳥安居於其上之巢內。我一方面感於蔣介石先生公開政權的誠意，他方面也覺得我在未來的聯合政府中或者還能盡一點力；因此，對於復員後政府，假使有需要我的地方，當不致如戰時之固拒。不過我之從政，卻有兩個先決條件，一是完全擺脫工商業的關係，二是經濟能夠自立，不必倚賴俸給。對於第一條件，就是我在戰時拒絕從政的理由，也就是我回到上海後立即先把商務書館職務完全擺脫的理由。對於第二條件，我認為政務官和事務官截然不同；事務官視官職為終身事業，自當倚俸給為生；政務官則視政策為進退，如果也倚賴俸給為生，勢必不能進退自主。我雖沒有什麼資產，但是歷年所寫的書籍，按期所收版稅，還勉可自給，但為著更可靠起見，我打算於復員後以一年工夫繼續完成一種未完的著作，則其收入的版稅，當使我自給裕如。

一念之誤

根據了上述的定見，我在到達了上海的第二日，便向商務書館董事會主席張菊生先生提出辭職。我打算辭職後，便依照離開重慶時政協綜合組各方面所約定，大家在南京集合起來，繼續協商解決各種問題。同時，我得以自由之身，在南京從事寫作。商務董事會雖對我之辭職極力挽留，但費了一星期的唇舌，結果我總算如願以償。我自擺脫商務的職責，便趕緊前往南京，經參政會秘書處訪問政治協商會議雷秘書長，以履行我們在重慶時的諾言，想不到晤見雷秘書長後，獲悉政協綜合組之重開遙遙無期，我祇得在京住下暫候。由於我與商務書館多年的關係，我雖已辭職，仍承商務南京分館經理招待，在館屋內特闢一室供我住宿，取閱圖書，從事寫作，也還方便。過了幾日，給蔣主席知道我已來京，某日招我晚餐，在坐祇有蔣主席夫婦。飯前飯後，蔣先生均重申在重慶時的舊約，堅邀我出長經濟部。他說，他具有公開政權的最大決心，並隨時實行全面改組政府；無如中共還未肯加入，致遲遲不克實現。他認為繼續協商目前尚難進行，在全面擴大政府基礎以前，此時至少須有若干黨外人士加入政府，以資提倡。他強調我是最適於首先加入之人。我雖極力推辭，願留以有待；但他以萬分誠懇的態度勸我接受。飯後蔣夫人退席，我們還繼續談了一小時以上。最後我為蔣主席的至誠所感動，僅應允加以考慮。辭出後，我終夜思考，幾乎不能成寐。忽然想起一事，就是戰時在舊金山舉行的聯合國會議。那時候我國為表示全國各黨派團結起見，代表團中擬加入中共民盟與青年黨人士。中共初時不允參加。青年黨亦在猶豫不決。獨民盟之張君勱氏適在國外，深知為增進國家地位，有由各黨派人士合組代表團之必要；因此，他便率先應允加入。青年黨之李璜氏，大約因見民盟之張君勱氏已加入，不久亦接受使命。於是中共方面，也就由延安派董必武氏來渝洽商，初時似尚有條件，那時候我正發動許多參政員力勸他參加，但他抵渝後不久便也接受，致我國在那次國際會議中產生很好的印象。事後，我常常對人說，這一回的會議，幸虧張氏率先加入，其他各黨也就陸續參加。張氏返國後，我也曾對他表示過這種見解，現在到了國內各方面參加政府的關頭。本來在政協政府組織組及大會中都已商定原則，問題祇在一些枝節，以致實現無期。假使此時有人步舊金山會議中張君勱氏的後塵，是否能得同樣的效果固不能必，但果能因此而促聯合政府之成立，則個人犧牲亦甚值得。我想到這裡，心裡不免有些活動。次日，我的至友某君又奉蔣先生命，繼續相勸，其理由和我昨夜所想像者相同。經過這一番的磋商，我才決定參加政府。

加入政府

在我決定參加政府以前，我的全副精神集中在我之參加是否對政治發生影響，卻沒有絲毫想到行政方面。等到決定了，才開始就行政方面略事考慮。我認為經濟部演變到了那時候，其範圍已縮小了許多，和抗戰初期的經濟部，包括農林水利勞工各種行政者，大不相同。實際上那時候的經濟部，除了附屬的資源委員會還有些實際事業可辦外，祇剩下工鑛電商的行政與其監督權而已。我自知對於經濟行政毫無經驗，惟對於資源委員會所轄的各單位國營事業，或者還可利用平素對工商管理的研討與經驗，為多少的改進。但在我的任命發表之前一日，行政院決議資源委員會改隸行政院；這在蔣主席堅邀我出長經濟部和後來行政院宋院長和我晤談的時候，都沒有提及，或者是因為蔣宋兩先生和我個人都過分注重政治方面，而沒有顧到行政方面之故。我既然經過堅辭和熟慮之後，業允參加政府，對此一事當然不甚縈懷。我認為既已決定為黨外人士參加政府的前鋒，譬如祇當一個不管部閣員，也無不可。後來有些人頗以為資委會獨立後的經濟部職權太小，不足以供我的發展，我卻不作如是想，祇望能因我之率先參加政府，而促使聯合政府之早日成立，並且自願作一時的過渡，至將來聯合政府成立，我之加入與否也毫不在意。

但是我此次之參加政府，至少在兩方面變更了我的原計畫。其一是公的方面，就是原想在各方面一起加入才參加的，卻因一時的情感所動，而妄自比擬舊金山會議的先例，以致提前單獨參加。事後思之，這卻是一種不自量力的錯誤。其二是私的方面，就是原擬以半年或一年時間，完成未了的寫作，以加強個人的經濟基礎，俾從政後不致有內顧之憂；此時既提早加入，亦使原計畫變更，惟常有出乎意料之一事，可抵補此項經濟上的損失。原來我在戰前，曾以多年積蓄在上海北四川路底建有房屋一所。一二八戰事的前夕，在我家人臨時遷居租界中區幾日以後，我還獨自回家住宿，與藏書為伴，僅於戰火爆發之前半小時獲得消息，倉卒離開，倖免於次晨日本便衣隊之搜捕殘殺者，間不容髮。停戰後，我家便留居租界，而以該房屋租給他人。八一三戰事起，該房屋復為雙方礮火的集中線。不久，我到了香港，接到該房產通契註冊的瑞士籍某洋行函告，謂房屋尚完好，查明為日本商人所占住，彼以中立國洋商的資格，可與商定租約，徵收房租。我的回信是「不願與敵人作商行為」，換句話說，就是給敵人強占固無辦法抵抗，但如與訂租約，便是與敵人妥協，那是萬萬不可的。後來太平洋戰事起，我長留重慶，聽說美國飛機不時轟炸日本司令部一帶，我的房屋就在那裡，能否倖存，早已置之度外。不料復員後，發見該房屋並無毀損，祇給強占的日人把內部完全改裝為日本式。在我收回該房屋後，一來沒有這麼多餘款可將內部的日本式恢復原狀，二來因被迫提早從政，為著加強經濟自給的基礎，便把該房屋出售了。所得的售價，便足供若干年生活費的貼補；因此，我所預期的寫作收入，也就獲得補償，而短時期內不致有內顧之憂。

四、經濟部

我在就職以前，因上海是工商業的中心，須先往該地訪問許多工商界領袖，徵求對於經濟行政，實際上祇是工商行政的意見。那時候，上海工商界以我在戰前久居上海，而且辦過工商事業，以為我之出長經濟，自然對於上海的工商界有所協助，因此備極歡迎。但是聽了許多意見以後，我曾經對幾個朋友發表感想，認為上海工商界今日對我的莫大期望，不久或會失望，甚至或會因失望而作熱烈的反對。想不到我這一項預言，後來竟應驗了。這是我的錯誤，或是故意開罪上海的工商界嗎？且待下文分解。

我擔任部會長官最大缺點之一，就是沒有班底。我不是沒有自知之明。在重慶的時候，我常常這般想，如果將來聯合政府成立，我是不能不參加的話，與其任部會長官，無寧任國府委員或不管部的政務委員，就是這個緣故。但是蔣主席和我的有些朋友，或者因過分重視我復興商務書館的成績，卻希望我擔任實際的政務。記得在政治協商會議閉會後不久，蔣先生曾對我表示，在聯合政府成立時，擬以我為國府委員並兼任行政院一個部的長官。我那時候曾經表示，如果國家需要我的話，我因為沒有行政經驗和工作班底，寧願專任國府委員，而不兼長部會。此次驟長經濟，雖然我平素主張事務官應久於其職，不當隨政務官為進退，但無論如何，政務次長和幾位重要秘書總應該是部長所素識，辦事才能便利。經濟部原任政務次長業已改任交通部政務次長；而原任常務次長何君是一位經濟專家，為我所素識，我極想把他留住，或改任政務次長。可是何君去志甚堅，久未到部，前任翁部長亦力言無法挽留。於是我竭力物色，過了幾日，才找到潘序倫氏當常務次長。此次僅找到三位高級助理人員。一位是莊某，民國初年曾和我共事，他一向擔任行政工作，是一位老資格的事務官，隔別了十多年，特來造訪，便把他留下，充任秘書之一。一位是原任國防最高委員會秘書處參事龍某，自願來部相助，故把他調補經濟部參事之一缺。又一位是後來因洩漏機密為世人所熟聞的徐百齊氏。徐氏先後追隨我工作十幾年，但初時和我並無半點關係。他大約在民國十八年畢業於東吳大學法學院。那時候東吳法學院的程度在國內可算特出。我的老友吳經熊氏執教於該院，於前二三年介紹給我一位新畢業的梁君，我把他任用在商務書館編譯所，成績極好；後來改入外交界，又在國外留學，成為法學大家，蜚聲於國際。民國十八年我一度離開商務書館編譯所，改任中央研究院研究員兼社會科學研究所法制組主任，因為需要幾個助理研究員，便請吳君再介紹優秀畢業生一人。那時候徐氏剛以該年級成績最優而畢業。吳君以之推介，入所後助我研究，甚為得力。一年後我復回商務書館任總經理兼編譯所所長，以徐氏過去的成績，特把他任用在編譯所內，數年之間，忠實任職，著譯頗多。後來再把他升任人事科科長，亦能稱職。直至八一三全面抗戰後，我離開上海，他還在商務書館服務，嗣因上海商務書館緊縮，他才自動辭職，改任律師，相隔七八年，我從重慶返滬，才復晤見。在我受任經濟部部長之時，他表示仍願追隨，我想他雖然沒有行政經驗，但以其所學及平時辦事的條理，充任秘書之一，當然無問題。以上所說的潘莊龍徐四人，便是我隨帶來部工作的僅有人員。此外全部人員，我一律挽留，甚至在我發表後，照例應行辭職的總務司司長吳君，業由翁前任改派他職，我為著熟手起見，且聽說吳君人甚正派，故一再挽留，仍任總務司司長原職。

我以三十五年五月二十四日就經濟部部長之職。政治上之開展既尚有待，實際上的工業建設又已脫離主管；祇有就工鑛電商之行政從事整頓。同時，因接收敵偽工鑛事業為經濟部彼時主要的特殊任務；此舉關係重大，我亦特別重視。現在把我接任後，部中各項主要措施，分別作簡要的說明。

接收與清理

勝利以後，所有敵偽資產和事業都由政府各部會按其主管，分別派員接收。經濟部所接收者為工鑛事業，由我的前任將從前敵人控制的地方劃分為七區，每區派一高級人員為特派員，組織特派員辦公處。這七區所轄範圍，計開：一為蘇浙皖三省，特派員為張茲闓氏，辦公處設於上海；二為湘鄂贛三省，特派員為李景潞氏，辦公處設於漢口；三為河北省及平津兩特別市，特派員為王翼臣氏，辦公處設於天津；四為東北九省，特派員為孫越崎氏，辦公處設於瀋陽；五為魯豫晉三省，特派員為楊公兆氏，辦公處設於青島；六為粵桂閩三省，特派員為林繼庸氏，辦公處設於廣州；七為臺灣省，特派員為鮑國寶氏，辦公處設於台北市。因為接收的單位多至數千接收人員，除特派員均為經濟部或資源委員會重要人員外，多由公私事業技術人員中臨時動員。我到部之初，查悉此項接收及處理工作，往往未能如期報部；部中對此臨時發生的重大事件，亦未組織任何管理機關。所有到部的報告，均按其性質分配於各司，縱有完整的報告亦被分散；其尚未報告者，亦因乏人專管，無從催問。我認為此事有集中處理，俾便考核的必要；於是在不增加人員的原則下，於部中組織一接收工鑛事業管理委員會，以常務次長潘序倫氏為主任委員，各有關單位首長為委員，下設秘書處，向各有關單位移調幹員常川駐會辦事。並規定在接收處理工作尚未完成以前，所有各區特派員之報告均集中該會，俾有專管。於是對於各區之工作，始能悉其概要；凡已報告者編為統計，未報告者即予催辦。一月以後，全國接收情形，部中始能掌握；乃進一步研究加速及妥慎處理之辦法。查處理敵偽工鑛事業之原則，早經規定為下開各項，就是㈠確係敵偽資產，應歸國家經營者，即移交主管機關經營；㈡確係敵偽資產，無歸國家經營之必要者，售為民營；㈢確由敵偽強占之民有資產，應發還人民者，查明原主發還之；㈣有問題之資產分別處理。其中第一項處理最為簡單，所有接收之工鑛事業，應歸國家經營者，多數移交資源委員會接管，而接收人員本來多從資委會調用，故此項移交實至便利。第三項確由敵偽強占之民有資產，應予發還，本來亦不成問題，不過由於辦理手續上往往拖延時日，我接任後經即通令趕速發還，顯然也有進步。問題較多的，祇是二四兩項，尤以第二項最為工業界所不滿。政府對於所有應行接收之資產，認為係國家所有，除由國營外，其決定出售者，自應按照實值發售，以免國庫損失。此一原則本甚正當。惟工鑛界方面，尤其曾經追隨政府內遷者，因戰時及復員均受有損失，認為政府應對彼等特別體恤，凡願承購敵偽工鑛資產者應予優待。此一問題，僵持頗久，致有許多本可售出之工鑛資產因而擱置。同時政府為維持此項接收工鑛事業原有工人之生計，在售出以前暫行復工，由於永久計畫之未能決定，此類暫行復工之事業，表面上縱有盈有虧，平均似當不至賠本，實際上則原有材料多於暫行復工時期消耗殆盡，無異已有重大損失。我認為與其受此無形之損失，無寧對正當工業界作有形之補助。因即草擬對內遷工廠承購接收工鑛事業之優待辦法，分為㈠一次繳價特給折扣，㈡分期繳價，及㈢租賃經營三種辦法，而特別注重第一種，蓋鑑於幣值之日漸低落，分期繳付將使國家損失更大，且一次繳價特給折扣之辦法，可鼓勵承購者張羅資金，對於游資之利用亦頗有效也。此案提交行政院，經我極力主張，總算照案通過，但執行上仍不無問題，則因既屬優待，爭取者必多，如何審定應受優待之資格，亦應慎之於始。於是利用工業協會及內遷工廠聯合會作初步的審查，再由經濟部特派員辦公處會同行政院敵偽產業處理局據以核定，最後仍分別報由行政院及經濟部作最後決定。施行以後，尚覺順利。結果大多數仍採取第一種辦法，蓋於承購者及政府雙方皆較便利也。

經濟部之接收及處理敵偽資產，完全係經手性質，與其他機關之接收後可供本機關利用者不同。祇有一個例外，就是行政院就接收敵人之各種紡織廠，組織中國紡織建設公司，撥歸經濟部主管。而其他接收單位，除東北九省及臺灣兩區幾全部撥歸資源委員會，或地方政府辦理，或由資委會與地方政府合辦外，都依照上開㈡㈢各項辦法分別處理。我所抱定的處理方針，一是愈速愈好，二是力戒舞弊。關於第一方針，我嚴定限期，期滿務須一律處理完畢，並如期將接收人員遣散，辦公處結束。關於第二方針，本來經濟部人員多能潔身自好，但臨時自各方調用之人員，為數既多，流派亦不免稍雜，偶有不慎，流弊自難避免。經我嚴令各區特派員嚴格督率，偶有違法失職之事，即予檢舉，或送法院，絕不稍予姑息，到了最後結束時期，接收處理無不清楚。一般輿論，對於經濟部主管接收工作尚無何不滿；這不能不算是可以自慰之事。

行政改進

除了接收處理敵偽資產的特殊事項外，經濟部所主管的祇是例行的工鑛電商行政和有名無實的管制事項。除管制工作另當別論外，工鑛電商的行政工作，相沿已久，當然有可改進，但皆不易求近功而收速效。我認為這些工作首當改進者，厥為效率。在官廳方面，對於處理人民之呈請事項，往往以為稍加延擱無關重要，而不知在人民方面，對於呈請事項處理之遲速，動輒利害攸關，尤以在工鑛電商等事業中，時間即是金錢，非必要的拖延人民之時間，無異非必要的損失人民之金錢。而且時間既與金錢攸關，人民為著爭取時間，以免損失大量的金錢，往往不免被迫而犧牲小量的金錢，以從事賄賂。在我從政以前，常常聽說商民因向官廳呈請特許，為避免拖延時間，致不惜以酒食餽贈甚至金錢為運動的工具；於是公務員之狡黠者，不作積極上的索賄，而祇拖延時間，消極上誘致人民自動行賄。這是否事實或究有多少成分為事實，姑不置論；但非必要的耗費人民的時間，在公德上與職守上都說不過去。因此，當我就任經濟部部長之第一日，在新舊交替的儀式中，我對經濟部同人，一開首便強調處務的效率，並說明凡人皆當存與他人易地而處之心，做公務員的應時時設想本身與對官廳聲請人易地而處，果能如此，必不致無故拖延時間。這就是孔子所倡導「己所不欲，勿施諸人」的主義；也就是耶穌所倡導「己所欲則施諸人」的主義。這種主義為我生平所服膺，處世接物無不以此為本；今對於行政方面也就首先提倡。

經濟行政，在復員初期，特別繁重的是公司與工廠的重行登記。關於公司方面，因有敵偽時期增減資本及附加敵偽股本的關係，除極少數的，無不需要重新登記，而且為著確定資本和清理股權起見，此項重新登記又屬亟不容緩，但是許多公司雖已遵照規定申請登記，而按照行政系統，卻非經過地方政府的轉呈，不能逕達中央的主管部會，而中央主管部會核定後，又須經由地方政府轉發。本來官廳核定公事的手續既已遲緩不堪，再加往返的承轉，遂益遲緩。因此特為規定，凡無需地方政府承轉之必要者，皆准人民逕行呈部，以省周折；其必須承轉者，並嚴定承轉限期，通令遵辦。又以中央部會應先示範，故於經濟部之處理公文，嚴定程限，按期清查，而首先清理積案。行之未幾，部中已頗著效。於是進一步向各大都市的社會局查催，其有案件過繁，熟手較少者，並由部委派熟練人員，前往協助指導，期達早日清理之目的。

關於公司重新登記，因國幣與偽幣之轉出轉入，與夫國幣不斷的貶值，往往使工商業名義上的股本，不能代表其實際上的股本，故對於所利得稅之繳納，因盈利與股本攸關，工商界往往認為負擔過重。財政部雖定有酌按資本實值估計利潤之辦法，仍與實際相距太遠。因此，我便訂定一種工鑛交通事業資產估值增資辦法，准許重新登記之各公司，按其實有資產估計實值，將資本額提高，俾可表明實際的資本，並於計算所利得稅時不使商民吃虧。同時，為吸收游資，並繼續增加工商業資本起見，又規定估值增資之公司必得以現款加入若干成。此舉較諸便利所利得稅之計算尤關重大；蓋戰後各種工業均有加招資本，擴展生產之必要，祇以原資本額未能按實值重估，於是舊股東皆不願以股分廉值讓售於新股東，致新股之發行不克實現，游資遂無法湧入工業方面。但是經過了實際的估值，將資本額比例升高，然後按照升高的資本總額，加招若干成新股；如此則舊股東不致吃虧，新股東之投資亦不患無標準，而舊股東之有力者當然可以優先加入新股本。

關於工廠之登記，向來並非強制，且係委託地方官廳辦理，再行彙報經濟部；因此，聲請登記者遠不及實有之工廠數目。我認為在此注重工業化之時代，對於國內實有工廠的數目與其種類尚不能詳悉，遑論其他。因即令主管司切實研究簡化並改善工廠登記的辦法，除免收登記費，並准許逕行郵呈經濟部登記外，特別注重勸導及重點調查，而此種工作即以後來新設的工商輔導處擔任，當於下文申述。

我平素認為工商事業之是否穩健，視其有無會計制度，及會計制度之良否。在我主持商務書館的時候，一方面深佩我的前任能注意及此，他方面則對原有會計制度益加改進。商務書館的事業經過了多次的困阨，卒能維持不墜；我認為與其會計制度不無關係。當我主持經濟行政以後，遂決計將此旨推及於全國工商業。我這種主張固然受我前此主持事業的經驗所支持，但我還覺得國家徵收營利事業的所利得稅，因為多數工商業或者缺乏健全的會計制度，或者簡直沒有建立會計制度，於是不得不專為納稅而作臨時結算，此在官廳及工商業均有困難，甚至有杜撰假帳者，則不僅與國家的稅收攸關，且與工商道德有損。經過詳加考慮後，我決意制定一種商業會計法，俾工商業有所遵守，於私於公均屬有利。此事即交與常務次長潘序倫氏主辦，潘氏原係名會計師，對於本法之主稿實最適當也。稿成後，因須與有關部會協商，經過頗長之時期，始提請行政院通過，再行移送立法院，故移送時雖在我的任內，而完成立法程序卻在我辭職以後也。

工商輔導

我對於設立工商輔導處之動機，遠在我從政以前。我鑑於國內工商業，尤其是工業，在舉辦以前多未作周密的計畫，平時亦缺乏廣泛的比較；因此，在小規模的時候，完全靠著個人或極少數人的經驗和忠勤，勉強維持或進展，但將來局面稍大，或者在開始時局面已不小，那就成功的機會較微。這大概都由於缺乏專門人才，為作周密的計畫；或者由於缺乏專門的機構，提供改進的資料。在外國，尤其是在美國，隨處都有顧問工程師和工業研究機構，前者可於工廠開辦之時，或於其遭遇困難之時，代為設計和解決困難；後者則應工業界的需求，隨時供給可資改進的參考資料。在我國的目前，私人的顧問工程師尚缺乏，公共的工業研究機關也不多。為協助幼稚的工業界，我常常認為政府應於各工業重點設立輔導處以技術和有關工商業的種種資料，無條件供應於工商界。當政府決定盡量以接收敵偽工鑛租售於人民時，此種輔導機構尤有設立之必要。因此，我便於經濟部各區接收特派員辦公處將要結束之際，向行政院提議在上海廣州漢口天津及重慶五地各設工商輔導處一所，每所人員不過三十人，而以高級技術人員占半數以上，即此一點，已可見該機構性質與一般官廳不同。本案提出後，行政院總算照案通過；但移送立法院審議時，審查會中認為工商行政機構，在省已有建設廳，在直轄市已有社會局，無重複設置此機構之必要，決議不予成立。後經我親自出席，詳為說明，結果當將原案修正通過。於是各輔導處即自三十六年終先後成立。為時不久，各該地工商界已漸知輔導處之性質與一般官廳迥異，尤以上海天津兩處成績較著，其對於工商界各種問題及困難，確曾協助解決不少。三十六年五月我解除經濟部職務後，各地工商輔導處長，除上海外均已易人，易人後工作情形我不得其詳。惟上海方面因仍由原處長主持，極得工商界信仰。三十七年下半年度立法院審查國家預算時，決議將工商輔導處裁撤，而上海工業協會於請求維持該處未能照准後，竟以該會經費留聘該處全體人員，俾維持其原有工作。此種不常見之事，實是證明該處之存在確有利於工商界也，該處於其存在期間，對工商界貢獻頗多，祇就其對上海工廠之詳確調查，已可概見。在我脫離經濟部以前，曾經發動工業調查，而以各地工商輔導處，主持重點調查之工作。後任陳啟天部長仍照原計畫進行。上海工商輔導處調查最徹底，所得資料最豐富；聞初擬印刷成書，以資觀摩，嗣因經費無著，致不果行，殊可惜也。

經濟管制

經濟部那時候有一種名存實亡的職掌，就是所謂管制，本來在抗戰時期，經濟部頗著重管制工作，故設有管制司主持之。但自復員以後，一切管制即告鬆懈；經濟部也不例外。在我接任時，經濟部表面上還管制著兩種物資，一是棉紗，一是烟煤。且把它們分別說明如下。

關於棉紗的管制，經濟部於復員後設紡織事業管理委員會主持之。該會以部轄之中國紡織建設公司總經理束雲章氏兼主任委員，其他委員則為該公司兩副總理及中國銀行主管人與若干對紗廠有經驗者兼任之。實際上無異以國營之紡建公司兼負管制棉紗價格之責。這機構正如束雲章氏常言，以一個國營公司管制一切民營公司，其不能收效，自在意中。因此，除中紡售紗牌價恆較民營紗廠低百分之二三乃至百分之五六，藉以牽制民營廠出品不使過多抬價外，該會成立以來向未發生何種作用。我就任後，最初幾個月仍維持此現象，則因紗價尚無大變動，暫無更張之必要。及至同年九十月間，由於外匯價格一度作重大的調整，深恐紗價將由此而過分高漲。我認為向來名存實亡之管制政策，此時已有根本考慮的必要；而擺在面前的卻有自治的合作與官治的管制兩途。所謂自治的合作就是避免管制，而改由國營民營各紗廠，在政府決定的原則下，對於分配與售價均衷誠合作，一方面期望合理的分配，他方面避免過分的漲價。所謂官治的管制，就是由政府按照國家總動員法，對於棉紗的分配與售價，均嚴加管制，務使國營民營各廠一律遵守，而對於違反管制者嚴予制裁。我詳加考慮之後，認為最好能採第一方法，即所謂自治的合作。於是召集中紡公司及上海各大民營紗廠之主持人，告以政府不得已調整匯價，各種貨物皆乘機漲價，紗業恐亦有此趨勢，實則確有漲價之必要者，政府當可考慮核准，其尚無漲價之必要者，倘亦乘機漲價，則一方面影響人民的生計，他方面由於一般物價高漲，勢必影響工業界自身之工料成本，如此循環往復，結果實無一人真正獲利。以紗業而論，此時外匯之調整，所影響者僅為利用新進口原料之製品，其過去輸入之原料，業按舊匯率結清貨價者，既不受此影響，即無遽行漲價之必要。政府茲願與民營各紗廠竭誠合作，藉合理分配，以平抑紗價。至政府原設之紡織事業管理委員會尚無民營紗廠主持人擔任委員，以言管制，固未充分強化，以言合作，距離猶遠。茲特變更該會組織，酌增委員名額，連同原有金額，盡量加聘民營紗廠主持人為委員，今後關於出品之配售和其售價，均由委員會協商決之，以收合作之效。深望各民營紗廠予以贊助，則紡管會既有民營廠代表參加，所有議定之管制辦法，實亦等於自治，希望此種自治精神充分發展，則今後無取乎官治的管制云云。以上原則，出席各民廠代表均甚贊成；因即決定加聘民營紗廠代表四人為委員。隨後召集擴大組織之紡管會，商定由國營民營各廠聯合配售，並議定公允之售價。第一次聯合配售之棉紗二萬包，因各方面皆能衷誠合作，分配既甚公平，紗價亦得平抑，一時收效頗著。可是到了第二次聯合配售時，因有少數民營紗廠側重私利，不能如前之遵守協議；於是暗中抬價交易，黑市也隨而產生。我一再籲請紡管會各民廠委員協助勸導，均鮮效果。最後，我並切實忠告，如果自治的合作失其效力，則政府將被迫而採取嚴格的管制。同時束雲章氏以在自治的合作中，彼以國營紗廠的主持人，尚能發揮作用；今此著既已失效，政府不得不另採管制政策，彼實不克續負紡管會主委之責。在此情勢之下，我與宋院長熟商後，衹得准許束氏辭去主委，而以上海市市長吳國楨氏兼任該會主委，俾藉地方政府的機構與其權力，實施嚴格管制。紡管會改組後，其政策由自治的合作，漸轉變於收購民廠出品半數，以供配售而達平價目的。初時由於地方長官兼任該會主委的壓力，收購民廠出品，進行尚屬順利。越時不久，收購價格便起問題。及我交卸經濟部後，政府又將原有紡織事業管理委員會改組為紡織事業調節委員會，其規格之大數十倍於紡管會；而其所宣示之「代紡代織統購統銷」政策，係由全國經濟委員會決議通過，可是執行起來問題更多。官商爭持，至再至三，大有後者不如前者之概。某次全國經濟委員會指定小組研討此政策與其執行之得失，我被推為召集人。民營紗廠推舉代表來會陳述意見，坦白對我表示，深悔前此未接受我所強調主張之自治的合作原則，以致政府的政策一變再變，官商受困。這究竟是由衷之心，或一時憤慨之語，那就非我所能斷定。不過管制政策在我國之不易實行，於此可見一斑；而我最初所強調主張自治的合作，倘能實現，則於國家人民均最有利，固可斷言。

烟煤的管制，在復員伊始，因各鑛生產停頓，供求失其平衡，實有其必要。行政院宋院長因此在上海設置燃料管理委員會，一面由政府協助北方的開灤煤鑛，蘇皖之華東華南煤鑛逐漸恢復生產；一面由該會控制各該鑛的煤產，購運來南京上海，以供兩地的需要，其辦法為對於公用及交通事業所需之煤，酌予賠本或按原價配售，對於民營工廠所需之煤，則按成本酌增少許價格，以貼補對公用事業配煤之損失。辦理以來，尚稱順利。自我接長經濟部後，該會始正式撥歸經濟部管轄。同時並在天津增設平津區燃料管理委員會；而上海區之燃管會更擴大其供應範圍，南至廣州，西至武漢，東至青島，均歸其分配。但平津區燃管會與上海區不同之點，即上海區燃管會係收購各鑛煤產，自行配售，而平津區燃管會則僅主持分配，並核定合理的售價。上海區燃管會當我就職時，已具規模，主持者也還得力；我所注意改進的，只是對於各鑛要求加價時，作嚴格而合理的考核。我的原則是一方面不許各鑛過分提高煤價，以致增加人民非必要的負擔，他方面也顧慮各鑛的實際成本，不使因虧耗而減產。因此，在我任內的一年間，煤價並沒有過分的增加，而各鑛的產量也有增無減。不過開採煤產雖增，其運輸卻成為嚴重的問題，因為由鑛區經北寧鐵路運至秦皇島，再行向南航運，而唐山與秦皇島間之鐵路不時為共黨所破壞，以致運輸時斷時續，故積存於鑛山之煤量往往多至六七十萬噸，而上海方面的存煤有時竟低至十萬噸以內。我為著維持上海的工業動力，除與交通部切取聯絡，對於破壞路軌趕速修復，並加強南運外，一面協助淮南煤鑛增產，一面疏通台灣煤產之供應，務使京滬方面常有三個月以上之存煤。這項工作，確使經濟部和上海區燃料管理委員會費了很大的氣力，和遭遇不少的困難；猶幸結果尚能如願。

關於上海區烟煤的分配，對公用交通等事業尚無問題。問題往往發生於民營工廠和一般市民的供應。因為烟煤的官價和黑市價相差很巨，凡獲得官價配煤者均有莫大利益；遂至報告不實，及以其他方法爭取配額，成為常見之事。我為著力求公平並慎重處理起見，對於此項民營工廠及民用烟煤之配額，特組織一委員會，以各方面有關人士擔任委員，用會議方式決定配額。照此辦理以來，尚鮮流弊。雖其間有挾嫌誣控該會主持人情事，然經司法機關徹底偵查，卒證明所控失實。一般輿論對該會處理業務，至少在我長經濟部時的管轄下，還算滿意。但在我離部後，該會易人主持，竟有許多高級人員因案被處徒刑，可見管制工作，尤其是此種有利可圖與具有營業性的管制工作，更易發生弊端，主管者與監督者無時不當兢兢業業以應付之。三十七年秋，立法院決議裁撤該會；主管的工商部認為當此時令，如完全不管，將致供應中斷，因提議縮小範圍，別立機構繼續供應。我在政府會議中，力主新設機構之任務應略仿前此平津區之燃管會，僅司調節核價，不必仿照上海區燃管會之兼辦營業，蓋不僅鑑於此種工作之不易討好，實亦認為此時已無此必要也。

中紡公司

在結束我在經濟部任內的工作時，不可不略述中國紡織建設公司。該公司擁有一百七十萬紗錠，在我國國營事業中，不能不說是數一數二的規模。它是就接收敵人在我國境內所設紗廠而成立的。在它組織伊始，政府曾受許多人的攻擊，認為此種輕工業當撥歸民營，不應由國家經營。記得在重慶召開最後一次的參政會大會時，便有許多質詢和提案，要求把它改為民營。那時候主持中紡國營政策的宋院長，親自答覆，謂此項接收敵人紗廠規模極大，為求迅速復工，維持生產，以我國目前工業界資力之薄弱，勢非暫由國家經營不可；但國營並非永久，該公司規定兩年以後售歸民營，至多祇再展期一年云。我當時對於宋氏的答覆頗覺滿意，祇望其在國營時期內認真辦理，不致沾染官廳習氣，並望時期屆滿，確能售歸民營，以符工業建設的原則。該公司表面上歸經濟部主管，但因組織之初係由宋院長主持，故公司人選與一切章則多由宋氏親自決定。經濟部部長雖兼任該公司董事長，實際上很少過問。我到職以後，因平素不願掛名而不做事，遂較前任過問稍多。但該公司業已組織完成，總經理束雲章氏辦事認真，助理人員亦多係專家，故我對於人事絕未更動，亦未加入一人。我之管理該公司，僅就政策上注重若干事。一為遵照國營原意，務於最短時期使全部紗錠復工；故於董事會中迭次督促公司當局，將尚未修復之紗綻廠屋提前修復，尚未接收之紗錠和其他設備趕速接收；其有需要政府協助者，並盡力協助之。因此，半年之間，復工紗錠增加百分之四十左右。二為嚴守國營立場，對於市場紗價波動時，遵照國家平價政策配售，以為民廠樹模範，而不隨民廠之惟利是圖，在公司主持人方面，鑑於民廠出品之提高售價，對於該公司出品之平價發售，不無吝惜，不免有追隨民廠漲價的傾向，其愛護事業本身之意，原未可厚非；但我認為國家當從遠大著想，國營事業在物價飛漲之時，除因維持成本不得不加價至相當程度外，不宜與民營事業相競圖利。況有關民生之製品，政府對於民營工廠尚須抑制其過分之漲價，國營工廠更不應隨波逐流。且此類國營事業過分漲價之結果，勢必影響一般生活指數，如此則不僅整個政府之支出加大，即各該事業之開支亦隨而加大，出入相抵，亦未必於各該事業為有利也。三為恪守國家法令。向來國營事業多各自為政，對於政府規定往往不願遵行。例如審計一項，主持國營事業者嫌其過分干涉，多不遵辦。實則審計制度對於國營事業果有窒礙難行，自不妨提請政府修改，在未經修改以前，不容違反法令。中紡公司自開辦以來，迄未執行審計；我到任以後，即開始實施，該公司主持人雖每以不便為言，我認為既經法律明定，必須遵守，然自實施以來，實亦無何困難。及三十七年下半年，政府因出售國營事業股分，改組該公司為官商合辦性質；於是該公司當局與同樣關係之國營事業當局，咸藉此理由，不復接受審計，致為監察院所糾舉，又如待遇一項，在重慶時期，許多國營事業之員工待遇超過其他公務員甚多，政府不得已規定國營事業人員得比照其他同級公務員之待遇，增加百分之三十，顧施行以來，仍多陽奉陰違，致往往引起一般公務員之不平，與參政會等之抗議。復員以後，上海民營工廠員工，採取生活指數薪給制者漸多，中紡開辦伊始，以其大部分工廠設在上海，其董事會遂決議仿照民營工廠辦法，將員工底薪按照生活指數發給，但規定底薪較大者酌予折扣。彼時規定為底薪八十元以下不折，八十一元以上一律四五折。此外更依照國營事業員工年終給獎辦法，每人每年最高之獎金可達五個月薪給之數。此項待遇辦法，由董事會決議後，並呈經行政院核准備案，後來因為生活指數升高甚速，一般公務員之待遇不能隨而增加，以致中紡公司員工之實得待遇，較同級公務員多至數倍，各方面咸抱不平。國防最高委員會亦曾決議，嚴格執行國營事業人員待遇辦法，換言之，即除年終給獎外，平時待遇祇許照同級公務員待遇增三成。行政院根據此項決議，經迭令主管部會照辦。在我接任中紡董事長之初，已獲悉政府此項決議，一方面固不能不執行政府的政策，他方面也不能不顧慮已成之事實。由於政府多年放縱而造成之事實；自不能一旦盡行推翻。我雖很贊成同工同酬之原則，與執行功令之必要，然對於此事，祇能逐漸矯正。

第一步將中紡薪給之計算標準酌為降低；第二步於一般公務員增加待遇時，由於中紡員工實際所得仍超過國營事業員工待遇標準，則其所增比率應較一般公務員略低，如此經過若干時期，兩方面之實得待遇，將愈接近，直至符合國營事業員工待遇辦法，再行同等增加。我抱定這種主張，詳加計算後，決將中紡員工薪給，除八十元以下仍照前不折外，八十一元至一百五十元仍為四五折，其由一百五十一元至三百元之部分，僅由原規定四五折減為三五折，其超過三百零一元之部分，由原規定之四五折減為二五折。如此，則薪給較低者並不減少其待遇，而薪給較高者逐級遞減，俾與一般公務員之待遇較接近。我在第一次主持該公司董事會議時，即以此方案提出討論，詳加說明，並對列席會議之公司高級人員曉以大義。本來減薪之舉，在近年絕無可能；但經我一番的申說，居然通過董事會，並得列席人員之諒解，轉向公司各職員開導。這件事看似很小，卻費了我不少的力量。依我的意見，這祇是遵守同工同酬功令的初步辦法。但對於政府這項決定，能不顧反對盡力推行者祇有我一人；其他各部會主管的國營事業，除向來不超過標準者外，皆不肯稍為降低，中紡公司員工對於我這種減低待遇的決定，本非所願，祇因功令與大義所在，不得不服從；嗣見其他部會主管事業絕無變動，因此對我漸感不滿，而第二步的矯正辦法更不易實施。等到我脫離經濟部和中紡公司董事會後，員工便紛向新董事長提出要求，結果不僅恢復了我接任前的待遇標準，而且更進一步，將底薪八十元不折扣者改為一百元不折扣，而超過一百元之部分一律改按五折。反之，立法院及其他方面，對於我之苦心壓抑自己主管國營事業人員之待遇，尚無所知，動輒以中紡待遇過高責備主管部。這真是左右做人難，惟問心無愧，祇好泰然處之。

福利金事件

我在經濟部一年，由於環境的關係，雖然盡心盡力，畢竟無何成就，但自矢絕無半點為私，致有愧對國家人民或經濟部同人之處。可是三十六年一月下旬竟遭遇一度的誣捏，幸虧事不離實，不久即已大白。事情是這樣的，行政院因為先後訂定了國營事業員工年終給獎辦法及稅收機關超收及緝私提獎辦法，漸覺上級機構既負有監督下級的責任，下級機構員工之得獎，上級機構人員不無與有勞績，而且在同一主管部之下，上下級機構人員待遇，由於給獎之故，如果相差太遠，也不免有失公允。因此，又規定下級機構應得的獎金得提其中一部分，解交上級主管機構分派。根據這種規定，財政部稅收機構的獎金，改以一部分解部，分配於部員；經濟部在資源委員會未改隸以前，亦常以其所轄國營事業應得獎金一部分解部，同樣的分配於部員。經濟部歷年的分配方法，係以一部分按照薪額平等分配，等於公開，另一部分則分配於高級人員，按其職責分配等差，其帳目向由部長指定專員經管，雖不公開，而仍有單據可以查考。三十五年底，資源委員會業已獨立為一部會，其所屬國營事業之獎金自無解交經濟部之可能；但經濟部所轄的兩個機構，即中紡公司與上海區燃料管理委員會均有盈餘，按照政府規定及前例，中紡公司遂以四億元，燃管會以一億餘元解交經濟部。在此款解行時，我立即依照經濟部的舊例，並特加慎重，指派常務次長總務司司長主任秘書會計處處長及人事室主任五人組織一經管委員會，並令各單位各推一人連同上述經管委員會組一福利委員會，其人數合計十餘人，而以常務次長為主任委員，其第一次會議時，余亦親自參加，以中紡等兩宗款適於陰曆年終解到，咸主張照向例以一部分公開平均分派於全體部員，而保留另一部分，分配於各單位主管人，按其職責，分級派發，記得兩次長各派二百萬元，以下遞減，至科長階級各得數十萬元。我本人獨未領受分文，雖經各委員力勸，我仍以既負主持之責，自應獨居例外，不便接受。議定後，即交由保管委員五人執行分派，一因本有規定和向例，二因分配並無不公，而且處理較以前更公開，故上下翕然。不料一星期後，南京某報刊載揑稱經濟部全體同人之投書，始則誣指該款來源不明不白，總數與所分配之數不符，繼則謂該款解到多時，經部中同人發見，始作秘密的分配。雖經經濟部福利委員會去函該報說明真相，又復遲遲登出。同時，京滬其他一二報紙，另有冒名投書者，更事渲染，其具有政治作用，至為顯然，我除分別呈報蔣主席及行政院院長外，為求水落石出，並將本案經過函請監察院于院長派人徹查。除宋院長及翁副院長深知許多部會均有此辦法，翁副院長且於其在經濟部長任內辦理有案，無不深切諒解外，蔣主席即於二月八日給我一個代電，文曰：「經濟部王部長雲五勉鑒：本年元月二十九日函呈悉。兄清風亮節，一介不苟，不惟中所深知，抑亦社會所共信。決非一二報章不負責任之攻訐所能混淆。此案既經更正，事已大白，似可不必多所計較也。中正丑庚府密。」同時于院長亦接受我的請求，指定監察委員，分別到經濟部及中紡公司上海燃管會等調查案卷，深悉我對於此款之收付分配，一毫不苟，於是本案始大白於世。

五、政府過渡與自我檢討

我此次參加政府，原抱著我不入地獄誰入地獄之旨，冀為各黨派參加之喤引。此種想法，事後雖已證明其有誤；但我的一片真誠，絲毫不雜入其他念頭，則敢誓言。然自我參加政府以後，國共間的不愉快事件，益層出不窮，兩方意見，愈離愈遠，聯合政府之成立，希望更渺。加以上開的誣揑事件，無風起浪，其具有政治作用無可諱言。因此，我更心灰意冷，計在一念之間，一度向蔣主席，兩度向宋院長表示辭意，均被慰留。宋院長並力勸我勿對主席再提此意，以免誤會彼與我不能合作；惟彼亦具有辭意，一俟政院改組，自當助我擺脫。於是我的期望，祇寄在政院改組上，蓋我之從政，原為合作而來，自不便拆台而去；更因各黨派合作之望，一線尚存，不容放棄，尤其不願以我加入未久遽行脫離，益使各黨派不敢與國民黨合作也。其實政治協商會議尚未解決之問題本不甚多，即如憲草之修改原則，大部已經政協及以後小組協議通過，其未解決者，各方意見相去原不甚遠，苟能相見以誠，不難片言解決。持此見解者不祇我一人，即民青兩黨及無黨派人士，亦多同此見解。但是憲草修改之最大關鍵卻在國民大會之召開。依政協的原決議，本應在三十五年五月五日召開制憲大會；而由於政協閉會後，國民黨提出重行考慮修改憲草之意見迄未獲得完整協議，是年四月間，蔣主席在渝召集留渝的各方代表，徵詢如期召開國大的意見，我和民青兩黨的代表，均認為為保持和諧起見，務須延期召開，以便到了南京後繼續尋求協議，我尤強調延期後不必定期召集，以留轉圜餘地，且不致再三改期，引起國內及國際的誤會。可是復員東下以後，政協綜合組迄未能重開，七月某日政府突然頒發十一月召開國民大會之命令，此令之頒發大約係經國防最高委員會通過，而無須通過彼時的行政院。到了明令公布後，我才得知，已不及作其他的建議，但望在此數月內國共兩方能加緊謀致妥協之道，以免臨時又陷僵局。

可是時間過得很快，而妥協工作卻進行得很慢。轉瞬十一月已屆，在政府方面認為已一再改期，原冀各方可以參加，但對於人民方面，倘臨時又停開，或作無期之延展，似亦說不過去。據說，在召開的前夕，甚至開幕以後，還希望各方面都能參加。除民青兩黨業允參加外，並為共產黨保留其席次。這究竟含有多少誠意，我固不得而知。但在會議中對於政協已商定之憲草原則，除在會後綜合組獲有重行修改之協議者外，雖經許多代表之激烈反對，政府當局仍極力維持原案，俾不因中共代表之缺席，而變更政協原議，也就是不願意增加國共兩方的裂痕。至於民青兩黨代表之肯出席，聞也經過許多考慮，其內幕我固不得而知，但從其中若干和我接近的兩黨人士閒談中，知其最後之允出席，恐怕也有些和我應允參加政府時的心情相似。

在這個制憲的國民大會中，不僅對於政協憲草之爭執至為激烈，甚至對於行憲時期之爭，也趨於白熱化。許多代表，據說如果國民黨當局不加壓力，很可能構成大多數代表，都想於此次大會中，一面通過憲法，一面根據憲法，立即行憲；換句話說，就是立即選舉總統和副總統。反對立即行憲者，理由也很多，而最重要的理由，即為此次中共並無代表出席，苟不顧一切，遽將總統副總統選出，則妥協之門將更緊閉；且此次通過之憲法既以政協決定之原則為依據，則政協另行決定之各方面合組的國民政府仍有實現的必要。我和民青兩黨及許多無黨派代表，反對立即行憲，實以此為主要理由，而國民黨中的開明分子也同此立場。記得最後一次的憲草一讀大會由我擔任主席，而將本屆國民大會決議改為純粹制憲之會，而將行憲之責委諸下屆國民大會。

制憲國大閉會後，在國民黨方面認為已盡了很大的委曲求全之責，在各小黨和若干社會人士，也認為出了不少斡旋的力。但是換一方面來講，共產黨卻認為政府不顧一切，召開國大、制定憲法，無異關閉了和中共妥協之門。因此，在國大閉會不久，中共駐京滬的代表便開始撤退。那時候民青兩黨及無黨派人士仍在極力斡旋，希望挽回這一個加深破裂的局面。我因已參加政府，在中共方面或誤會我已經偏向政府方面，而失了原有的中立性。我不願在不愉快中更增不愉快，故背後雖與無黨派的莫德惠氏聯絡，提供意見，希望能打開僵局，本身卻不出席這些從事斡旋的會談。會談舉行的場所，通常在南京交通銀行二樓，因為錢新之氏係以政協第五方面的代表而盡地主的義務。到了最後一次會談，因為中共代表已經決定撤退，為著還想盡我們最後的責任，我也就不顧嫌疑，參加這次會談。在會談中，周恩來氏剴切致詞，痛詆國民黨對於合作之無誠意，與之合作和參加政府之人終久要感覺上當，並朝著我說：「像雲五先生的參加政府，我深信他現在的內心也感著不好過。」這句話，無論是善意的忠告，或是惡意的諷刺，總使我內心大為感動。本來有許多想說的話，至此卻默默無言，此外在座各人或者有同樣的感覺，也都不說什麼話。於是這一場的集會，便成為政協最後破裂之會。周氏臨走和我們握手所說的「再會」二字，彷彿還在耳際，而情勢已經轉變到這樣了。

中共代表撤退了不久，政府正拉攏各黨派人士，打算擴大政府的基礎。但各黨派雖已參加國民大會，而對於參加政府還要考慮一下。適其前不久，上海方面物價暴漲，政府拋售黃金以期平抑物價的政策失敗，於是政府在二月十七日頒布經濟緊急措施辦法，凍結物價及工資，初時雖頗見效，但一月以後情勢又趨惡化。立法院要求行政院宋院長列席，以備質詢。我和財政部俞部長及中央銀行貝總裁，均被邀偕同宋院長列席；到了立法院，宋院長低聲告我，昨晚向蔣主席辭職，業已獲准云云。質詢後，宋院長起而作簡單的答覆畢，即發表其已辭職獲准，遂即退席。

宋內閣之辭職，事出倉卒，當然不及發表繼任人選，於是行政院院長一席暫由蔣主席兼代。稍後乃決定由張羣氏繼任。張氏接受特命以前，則以各黨派加入，擴大政府基礎為條件。經過一番唇舌，民青兩黨在原則上已應允，惟以先行簽訂共同施政方針為先決條件。同時我亦以無黨派之地位，被邀參加改組後之政府，以國府委員而兼經濟部部長；我則早有脫離政府之決心，此次有此改組機會，正好堅決求去，幾經堅邀與堅拒，始允對經濟部部長一職考慮易人，而對於國府委員仍非我擔任一席不可。蔣主席之親信某氏力言，在民青兩黨參加政府以前，我既率先加入，此時兩黨業允加入，我反而退出，未免使國人誤會，實與我熱誠合作之初衷相違，況蔣主席意至懇切，對於已參加政府之我，斷不肯讓我完全脫離，因此勸我還是接受府委為宜。我再三考慮，為著達到擺脫直接行政之目的，對於僅僅參加會議之府委祇得接受。但正如民青兩黨所主張者一般，在接受府委以前，應由三黨與無黨派簽訂共同施政方針。於是由三黨領袖蔣中正張君勱曾琦三先生及無黨派之莫德惠先生與我，於四月十六日在南京簽訂施政方針十二條，其全文如後：

國民政府施政方針

國民政府為實施憲政，推進民主，自政治協商會議以來，即決定改組政府，延攬中國國民黨以外各黨派人士，及社會賢達共同參加。經一年餘之不斷努力，刻已詢謀僉同，可即完成改組之程序。關於改組後政府之施政方針，亦經與各方詳加商討，並經中國青年黨，中國民主社會黨，中國國民黨常會分別通過，參加商討之社會賢達亦表贊同。此項施政方針將為改組後國民政府所共同遵守。茲特公告其內容如左：

第一，改組後之國民政府，以和平建國綱領為施政之準繩，由參加之各黨派及社會賢達共同負責，完成憲法實施之準備程序。

第二，以政治民主化及軍隊國家化之原則，為各黨派合作之基礎，在此共同認識之下，力謀政治上之進步與國家之安定。

第三，為促進世界和平，擁護聯合國憲章起見，中國外交政策，應對各友邦一律平等親善，無所偏倚。

第四，中共問題，仍以政治解決為基本方針。只須中共願意和平，鐵路交通完全恢復，政府即以政治方法謀取國內之和平統一。

第五，根據憲法規定之精神，提前試行行政院負責制。行政院應依國府委員會之決策，負執行之全責，以符合於有權有責之原則。立法院之職權，應同樣尊重。行政當局遇有提案，應出席立法院說明，以保行政與立法之聯繫。

第六，行憲以前，行政院院長之人選，國民政府在提出任用時，應先徵求各黨之同意。

第七，對於各省行政，應本軍民分治與因地制宜之原則，在法制上與人事上均作徹底之檢討與改革，使各省政府能充分發揮其效能。

第八，凡因訓政需要而頒設之法制與機關，在國民政府改組後，應予廢止或裁撤。

第九，徹底整理稅制及財政，簡化稽徵手續，減少賦稅種類及附加稅，以減輕人民之負擔。

第十，嚴格保障人民身體自由，言論出版自由，集會結社自由，嚴禁非法之逮捕與干涉，其因維持社會秩序，避免緊急危難，而必須予以限制者，其法律應由國民政府委員會通過之。

第十一，今後所有舉辦之外債，應指定專為穩定並改善人民生活及生產建設之用。

第十二，各省市縣之參議會或臨時參議會，盡量由各黨派及無黨派人士共同參加，各省地方政府亦應本惟才惟賢之旨，由各黨派及無黨派人士參加。

蔣中正
張君勱
曾　琦
莫德惠
王雲五

上開施政方針簽訂後，越二日，國民政府即發表選任各黨派和無黨派人士二十九人為國府委員，我的名字當然也包括在內。再隔兩日，張羣氏突來訪我，堅請我以國府委員兼任行政院副院長。我這次本想一切不幹，不得已而任府委閒職，想不到又有新的任命；但禁不起張氏的熱切相勸，並力言組閣之困難，今尚缺此一席，以我擔任為最宜。我既固辭不獲，因思副院長一職，並無實際職掌，與部會長官不同，若兼任此席，不過於參加國務會議外，多參加一種政務會議，而兩者互有關係，亦可資參證，我既已允任府委，為著出席國務會議時，討論不致蹈空，又何妨再參加政務會議。我生平的經歷，就是遇事不肯空過，事前既未能謝絕府委之職，事後因閒職仍不願空幹，雖大違初願，結果便又接受了此一兼職。

六、國府與政院

三十六年四月十八日和四月廿二日，國民政府先後發表選任我為國民政府委員和行政院副院長後，許多人都為我道賀，我心裡卻十二分的難過。一來因為半年求去的決心，好容易得到可去的機會，卻因不能峻拒新命，而動搖意志，與我生平的操持不符。二來因為從政之初，原期有補於全國的團結，現在此一期望愈離愈遠，我仍尾隨不能擺脫，未免有違初衷。三來因為我之從政，既非為名，更非為利，既知無補於國，何苦向泥淖愈陷愈深。惟事已至此，祇好就我的新職善盡其責，俾良心得稍安而已。

府委的任務

國民政府委員會，依照新的中華民國國民政府組織法改組後，於三十六年四月二十三日正式成立。查該組織法第十條第二項之規定「國民政府設委員以四十人為限，由國民政府主席就中國國民黨內外人士選任之，內五院院長為當然委員」；這與政治協商會議決定的原則是相符的。至於四十人之分配，上文已經說過，政協僅對國民黨員占二十名額獲得協議，至其他二十名之如何分配，迄未決定。此次因中國共產黨，及民主同盟之構成單位除民社黨外均未參加，故蔣主席保留一部分委員名額未予選任。當時實際選任者僅二十九名，計開國民黨十七人，民社黨青年黨社會賢達各四人。尚有十一名留以有待；而國民黨應占之二十名亦祇發表十七名。在第一次會議時，除修正原有之國民政府委員會會議規程，決定將國民政府委員會所召開之會議稱為國務會議外，旋復通過國民政府施政方針。同日，國防最高委員會即行結束，以其原有職掌分別移交新成立之國府委員會與國民黨中央常務委員會。

國務會議兩星期舉行一次。按照組織法，其所討論及決議事項規定為（甲）立法原則，（乙）施政方針，（丙）軍政大計，（丁）財政計劃及預算，（戊）各部會長官及不管部會政務委員之任免暨立法委員監察委員之任用事項，（己）院與院間不能解決事項，（庚）主席交議事項，（辛）委員三人以上連署提出之建議事項。

因為國民政府委員會是最高的國務機關；其討論及決議事項亦有明白規定，一切繁瑣之案都不會提到國務會議，祇有追加預算案特別多，但事前經行政院及該院預算委員會詳加研討，到了國民政府，復經主計處按照規定程式編列，然後提會，各委員為著尊重行政院之試行負責制度，無不照案通過；其對於人員之任免亦大致相同。因此，國務會議的議案，大都是無需經過長時間討論便可通過的，間有較複雜之議案，則國民政府委員會復組織關於政治法律及經濟三個審查委員會，分別由主席指定國府委員及各部會長官為委員，每一委員會設召集人二人。我是和國府委員邵力子氏同被指定擔任經濟審查委員會的召集人，一年之間移付審查之案，在經濟審查委員會中僅得二三件。此類較為複雜的案件，既經審查，則重提國務會議時，大都按照審查意見通過。因此，國民政府委員的職務是很為清閒的。

副院長的任務

行政院副院長，除因院長缺席當然代理其職責外，平時本無專責。但我的素性，不慣於坐食或伴食。既食國家之祿，自不能不儘可能多少做一些事。因此，在我到政院以前，先把工作考慮一下；到院的第一日，和張院長正式相見時，談到我所能協助之處，我自動表示願從三方面致力，一是對於政務會議的議案擬多注意，二是對於預算案尤願注意，三是擬以若干時期巡行各地，視察地方行政。張氏對於我的主張都很贊同。後來我在行政院一年間的工作，便集中於上述一二兩項，同時為著一二兩項工作的意外繁忙，卻把第三項工作竟全犧牲了。

關於行政院的會議，張院長時期和宋院長時期完全不同。照例行政院會議每星期舉行一次，為時半日，約三小時。宋院長時期，往往兩小時便議畢散會；而張院長時期，則不僅每會至少須延長一小時，且每星期往往多開一次會，同時還增加了許多小組會議。此種差別，不僅是由於宋張二氏的作風不同，而且政院的性質亦自有別。宋院長有果斷的性質，對於議案之處置，往往不待各部會長官發言，即發表其個人的處理辦法，苟無異議，便作為通過。張院長富於民主精神，每案必徵詢各委員意見，贊同或反對，咸暢所欲言，然後決定。此固僅關作風之不同；但政院的性質，在宋院長時，猶純屬訓政，除我與交通部長俞大維氏係以無黨派之身參加外，各部會長官皆係國民黨員，黨的主張即成為政府的主張，院長既為國民黨所推戴，則構成政院各部會長官之國民黨員自無何異議。我間或提出一些意見，宋院長決斷很快，是否可行，往往應口而出，因是，會議的時間便節省了不少。張院長的時期，既以按照政協決議，擴大政府基礎為號召，行政院係由政務委員所構成，各部會長官皆兼任政務委員，此外尚有不管部會的政務委員若干人，而其人選則各黨派及無黨派者皆按協議的比率而分任；故在組織上業與前此一黨訓政時不同；蓋已成為進入憲政的過渡內閣，而參加政院者無不欲盡情發揮所見。這兩任行政院還有一個重大的差別，就是在宋院長時期，政院會議所討論的議程，與議者係以部會長官的資格出席，故於事不關己者往往不發言，彷彿僅為關係部會對於行政院的建議，院長如認可，則除與有利害衝突之其他部會長官表示異議外，幾無他人發言之必要。在張院長時期，則與議者皆為政務委員或兼任政務委員，無論議案與本人主管部會有無關係，咸認為一經通過，則全體政務委員皆應共同負責，如有所見，自不得不發言。

由於上述的關係，政務會議，除須延長時間並增開次數外，遇著較複雜的議案，便不得不指定若干政務委員從事審查，而小組會議遂日漸加多。這些小組會議，如果要我加入的，照例都由我擔任召集人，加以經濟委員會隨同行政院改組為全國最高經濟委員會後，一變前此向不開會的作風，而為兩星期一次的固定會議與無數的小組會議，而這些小組會議也往往由我召集；因此，每星期我所參加和主持的會議和小組會，平均總有六七次，最多者竟達十餘次。我向來辦事不肯草率，對於會議亦然，每次幾乎是最早到與最遲退，而且一次會議未能解決者，不願因時間不敷而草草了結，往往還要延會一次。在這些小組會議中，由於時間的充裕，問題的專一，討論時可以窮原竟委，不厭求詳，而擔任主席的必須歸納眾議，作為結論，尤不得不處處留心，因此，我在這些小組會議中委實獲得不少的行政知識。我所主持的小組會議，範圍殊廣，除軍事外交外，凡內政財政經濟教育交通等，無不具備。其後，我又主持預算委員會，任何政務都免不了預算的關係，故上述範圍以外的事件也多涉及。在我主持這些小組會議當中，對內方面，由於我之遇事認真，處理也有條不紊，在同人中頗得好感；但對外方面，則任何決議，總因利害關係不同，自難盡如人意。關係人總覺得我是會議的主持人，而主張最有力，對於我便有許多不滿，尤其是上海的工商界。

上文我曾說過，在我從政之初，上海的工商界對我抱有頗大的期望，就是期望我以來自上海工商界的立場，遇事為上海工商界維護。我也曾對人說過，此時上海工商界對我的期望，將來或不免會變成失望。我在經濟部任內，因我主張之嚴正，尤其是對於紡織業界的管制認真，已漸引起不滿，到了行政院以後，這些不滿的事件逐漸加多，總括起來，對於資產階級，我好像犯了三大罪，而對於勞工階級，似乎也開罪了一次。

上海人眼中的三大罪

對於資產階級的三大罪，第一是禁舞，第二是救濟特捐，第三是擬徵財產稅。前二者發生在行政院任內，後一項則種因於行政院任內，而發生於財政部任內。關於營業性的跳舞，尤其是在我國目前各大都市的演進情形，我絕不否認我是反對的。可是內容絕不如上海工商界所傳說，是由於我的主動，而且是我不顧一切，堅持立即停閉全體舞場。原來全國經濟委員會，於其草擬和討論的方案中，有一個節約方案，係由蔣主席交由行政院轉交全經會草擬和研討。那時候，全經會的秘書處擬就整套的節約方案，其中有關於禁止營業性的跳舞辦法一種。正如剛才說過，我是被推為召集人，在一個小組委員會中加以審議。原案主張立時關閉所有營業性的跳舞場，在討論時我和若干委員認為禁舞確是目前節約方案中應有的辦法，但為顧念事實，不可不採分期禁絕步驟。這種主張，像我向來注重事實的人，尤認為必須如此；因即決議將原法修正為分期禁絕。但這修正案到了行政院會議中，因有兩位政務委員認為全國難民與前方將士艱苦萬狀，而上海等都市的侈靡性舞場仍予維持若干時期，將何以平人心，勵士氣，遂力主立即禁絕。那時候我以小組會議召集人的地位，說明修正的理由，並謂政府縱不考慮其他，亦須顧全威信；我們不能不承認擺在面前的事實，如果今日決議立即禁絕，將來因地方政府或舞業中人的請求，而准許延期禁絕，則於政府威信有損，設不准延期，又恐行不通，不若慎之於始。但某委員乾脆地答覆，以處目前局勢，政府應具革命精神，如此小事尚恐行不通，其他措施更何能推動，故當抱定方針，決不延展。此君詞嚴義正，當然點首贊同者很多；我言已盡，未便再有所言，於是通過立即禁止營業性的舞場。發表以後，果不出我所料，除北平立即遵令禁止外，其他各都市咸持觀望態度，上海則不僅舞業羣起請願，即政府當局亦公開認為不可行。事前因上海某當局曾以禁舞事和我討論過，他主張不必禁舞，祇須加重抽稅，寓禁於徵。我對於寓禁於徵認為不妥，卻沒有對他表示分期禁絕的意見。及至行政院決議公布後，上海方面或者便因此誤會是我的主張，於是各報紛紛傳說，小報渲染尤多，道路傳言，也說舞業集矢於我，如果我到上海，或將於我不利。我故一笑置之。有人問我，我既堅主分期禁絕，為何不作聲明，以免誤會而被怨，我說，本案經政務會議通過，會議時我雖曾提出異議，但議決時我亦參加，是我已服從他人的主張，案經多數通過，我的原主張已放棄。外間說我主張立即禁舞，我在服從多數放棄個人主張之後，那裡還能推諉。這本是政治家應有的風度，我何能獨異，故對於任何誤會，始終未予否認。

關於救濟特捐一事，實已經過長期醞釀與重大轉變。其最初發動，遠在重慶時代的國民參政會。當時決議係徵用國人存在國外的外匯資產。但財政外交兩部會同向美國交涉後，均認為依照該國法律，存款銀行不能以存款人名及其數量通知第三者，又除經該國法院依法判決外，任何存款不得沒收。至於秘密調查何人有若干存款，亦苦無法進行，因是遷延數年，民意機關與社會輿論雖繼續主張，終無辦法。張院長秉政時，舊事重提，交由全國經濟委員會討論，並組織小組詳加研討。在這一個小組中，我卻沒有參加，聞其召集人因主管關係，乃以財政部俞部長擔任。後來草擬辦法，先後提經全經會大會及政務會議通過，最後提到國務會議，許多府委因原案用建國特捐名義，具有強制執行性，而對於交涉及調查辦法均無把握，認為執行不易收效，將有損政府威信，決議改為救濟特捐，以勸募及獎勵認捐為方法，交由財政部依此原則重擬辦法，再提會議。後來財政部按照國務會議所指示之原則重定辦法，提交行政院小組審查，議決先將重擬草案由我和邵力子吳鐵城兩氏召集參政員立法委員及京滬兩市參議會議長，舉行座談。大家對此辦法，雖未能完全滿意，但認為在交涉徵用和調查國人在國外存款以及登記國人財產無法實現之時，祇好暫行採取此項勸募式的辦法。於是以此重擬辦法再提國務會議，照案通過施行。我因係行政院副院長，依照該辦法規定，中央組織救濟特捐督導委員會以行政院副院長為主任委員，財政部及社會部部長為副主任委員，內政部部長及參政員監察委員立法委員各二人為委員。我對於職務上的責任，無論有何困難，向來是不推辭的；因此，本來和我無關的救濟特捐便套在我的頭上，認為是我所發動，而對資本家從事打擊了。救濟特捐既沒有法律上的制裁力，祇靠著輿論的力量，對於提名而不肯照繳者，將其名公布，以備輿論制裁；因此，其收效當然是很困難的。加以一般人心目中所謂豪門是否能率先認捐，也是一般被提名的人所藉口。在最初一二次的督導委員會會議中，大家也都顧慮及此，便有一二委員主張向黨政人物有資格者先行勸募，以資提倡。但究竟誰是最有資格者，在財產登記未實行以前原不易有把握。因此，有人提議先由各督導委員各試開一名單，以最合於被勸捐資格者五十人為度。下一次會議中，果有委員數人提出名單；但因其他委員尚未提出，且又有人主張暫不發表，而認為黨政人員散居各大都市，應由各大都市之救濟特捐勸募委員會提名，如不肯繳付，再報告本會核辦，似無遽由本會先擬名單之必要。此主張亦頗多贊同者，因即議定將已收到之名單暫行秘密保存。不料次日京中某報竟以某一委員所擬名單發布，致引起名單所列若干人士之聲辯。我等各委員雖明知此事不易辦，惟既已受命，祇得各盡最大的努力，將募捐總額十億元，分配於各大都市，其中上海一地計占五億五千萬元，則以上海為財富集中之區，非有此數，則全部捐額不易湊集也。此項分配辦法發表後，上海方面認為一地方所派占總額百分之五十五，固屬過多，且既無登記之財產為依據，任意轉派，未免不公；同時言論界多持嚴正之表示，認為不肯認捐者當予嚴格制裁，於是一般資本家不免自危。本來向有錢人捐錢，難於駱駝穿過針眼；加以勸捐沒有確實標準，所謂一般人心目中的豪門也未率先捐輸，其他資本家更有所藉口。為著吝惜錢財之故，也就當然遷怒到名義上負主持勸捐之責而最易被誤認為發動此議之人。我的第二大罪就是這樣的成立了。

關於財產稅之徵收，無疑地我是贊同的。在全經會和行政院討論救濟特捐時，我曾主張積極的徵收財產稅，而先從辦理財產登記入手。我認為這雖然要經過一個時期的準備和執行登記的工作，不過財產登記了，今後一切徵稅均有根據，這是一勞永逸的；縱使第一次登記未必十分正確，總比不登記而毫無根據的好得多。況且從重慶時代決議徵用國人在國外資產之日起，繞了幾年的彎子，到了今日，仍感徵收富人捐之困難，則何如再作一年左右的準備工作，就是先辦財產登記，再行徵收財產稅。可是許多人都覺得向富人特徵的一種捐稅已屆急不容緩的時期，未便再費許多時間，辦理財產登記的手續；因此我的主張便被擱置了。後來我就任財政部長，鑑於過去的救濟特捐辦理困難，確想先從姓名使用及財產登記下手，再進而徵收財產稅。可是立法委員劉不同氏等已先在立法院提出徵收財產稅案，此在原則上我當然贊同，但在技術上不經過財產登記而遽定徵收財產稅，卻有考慮之必要。當我一度列席立法院財政金融委員會，於答復各委員質詢時，對於徵收財產稅一問題，便發表如上的意見，換句話說，就是原則贊同，但須先將徵收技術妥為研究。其後該委員會迭囑財政部派員列席備諮詢時，我對於所派列席人員，亦囑其以同一意見提出，並令協同研討技術問題。總之，財產稅之應予徵收，任何人不得非議，惟技術問題，如未能合理解決，確難免不公或流弊，也是人所盡知，後來立院財政金融委員會決議仍採提名方式，與救濟特捐辦法相仿，我曾令財政部代表表示懷疑。以上所述，便是我對於本案的主張和態度。但是上海工商界竟誤會我對於劉不同氏的提案係主動者，而彼此間無異唱雙簧。因此，他們認為我又對上海資產階級施壓迫，而所謂第三大罪便加在我身上了。這真是一種笑話。我在原則上主張應徵財產稅，那是不可掩的事實，而且我絕不否認。假使我有具體的辦法，當然我可以財政部長的地位，透過行政院，而向立法院正式提出，又何必在幕後與劉氏合作，借劉氏的名義來提出呢？反之，劉氏對種種問題，向來有其獨立的主張，又何致與政府當局勾結，代為負責提出呢？

負責與任怨

以上所述，都是我任行政院副院長後，和上海資產階級發生惡感的經過。但是一方面既開罪了資產階級，他方面似可獲得勞工界的好感了。這卻又不然。事情是這樣的，當三十六年二月政府頒布經濟緊急措施令，將物價工資一律暫行凍結，行之數月，因物價無法抑平，工資指數之解凍自屬不可避免之事。記得是年五月間，當張院長上台未久，上海工人紛紛提出生活指數解凍的要求，上海市政府於獲得行政院對於原則上的同意後，即與其所轄的社會局擬具解凍方案，其中最關重要之點，就是恢復生活指數計薪後，工人底薪如何按級折扣計算的問題。上海市政府所擬的方案，係對於底薪三十元以下者，按其底薪乘生活指數，不予折扣；其超過三十元之部分，每十元遞減半折。聞此案事前已徵得勞方同意，卻未與資方協議。提行政院後，張院長指定政務委員數人從事研究，由我召集。我平素對於勞工的生活與福利，本極關心；但有一點意見和許多人不同，那就是不肯祇顧目前，必須放遠眼光，顧及久遠。而且在通貨膨脹物價不斷高漲的時候，對於勞工或其他薪水階級的待遇，不要祇看薪水數目的多少，當兼顧其購買力的大小，換句話說，不要因為薪資增加了，以致過分刺激物價，在未屆薪資再調整的期間內得不償失。因此，對於本案的審查，我一本向來負責的精神，在小組召開以前，準備了幾個方案，一一列明數字，以資比較。具體言之，就是按照當時的生活指數及今後可能進展的生活指數估計，除三十元以下的底薪不折扣我完全贊同外，對於上海市政府，擬每增十元遞減半折之原案，認為有鄭重考慮的必要，同時另擬兩種折扣方式，一為每增十元遞減一折，至二折為止；一為每增五元遞減一折，仍至二折為止。再以底薪百元，按上述三種方案計算，則上海市政府原案折實為八十六元，就是八六折，依每增十元遞減一折的方式，則折實為七十二元，就是七二折，而依每增五元遞減一折的方式，則折實為五十八元，就是五八折。我把以上三方案及其計算結果，一併提交小組研究。各委員認為既按生活指數，如不打折扣，則無異完全恢復戰前的生活水準。今上海市政府所擬方案，百元底薪者僅打八六折，而實際上上海一般工人的底薪已超過戰前一倍以上，是則表面上雖打八六折，實際上轉較戰前增加七成以上，雖戰前勞工生活有待改善，但目前公務人員及其他薪水階級所得均遠較戰前為低，工人獨較戰前增加七成以上，未免過高，超過上海市政府所擬方案，一致認為不可行。於是轉而討論我所擬之其他兩方案，而對此卻有兩種意見；主張從寬者擬採每增十元遞減一折的辦法，而主張從嚴者則擬採每增五元遞減一折的辦法。經過很長久的討論，結果決採從嚴的辦法，其理由一則目前工資已在物價成本中占很重要的成分，如工資過高將影響一般物價；二則目前上海工人底薪平均超過戰前一倍以上，按照從嚴的辦法，百元底薪實得五八折，表面上雖折扣稍大，而由於底薪之加倍，折扣後實際所得仍超過戰前約二成，以視公教人員及一般薪水階級平均實得不及戰前半數者，已甚優越；三則在若干種工業中，工資增加之數，不能於售價中取償，將使資方無力維持其繼續生產，結果將使許多工人失業。就我本人的主張，總覺得戰後經濟困難，各階層均應同甘共苦，且為工人長久福利計，與其工資過高，窒息生產，無寧一時稍低，使生產可以發達，工人就業的機會更多；所以我不否認我是贊同後一種辦法的。至原來反對後一種辦法者，權衡輕重，尤以工資解凍的動機係由於物價飛漲，此時如驟將工資過分提高，勢必助長物價之飛漲；故討論結果，幾一致贊同從嚴的一種辦法。此項決議隨即提到全國經濟委員會的物價委員會，俾作最後決定。該委員會照章係由行政院院長兼全經會委員長張羣氏主席，出席委員除關係部會長官外，還有京滬兩市市長，那一次因事關上海特多，除上海市市長出席外，該市社會局局長亦列席。在上海市當局方面，為尊重工人的願望，並因事前業與勞工界協議，故極力主張其所提原案；在我則以小組會議召集人的地位，不得不代表小組將採取決議的理由詳為說明。經過了很長久的討論，最後按照我國人的妥協性，遂決採折衷辦法，即三十元以外每增十元遞減一折舊辦法。其間種種經過，本來是對於重要議案，討論不厭求詳應有的步驟，如果在保守秘密的原則下，贊成和反對的內幕是不應宣洩於外間的；可是我國人的保守機密性向極薄弱，尤其是宣洩於外間的並非全部的經過事實，而祇是片段的事實；於是上海勞工界便異口同聲的認為我是刻薄勞工的罪人了。

七、預算委員會

和上開情形相似的，我所開罪的人還多著呢，其中包括了教育界，一般公務員和軍界。這些都是我主持行政院預算委員會的收穫；現在且先說說預算委員會的大概罷。

行政院在宋院長時期，本來設有預算委員會。除一年一度的預算，其原則須經行政院會議外，所有隨時追加的預算，皆由行政院會計處核議後呈由院長決定，再履行法定手續。但在行憲的過渡內閣中，關係人民負擔的預算與其追加預算，自未便由院長個人核定；因此，每一預算案或追加預算案均須提出政務會議，而由於物價之不斷高漲，本來是例外的追加預算，卻成為日常發生的補充預算，所有政務會議議案中每次都以追加預算案占其大多數，為著節省政務會議的時間，尤其是不願把有關專門問題的預算案，未經審查遽行提出通過，於是政務會議便決定組織了一個經常存在的預算委員會，以副院長為主任委員，財政部部長行政院秘書長及全體不管部會的政務委員為委員。其原則是以不主管用錢的人，得以中立的態度來審核預算；但財政部部長因主管國庫，行政院秘書長因係院長之幕僚長，故例外參加。同時並派定行政院會計長為該會主任秘書，而利用會計處人員辦理各種手續。

由於上述的決議，我便在實際上主持了國家的財政大計約莫一年。在這一年當中，因為任何政務和機關無不與預算攸關，而且在物價不斷高漲的情勢下，任何政務及機關無不有追加歲出預算之必要；所以我便有機會和一切政務及機關接觸。加以我對任何事都肯用心，在這一年間的確獲得了不少的行政知識；同時由於我的負責精神，也就開罪了不少人。記得在第一次預算委員會中，我便利用一點常識，不肯把一個算不得頂重要的追加預算輕輕放過。在那一次審議的案件中，有關於國防部所轄某兵工廠的追加預算；這預算包括建築工人宿舍的經費，其所列數字，大約沒有和寄宿工人實數和那時的建築費妥為配合，換句話說，或者因為舊日審核預算的習慣，不問所列預算的正確性如何，核定時一律酌打折扣，以致提此預算者為待行政院酌打折扣起見，不得不從寬開列。我認為舊日不問情由一律折扣的慣例，一面鼓勵聲請預算者之浮開，一面仍不能核定實際需要的預算；故決定變更辦法，儘可能作合理的估計。本案經即要求提案者說明該兵工廠所用工人總數，需要寄宿人數，再按每人平均需要宿舍面積，與那時候該地方該種建築物的費用，一一加以核計，立時便獲得所需建築費的概數，而據實加以核減。提案者既無異議，而我們就此修正通過，也覺得安心，這種例子，我和預算委員會的同人，也儘量應用於其他預算案；縱然由於時間與專門知識的限制，未必能普遍應用於一切預算案；但我們隨時逐案留心，一矯前此隨意打折扣的習慣，則敢自矢，為著不肯苟且塞責，我們對於較為重要或複雜的案件，無不邀請提案的機關派人列席說明，說明後如仍有疑義，續行質詢，否則請其退席，再由各委員據以討論決定。為著討論不厭求詳，致原定每星期一次的委員會議，漸漸增至兩次或三次，而每次時間也往往延長至三四小時。我們會議的結果，縱不敢說完全公平，但總已盡了我們的心力。因此，預算委員會審議通過的案，到了政務會議，十之八九總是照案通過。間有原提案的部會長官提出異議，除能即席決定者外，大都交回委員會覆議；在覆議時，我們絕對尊重提案部會的補充說明，對於理由充分者，無不重行決議，絕不固執成見；但理由不足者，我們也毫不顧忌，仍持原議。各部會的主管人員，說我們公平的固不少，而怨我們過分認真的也不乏人；但是批評我們有所偏袒的卻還沒有聽到。不過主管人員不明真相者，或誤信惡意中傷者，尤其是誤聽主管部會二級人員推諉責任之言者，便不免對於主持預算委員會的我個人，發生誤會或怨恨。

教育界與我

對我發生誤會的，首先是教育界。我在過去四十年間，無時不與教育界保持直接或間接的關係，至今教育界的朋友還很多；教育界的清苦，我也深知，無論於理於情，都不致有和教育界過不去的主張，然而仍不免被誤會。事情大致是這樣的。我既然對於預算審議方面不肯苟且，故對於教育部先後提出的追加預算，便不能不有提請教育當局注意之點，總括一下，約有幾項。一是關於公費生的制度和名額。我國在抗戰期內，為著鼓勵淪陷區青年來歸起見，規定凡自淪陷區逃出的中等以上學生，一律給以公費，直至大學畢業為止。此種政策在當時或有其必要，但抗戰以後不宜繼續維持，彼時教育當局亦曾見及，故又規定公費生制度應於抗戰結束時廢止。可是復員以來，不僅原有公費生一律維持至大學畢業，甚且所有國立大學每學期招收新生，仍照公費待遇，總計全國國立省立中等以上學校公費生人數多至三十餘萬人，而且日增不已。此不僅於國庫為重大的負擔，而且國家對於人人應受的義務教育毫無補助，而對少數人所受之專科以上教育卻全部以公費支持，於情理也說不過去。我平素認為在現行的高等教育制度下，清寒子女很難有受高等教育的機會，為著機會均等起見，我曾於憲法實施協進會中力主對於清寒而優秀的學生，由國家多設獎學額，以便利其受高等教育。憲草中關於此原則之規定即為我的主張之實現；但我所主張的獎學額，係對少數傑出的人材給予公費，而非對考入國立大學的全部或大多數學生一律給以公費。本來大學教育為培養高等人材起見，自應具有選擇性，而獎學金之授與，尤應限於最優秀之分子。因此，我在預算委員會和政務會議的主張，除原有公費生成績合格者得維持至畢業外，今後國立大學所招新生，僅對於最優的百分之十或二十而家境確實清寒者給以獎學金。此項獲得獎學額者，嗣後每學期試驗仍應維持其優等之成績。這樣一來，新的公費名額可以大減，而真正的人材亦可藉此鼓勵而養成。二是關於大學校招收新生之寬嚴問題。我國新教育辦了幾十年，平心而論其成績，初等教育自採用語體文教學後，確有很大的進步；中等教育，則職業科太不發達，普通科程度有退無進，基礎既已不堅，高等教育自然受其影響。我常常認為高等教育應重質而不重量，凡學力資質均不適於高等教育者，如轉入職業教育方面，則任何一藝之專，皆有利於國於己；設勉強接受高等教育，不僅有畢業即失業的現象，且學問有名無實，於國於己均無是處。我國教育當局，或者是受著蔣先生中國的命運一書的影響，對於高等人材之造就，祇知重量，而於質的方面自難兼顧。因此，我在預算委員會和政務會議中，都力主大學招生從嚴，而在目前所收新生應以不超過各該校畢業人數為限。如此，不僅可從嚴選擇優秀分子，建立大學教育的堅強基礎，而且還可節省增加數量的經費，而移用於增加設備，改進素質。三是移任用冗員之費用，以增進優良教授之待遇。我國機關冗員至多；國立學校當亦不是例外。教授任課鐘點不宜過多，係使其有進一步研究的機會，此原則無人可以反對；但如好教授任課鐘點過少，則在此人材短缺之際，不得不以不甚稱職者充數，對於教育方面實為重大的不利。至於職員方面，更無理由可以過分多用。某著名私立大學校長曾為我鄭重報告：在彼所主持之學校中，平均學生十五人聘一教職員，上海某著名之教會大學，則平均學生十七人聘一教職員；而國立大學中，則上海某校平均學生九人聘一教職員，實為最節省者，南京某甲校，則平均學生五人聘一教職員，某乙校平均學生三人聘一教職員；同是大學校，而國立私立之差別竟至於此。某君所言，雖未附有證據，但就各方面傳說，當非完全失實，因此，在某次政務會議中，討論各行政機構裁減人員百分之二十，以其所節省生活補助費移充留職人員之福利費時，我順帶將國立學校應否一併照辦之問題提出，而以上述的意見與所得的報告，提供教育當局注意。以上各項和其他相類的主張，間接的傳播於教育界，而由於傳言之僅屬片段，或不免有畫蛇添足之處，誤會和對我的怨恨便由此而起。

公務界與我

一般公務員對我的誤會，無非是為著加薪問題。這簡直是毫無根據。大約是一般公務員無不期待加薪甚切，在每次調整生活補助費以前，一致希望有重大的增加。因為我是行政院預算委員會主任委員，便誤認為增加多少之權操自我的掌握，於是祇要有一二個對我不懷好意的人，隨便造一謠言，說各部會長官都主張多加，祇有我靳而不與，誤會和怨恨便隨著起來。有一次調整公務員待遇草案還沒有經行政院會計處作初步的準備，某報便發表一項消息，說此案已提院會討論，許多政務委員皆主張從寬調整，我獨堅持從嚴；其為完全造謠，不攻自破；有人說此種揑造消息的動機，不外兩項，一是懷有惡意的人故意中傷；一是明知方案尚未準備，特先發制人，使我對於將來提出的方案不得不主張從寬，以免府怨。關於公務員待遇之薄，誰都不否認，誰都沒有不同情；不過或因立場不同，或因真相不明，以致主張增進待遇之寬嚴不無稍異。大抵各部會長官，因不明白國庫之有無負擔能力，而目擊部下公務員生活的艱苦，其感想是直覺的，其主張是單純的，故大都傾向於從寬方面。反之，當家的人才知道開支之艱難，當國者亦復如是；所以主管財政或預算的人，因深知國庫收支差額之龐大，倘不量力而任意增加巨額的負擔，結果祇有大量增加發行，而大量增加發行的結果，必致物價飛漲，使公務員對於所增加的待遇得不償失。故不負財政責任的人，對於公務員待遇之菲薄，無不單純地表同情，及其一旦肩負財政之責，深知財政真相，未有不變更原有主張，而兼顧其他方面者，我因為主持預算，深悉財政實況，以及公務員待遇在行政費中所占的重要地位，在每次討論增進公務員待遇時，不得不將實情報告，以供大家考慮，然經我報告實情以後，自不免加深各政務委員的審慎態度。其實，依我個人的意見，公務員的待遇自應大大的增加，而其人數亦當大大的減少。我常常認為假使公務員的人數減了一半，而將留職人員的待遇各增加一倍，則國庫負擔不增，而行政效率且有增無減；可是當國者無人不視裁員為畏途，甚至裁減百分之廿之辦法，執行了一部分，也因各方面的反對，而無形取消了。

軍界與我

關於軍界對我的誤會，本來毫無對立的理由。反之，為著公道，還應對我有些好感。因為我極力主張文武待遇一致，實際上就是把武職官兵的待遇基數提高了一倍以上。我國向來，重文輕武，武職的待遇遠較同級文職為低；即在抗戰時期，國家的存亡繫於前方將士，民意機關亦迭有提高士兵待遇的決議，卒未實行。武職的待遇既低，帶兵者自必另籌出路，以資彌補；而最普遍的彌補方法，就是剋扣餉額，換句話說，就是以士兵的缺額來補貼種種的虧空。張院長就任未幾，為著整飭軍中風紀起見，極想先對官兵待遇作合理的調整，然後從事整飭，我力贊其議，為之詳加計劃，遂有文武待遇一致原則的決定。依此一決定，由於軍官員額多至五十餘萬，較全體中央公教人員尚多七八成，前此武職之待遇平均不及文職同級人員之半數，今既大加調整，則其增加國庫之負擔，自甚龐大。政院決定增加此項負擔，原想今後將士兵名額核實，一洗前此吃空額之弊。國防當局亦認為過去軍隊吃空額之惡習，雖明知其然，祇以軍官待遇太薄，致無法矯正；今後能與文職待遇一致則對於吃空額之弊，自可逐漸清除。關於文武職待遇一致的實施辦法，我和國防當局幾經研討。由於武職之底薪太低，為便利實行起見，除上將比照文職特任待遇外，中將少將上校比照簡任，中校少校比照薦任，上中少尉比照委任，然後按文職簡薦委任之各級薪俸平均數，作為各級軍官之平均底薪；又以文職人員係按駐在地之生活指數分區支給，而武職步隊流動性至巨，乃以京滬區之次一區生活指數為其平均數。依此平均計算所得之總薪額，發交國防部後，再由該部斟酌情形，分別派發。此項臨時辦法，為國防部所同意。自三十六年七月實行以來，據國防當局報告，武職人員頗知感奮，故已開始設法核實士兵名額，以期逐漸矯正歷年吃空缺之弊。惟多年故習，積重難返，一時不易收大效，尤以東北方面，軍費開支成半獨立性質，最高統帥為表示維繫，不惜委曲求全。我深知其積弊最深，曾一再提議矯正，終難實現。岳武穆曾強調「文官不要錢，武官不怕死」的標語；我則認為在今日文官要錢的機會較小，而武官要錢的機會實更普遍，故岳武穆的名言，在我國今日似可改為「武官不要錢，武官不怕死」。不料我此項激忿之言，最後竟不幸而中也。我為著剔除軍費之不實，不惜多次坦白發言，因此，初時為力贊文武一致待遇而博得軍界好感者，漸漸便引起軍界的不滿。但我一日在職，一日不肯放棄責任，甚至在張內閣改組的前夕，就是最後一次的政務會議中，我對於東北駐軍之某項追加預算按照七十餘萬人計算者，我即席嚴駁其人數之失實。彼時國防部列出席之某次長起而答覆，謂該部對此預算亦甚懷疑，彼曾私詢駐在東北之補給司令，究竟瀋陽內外實有士兵人數多少，據稱不過五十萬人，惟鑑於東北軍權之優越，該部若無正式資料可據以核減，不得已如數提出云云。於是卒按五十萬人之數核減。散會後，某次長對我陳述國防部所處地位之困難，並稱卒得我之秉公主持，不避嫌怨，始能稍予矯正。言下不勝感慨。

司法界與我

行政院各部門中，在預算上對我特別有好感者，恐怕祇有司法界。司法行政部所提出的預算，按我國幅員之廣與人口之眾，實在是少得可憐。本來各部門的預算，大都狃於習慣，準備核減，往往不免多開一點，因此，預算委員會審核的結果，總不免也要核減一點。但是對於司法行政部所提出的預算，預算委員會各委員，尤其是我，除照案通過外，有時還酌為增加，特別是關於囚糧一項。我曾經一再向司法行政當局建議，如因犯坐食，則所開的預算，表面似乎不少，實際已極感不足；最好還是注重監獄作業，使不生產者成為生產者，不僅因犯可藉其工作收入，改善在監之待遇，而且出獄以後，因歷年養成的技能與習慣，亦可資以為生，雖明知擴充作業，不免要因增加設備而需增加預算，這在國家方面是不應節省的，然在未擴充作業以前，為著人道主義，我們對於囚糧與其副食固無不從寬核定也，此外還有一事，在我認為是應有之舉措，而在各方面或認為是一種創舉。查中央各部會人員原有按年考績進級之規定，但地方機構除自有收入者外，向來很少進級。各省法院人員既極清苦，而責任又甚重大，於是負有監督責任之各省高等法院院長，按照中央規定，對該管司法人員分別予以進級加薪，而三十六年度此項增加之底薪數，因多數報部通過，未能如期彙編預算，及年度預算已通過，遂改為追加預算案。司法行政部鑑於追加之困難，深恐不易通過，已就原案核減一部分，但提出行政院時，係在宋內閣任內，竟被駁回。然各省法院自經核定進級增薪後，自年度開始即已如數開支。今追加預算未獲通過，則所增薪水不僅無法繼續開支，其已開支者且須追回，將使各省高等法院院長均負賠償之責，此案爭持多時，迄未解決，是年某月司法行政部在京召開司法行政會議，各省高等法院院長咸出席，以此項懸案不予合理之解決，將使全國司法界灰心，而各高院院長亦負有重大責任。因於我出席之一次招待會中，申述此事。我認為此舉於情於理，均應追認，但追認之數，一為各省法院原請者，一為司法行政部核減者；各高院院長咸稱，各經按核減之數通過，則已開支之差額，將無法追回，並力陳原數萬不可減之理由。經我考慮後，面允極力設法。旋即分向預算委員會及政務會議代為說明，卒按各省所請原數通過。各高院院長聞信咸深感奮，聯名具函向我道謝。其實，我祇盡我心之所安而已，對於此案固絕無討好對方之意，與對於許多其他案件之毫不顧忌對方者，正是同一立場。

以上所述，祇是關於預算審議的犖犖大端，尤其是與我不免發生恩怨關係的幾個顯明事例。至於其他追加預算案，每星期提出討論者平均不下三四十件。任一案件，如能悉心考慮，都不難發見與有關係的行政概況；這些他人或者認為是出力不討好的工作，而在我則認為是最好不過的一種行政訓練。況且悉心考慮和任勞任怨的結果，對於國家方面總不會落空。三十六年度的預算執行，張內閣僅負半年的責任，其結果不易顯著。但三十七年度，因行憲的關係，張內閣僅編半年的預算，而當其改組之時，恰好將滿半年，故是年上半年度原預算與追加預算的執行結果，很可證明張內閣，特別是張內閣中的預算委員會，對於預算上的責任與成績。查三十七年上半年度的原預算為法幣九十餘萬億元，而迄於是年六月底為止，連同各種追加預算，實際上的支出金額約為二百三十餘萬億元，較原預算約增一倍有半。在物價不斷飛漲之下，國家的決算僅較其預算增加一倍有半，以視其前其後各時期所增加者，不能不認為穩健，而其能有此成績，則預算委員會之貢獻殊不可埋沒。

我在行政院副院長任內，最招怨的工作固然是預算委員會，而最愉快的工作，也就是預算委員會。在我每項為國家節省了一點糜費，換句話說，就是替人民減少一點非必要的負擔，縱然會引起關係方面的不滿意，而我總是相當的愉快，認為我們這一次的努力不致落空。這一種感想，恐怕不止我一人如此，我深信委員會中各委員，甚至替委員會工作的行政院會計處的若干主管人都是如此。在各委員中，我很佩服財政部俞部長的常川代表，就是常務次長李儻氏，我前此和他毫不相識，但自從和他在預算委員會中常常一起開會，我對他日益敬佩。該會兼任委員財政部長或者因為政務太忙，或者我放大膽地說，俞財長對於預算方面不如李氏之熟識，因此，簡直是無例外的，委託他為代表，李氏任職財部數十年，經過了許多任的部長，而慢慢地升到常務次長的地位。他對於財政方面可說是無所不知，而他對於國家公帑的認真，與不怕因此開罪於人，簡直使人不能相信他是一位老官僚。另一位兼任委員行政院秘書長甘乃光氏，人極精明，也是最能任勞任怨的。至於專任委員的政務委員中，雷震氏富於審核預算的經驗，遇事都能破除情面，秉公發言；而青年黨政務委員楊永浚鄭振文兩氏，均極公正，對於我們核減青年黨所主持兩部的預算，絲毫沒有偏袒。民社黨政務委員蔣勻田氏，因其本黨並不主管部會，當然更可以第三者地位，作公正的主張。此外還有兩位政務委員繆嘉銘及彭學沛兩氏則很少出席。我們常川出席的幾位委員和委員的代表，完全以國家立場，不放鬆，也不偏袒。記得有一次我所直接主管的善後事業委員會附屬的黃汎區復興局提出某種預算，某委員主張不予通過，我撇開主席的立場，代善後事業委員會加以解釋後，大家仍不贊成通過，我也就服從多數的意見，把該案否決了。此外行政院會計長陳克文氏與其另半數人，實際上替預算委員會擔負了初步審查的工作，他們都極度公正，並能破除情面；我們各委員能夠據以論斷，實在是得了他們不少的協助。當張內閣改組的前幾日，我們接連忙了幾天，把積壓的預算一一清理了。我向來是不請客的，此次便破例宴請各委員和經常協助我們的會計處幾位同人，一以表示慰勞，一則我無時不想脫離政府，這時候正是我的機會，也趁此和這幾位日常相共事的同人話別。在這一次的宴會中，我的心情可說是十二分的愉快。

八、全國經濟委員會

在行政院中，我還有一個常川參加的會議，就是全國經濟委員會。該會的前身是最高經濟委員會；在宋內閣時代，我曾以經濟部部長的資格兼任委員之一。可是一年之間，始終未曾開過一次會議。張內閣時代，改組為全國經濟委員會，會議規定為兩星期一次，但事實上往往加開臨時會，該會委員長係由行政院院長兼任。按照組織條例，本來還設副委員長一人，由行政院呈請國民政府特派，但因某種關係，始終沒有呈請特派。每次開會，都由張院長親自主持；偶然不克出席，初時都指定委員陳立夫氏代主席，後來卻指定我代主席。該會組織龐大，除行政院院長及有關部會長官與中央銀行總裁等十三人為當然委員外，還有聘任委員十五人至二十一人。此類聘任委員中，一部分為黨部委員及立法委員，一部分為工商界領袖；人數既多，自不能不把許多專門的問題分交各小組委員會先行研討。該會的優點，固可以集思廣益，而且可以獲得工商界的意見；但對於瞬息萬變的經濟問題，其決策與處理不容曠日持久，這便是顯然的缺憾；同時因為人多之故，經濟的決策有些不能不在事前特別秘密的，卻不易保守其秘密，這也是人人意識到的事。為著這樣的關係，該會所集中討論的，多是廣泛的經濟政策，例如國民黨許多領袖所草擬的經濟改革方案，便成為該會主要的討論題目，幾乎自張內閣成立之初，以迄張內閣將要改組的時候，這一個廣泛的方案，總是不斷的由大會而分組，由分組而綜合小組，然後回到大會，又重付綜合小組，像這樣的轉來轉去，約莫轉了一年，而方案各項付諸實施者恐怕還不到十分之一。該會還擁有一個規模很大的秘書處，所用人員多至二三百，除了為該會的大會和小組會議服務外，也不易發生充分的效用。對於這樣一個龐大的委員會深感其運用不能靈捷，而欲加以改革者，實不乏其人，張院長和我都有這樣意見。有一次張院長請我研究有人提議修正全國經濟委員會組織條例的一個草案，大意想把改組後的全經會成為內閣中的經濟內閣，而賦以決策及執行之權。我認為內閣中的經濟內閣，其構成分子必須全部為閣員，始能發揮決策與執行之權力與效用。今全經會的構成分子中政務委員僅占十一人，而其他委員多至十八至二十四人（即聘任委員十五至廿一人，再加主計長等非政務委員三人），設僅為參謀機構自不成問題，若改組後賦予決策及執行之權，則與行政院試行負責制不符；蓋行政院整個職掌之責任應由全體政務委員擔負，如將有關財政經濟之權轉授於其構成分子祇有三分之一為政務委員之機構，設其中之政務委員若干人，或不參加該機構之政務委員若干人不同意該機構之決定，而於行政院提出相反的意見時獲得行政院多數政委之支持，將不免發生職權上之衝突。但無論如何全經會之應行改組已屬必要。依照原組織而擴大其職權，使成為事實上之經濟內閣，固如上文所說，窒礙難行；若照舊不改，使仍為經濟參謀機構，則過去相當時期的經驗，亦已證明其不易發生效用。因此，我另擬仿照英國戰時的生產部與最近新設的經濟部，由內閣中有關生產或經濟各部組成一集團，而以特命部長一人主持之；如此則議而易決，決而易行，較我國現有之全經會實更靈活而有效。我的具體辦法，就是在行政院中組織一個財政經濟委員會，其綱要如左：

㈠組織　以行政院副院長國防財政經濟交通糧食五部部長，資源委員會委員長，中央銀行總裁及政務委員三人為委員，並指定一人為主任委員。就各機關調用人員助理會務，並得聘立法監察兩院委員及國內外專家為顧問。

㈡任務　括有下開各項：（甲）決定軍政費用之減縮；（乙）決定國營事業開支及生產

費之節約；（丙）研討國庫收入之增進；（丁）審核追加預算及外匯之使用；（戊）主持主要物資之調節；（己）督導特種經濟措施；（庚）決定國家行局之金融及貸款政策；（辛）決定外援之合理利用；（壬）決定輸出入貿易政策。

㈢行政院原設之預算委員會外匯委員會敵偽產業處理委員會物資供應委員會輸出入管理委員會及四聯總處均歸併於本委員會。

㈣本委員會成立後，全國經濟委員會即予撤銷。

㈤本委員會按其任務得分設若干分委員會，其人選由主任委員呈請行政院院長聘任之。

㈥本委員會會議時得請有關部會長官列席。

㈦本委員會之決議，除應提院會完成立法程序者外，經行政院院長核定後，即由行政院執行。

上開建議，張院長雖頗重視；終以牽涉太多，且行憲政府不久成立，留以有待，遂予擱置。

九、賠償委員會

我在行政院除了本職以外，還有兩個兼職，一是賠償委員會主任委員，又一是善後事業委員會主任委員。賠償委員會成立已有兩年，按照其組織條例，主任委員係由行政院副院長兼任，而以有關部會的長官為委員。另設副主任委員一人，係專任職。其下設秘書處和三組。其職掌為調查我國境內公家及私人因中日戰事所受之損失與掠奪，而主管其賠償及歸還事宜。關於調查方面，早經通令全國機關及人民申報，惟兩年以來，申報雖多，而未報者亦不在少數。我到任未幾，因遠東賠償委員會即將開會，我國不能不提出損失總數，以便交涉。我除督飭人員趕將已申報者加以統計，並就各學術團體所為估計參考修正外，一面即以約計所得之損失總數通知主持交涉者，於必要之時提出要求，一面酌展申報期限，分令各地補行申報，此項損失總額，因遠東賠償委員會會議難獲妥協，我國與各關係國迄未提出，僅就可能向日本獲得之賠償額，先由各關係國協商分配比例。然此項比例迄於最近尚未獲致協議。賠償問題既久懸未決，於是由美國提議，就日本所有工廠拆遷其部分，分配於各關係國，作為先期賠償。我國與其他關係國皆認為與其久懸不決，不如先接受此建議，俾即時獲得若干實益，故皆表示贊同。後來商定以有關軍事及重工業之工廠為主，撥定若干單位，分配於各國，我國以損失最重，所配得者亦最多。第一批應行分配者，已從三十六年冬開始拆遷，於是賠償委員會之任務，便集中於拆運回國並分配於各主管部會與配售民營之工作。關於拆運回國一事，因工廠設備一經分配，即須起運，如遲遲不能運清，勢必惹起他國藉口，致對以後各批分配數額不無影響。因此，我特別注重與交通部之聯絡，並與之合組一督運委員會負責辦理，差掌如期完成任務，一切尚稱滿意。至於分配國營及配售民營之問題，則頗複雜。在我的前任時期，分配比例，已定為國營約占十分之九，僅以十分之一配售民營。而國營之部，並已確定國防交通教育三部及資源委員會所占之數量。我接任後，因第一批拆遷之設備多數為工具機，並無必須國營之必要，且國營則不僅未能取得現款的售價，且須由國庫負擔其建廠裝置各費，故擬酌增配售民營之部分，俾以配售所得之價款，補助國營部分之建廠裝置費用。幾經磋商，始得各關係部會同意，將配售民營部分由十分之一增至四分之一。同時又顧念民營工廠資本薄弱，不能一次繳足售價，乃將售價改按美金為單位，而訂立分期繳款辦法，俾民營工廠得分期籌付之便利，而國庫亦不致因幣值低落而受損失。此項配售民營之任務則劃歸彼時之經濟部，後來改組為工商部者主持。關於歸還劫掠物品之工作，自我接任以來，亦積極進行，幾經對外交涉，卒告協議；計整個工廠歸還我國者有廣東造幣廠全部，其規模之大，在我國本部可算首屈一指。此項設備目前業已全部運回，聞粵省府正積極建設，不久便可開工。此外圖書古物器材等，經查明應行歸還我國者，亦陸續起運。其中數量最多者為舊銅圓及銅料，為數多至萬噸，後來在改革幣制重鑄銅輔幣時，此項銅料正分批運抵國內，可資利用。

十、善後事業委員會

善後事業委員會之組織，頗為奇特，表面上似乎是繼承行政院善後救濟總署所發動，而尚未完成或開始各項長期工作的機構，實際上卻沒有處理行總及聯總遺下資產的權力，而此項權力卻又賦予似乎附屬於該會而實際係與該會對立的機構。因此要說明該會的工作，有須先說明其性質的必要。記得在三十六年秋間，行總當局為著該機構依國際協定與政府決議，須於是年終結束，乃提出接收及繼續完成行總所遺未了各種長期工作的機構組織草案；行政院為審議該組織草案，推定一審議小組，以若干有關部會長官為委員，而由我召集。原草案所定組織至為龐大，除附屬事業機構不計外，行政人員多至四五百，較全國經濟委員會的規模還大些，我和一二審議委員認為該會實無設置之必要，所有行總未完成的長期工作，儘可按其性質分別移歸主管部會主辦；但行總當局及多數委員則認為聯總剩餘之款項及可能繼續籌措之款項，均不能遲行分撥於各主管部會，為遷就事實起見，只得仍設本會，集中辦理，而於本會之下附設一以中外人士合組之保管委員會。為尊重多數委員的意見，尤其是許多主管部會當局的意見，於是決定仍設本會，但將原擬組織緊縮，員額大大核減，並明定其存在年限為兩年，換句話說，即該會務於兩年以內將各種長期事業奠定基礎，即行分別移交主管部會接辦，同時並明定保管委員會之地位，使成為該會之附屬機構，其委員均由政府聘任，所需助理人員皆向有關機構調用，不另設員額。此項修正草案提經行政院通過後，續提國務會議，決定將所擬善後事業委員會組織條例移付立法院完成立法程序，而該會附設之保管委員會組織規程則由行政院以院令發布。

保管委員會

國務會議作此決定後，不久聯總總署署長魯克斯將軍來華，和行總當局接洽後，復覲見國府主席。某日行政院會議中，由張院長提出對於善後事業委員會保管委員會組織規程的修正案。據張院長報告，因魯克斯將軍認為保管委員會之職權過小，尤其是不能任用人員，致淪為一種僅備顧問的機構，與保管原意不符，倘不予修正，恐外籍代表不願參加，則聯總剩餘財產及款項能否移交，或須另行考慮，而今後續籌款項更不可能。國府主席為謀繼續獲取聯總結束以後之外援，業已面允將保管委員會組織規程酌為修正。茲提出修正要點若干，其較為重要者，一則保管委員會得任用必要之人員，二則將保管委員會之地位酌為提高，例如對於善後事業委員會之行文，原案均用呈報字樣，今修正為報告字樣等。類此之修正，表面上似關係不大，實則已使保管委員會對於善後事業委員會，一變其從屬的關係，而居於對立的地位矣。各政務委員以此舉關係對外，既由國府主席親自應許，遂翚主照案修正。我雖深知將來兩機構難免發生摩擦，以事已至此，亦未便獨持異議。

上述兩委員會的組織確定後，不久便須實行組織。保管委員會的委員中除外籍五人應由聯總機構推薦外，國籍委員十人中有半數為關係部會的次長，餘五人則由行政院院長就社會人士中選聘。當以保管款項與中央銀行有密切關係，遂決定以中央銀行總裁張公權氏為委員之一，並指定為主任委員，此外四人則徵詢主任委員之意見而由院長聘任。凡此皆係修正保管委員會組織規程時，中美雙方須有默契者。至於高高在上而有名無實之善後事業委員會，依其組織條例之規定，括有主管部會長官九人及聘任委員三人，而主任委員則規定由國民政府特派。張院長因該會地位甚高，且委員大多數為特任官，故主任委員一席自須由行政院院長或副院長兼任，始便應付。彼以院長地位，不便自當其衝，遂力勸我以副院長而兼該會主任委員。我對於該委員會之設立，自始則不贊同；及保管委員會組織規程修正，事權既難一致，早已認為無從發展，現在竟要我來主持，當然不肯擔任。經數度堅拒之後，由於張院長之懇切說明，倘我不肯擔任，勢必另就有關部會中遴選一人擔任，但其中工作關係部會頗多，輕重取舍，決擇殊難，且恐因此發生誤會，故惟有由我擔任最為適宜；並力言如果我不願久任，至少在行憲政府成立以前暫行擔任，以解決當前難題。我經不了張院長之苦勸，遂附一條件，要求於國民政府命令中，明定為兼任，俾於行將改組之政院交卸時，可以自動的解除此項兼職，以免將來辭職又有麻煩。張院長贊同此點，遂於呈請國府發布命令時，改用特派案之兼任善後事業委員會主任委員字樣。

我在受任伊始，於明知無可為力之中，仍然稍稍矯正行總舊日的習氣。首先與保管委員會主任委員張公權氏接洽，希望辦到兩事，一則保管委員會所管業務雖多在上海，但其委員會會議應在首都舉行，其秘書處至少有一重要部分留在首都，俾常以與善後事業委員會聯繫，不致發生隔閡；二則保管委員會人員之待遇雖取給於聯總移轉之款項，但仍應遵守國營事業人員待遇之規定，不應過分提高，此不僅與政府功令攸關，且兩委員會工作相同，而待遇相差過鉅，將使兩會職員間發生一道鴻溝。此兩原則張氏均甚贊同。但以彼原有職務過忙，致對該會工作，不免要假手於人，大權旁落。結果除委員會第一次在京召開外，嗣復決定京滬兩地輪流開會，秘書處則僅留一人在京承轉公文，其餘全部在滬辦事。待遇一項表面雖按善後事業委員會決定之原則，實則另給種種津貼，致實際所得較善後事業委員會及一般公務員多至數倍。然由於修正保管委員會組織規程之故，善後事業委員會對於保管委員會自身之開支，已無權過問，至於各附屬事業機構，如漁管會、機耕處、農業機械公司等之預算，固應先由保管委員會審核，然最後裁可之權仍屬諸善後事業委員會。在兩會成立之初我曾因此事與聯總駐華辦事處處長葛理倫氏於其返美以前，一度詳細商洽，取得諒解，並交換函件為憑；在理似不當再有問題矣。但保管委員會之行政權操自秘書處，而秘書處內美國職員甚多，由於我國人之事事退讓，美國職員主持特多。至委員會方面，我國委員皆係兼職，除每月一度開會時出席外，平時未能多所注意；反之外國委員無不切實任事，即未屆開會之時亦多過問，而其所與接觸者當然係秘書處之外籍人員；因此，秘書處外籍人員之所主張，不僅在秘書處中占優勢，即於提交會議時亦多能通過。在秘書處外籍人員心目中，或認為該會保管之款係由外國捐贈，其處分權自應由外籍人員掌握；同時各事業機構需要款項，既須向保管委員會請求，而該會支付款項之權，實際上既操諸外籍人員掌握，自不得不事先向外籍人員疏通，此種特殊之情勢，當然使名義上應為善後事業委員會管轄之事業機構，不得不側重保管委員會，尤其是該會秘書處之外籍人員。因此所謂事業機構經費開支之最後裁可權，經我與葛理倫氏訂明應屬於善後事業委員會者，均由保管委員會依其秘書處之建議先行開支，造成既然的事實，及將預算送交善後事業委員會，僅屬一種形式，已不及糾正。雖經善後事業委員會一再決議，通知保管委員會應於事前提出預算，終因種種關係，未能履行。

裁撤的請求

我鑑於保管委員會與善後事業委員會之對立情形，認為兩會如並存，非逐日發生不必要的摩擦，則將使善後事業委員會成為有名無實的機構；此種局勢，實因修正保管委員會規程而產生，殆無法可以矯正。因於善後事業委員會成立甫兩月，則以該會主任委員名義，當面請求張院長將善後事業委員會裁撤，而以保管委員會直接隸屬於行政院，俾權責分明，以視現行制度下，表面上善後事業委員會負監督各事業機構之責，而因財政權握自保管委員會，致無從實施其監督權者，總覺彼善於此。本來一個機關長官自請裁撤其主管機關之例，殊屬罕見；我則深以國家之設立機構原期發生效用，或增進效用，若設一機構，而徒起摩擦作用，何如直截了當，予以撤銷。但張院長總以政院改組在即，再三推延，直至政院改組時，我才脫離了對這個機構的關係。

漁業物資

在我主持善後事業委員會的幾個月間，如果說還有一點小小成績可以記述的話，那就是對於漁業物資之實行分配，換句話說，就是把製造木船救濟漁民的計畫完成了。原來聯總的救濟計畫中，對於我國漁業方面，規定供給我國捕魚機輪與木船兩項；前者目的在協助我國建立新漁業；這裡且不必談；後者目的在以八千艘木船無償分配於我國沿海沿江因戰事受損失之漁民，此項木船係以木料及船上配備供應我國自行製造。所有木料及配備早經運到我國，大部分堆存於上海在一年半以上，不僅未開始製造，甚至製造及分配的計畫亦未擬定。聞其拖延原因，係行總初擬自行製造，估計所需造工若干，擬向中國農民銀行貸借，先製成木船分配各地，酌收工料，以資償還；但不知何故，一擱經年，造工業已大漲，原預算遠不敷用，於是無期擱置。我接任善後事業委員會以前，曾往上海視察一次，親見此項木料堆積如山，且漸有損壞，不僅無以對漁民，且有辜聯總救濟我國漁民之好意。接任後，詳加考慮，認為上海工價特昂，實無集中製造漁船之必要；且各省漁船款式不一，此項木船既以之救濟我國漁民，自以適合我國漁民需要為宜，因此更有分區自造之理由，不僅因內地工價廉，可以大大省費而已。此外還有一理由，即聯總所供應我國之造船木料，皆係上等洋松，尺度甚大，以之造各地需用之小漁船殊不經濟，且不甚合用；反之，我國各鐵路的枕木均需以外滙向國外訂購，苟能以此等木料售給各鐵路，得款在各地收購土產木料，以供就地造船，則於國家人民均甚有利。在此幾項原則之下，我便召集主管人員及專家先行計畫，均認為可行，乃召集善後事業委員會討論，經將原則通過，並決定召集一造船及分配委員會，以善後事業委員會保管委員會漁管處及沿海六省政府與漁業公會代表組成之；俟該委員會討論決定，即就出售木料所得現款，依協定比率，分配於各省；至其他配備，亦按相同比率，以其實物分配於各省。隨由各省分別組織造船委員會，自行主辦造船並分配事宜，而善後事業委員會僅派員監視其執行。此一計畫，在我交代以前，總算已經實現；雖各省將來造船分配能否按照原議，尚有待於我的後任嚴格監督，但在我任內總算把懸擱將及兩年的問題解決了。

十一、最後的負責

我生平有一種特性，就是遇事不肯放棄責任，儘管在事前我堅決不肯擔任其事，但既經勉為擔任，無不切實盡職。甚至力求擺脫，業已邀准，但在正式交代以前，我仍維持到底，不肯須臾卸責。前者例如我之擔任行政院副院長，事前本非所願，該職在他人本無須實幹，換句話說，除因院長離職當然代理外，平時本無責任可負。記得五院中之某院副院長對我說笑話，以為他擔任該院副院長業已數月，僅於會議時到院，平時向不辦公，在任職若干時日後，簡直不知其辦公室何在；可是許多人都說我終日忙碌，何以苦樂不均如此。由此可見一斑。同一理由，當我堅拒兼任善後事業委員會主任委員，結果不得不勉為過渡之際，我也明知出力不討好，而事事不肯放棄責任，縱因種種阻礙，不能從事根本的改革，但對於擱置多年的製造及分配木船一案仍於交代以前將其辦結。又同一理由，當我決意於行政院改組後脫離政府之際，由於張院長在改組前夕，驟然赴川，以示堅決，行後留書給我，請我於新聞產生以前代行院長職務，我一點也沒有放棄責任，鎮日到院辦公；對於許多本可推諉於後任的公事，深想因此延誤政務，也就負責主辦，尤其是對於過渡時期的各機關追加預算，因深知物價高漲不已，不予追加將使公務停滯，而立法院之成立有待，經由立法院通過之追加預算，尤費時間，故無一不預為打算，於改組以前，預為追加一筆款項，由行政院支配，藉以維持公務。此外還有許多工作，為過渡時期所不可忽視者，我均於代理院長職務期內，妥為布置，而且不僅對於行政院如此，就是我已解除經濟部部長之職，改任行政院副院長以後，由於新任經濟部部長李璜氏之遲遲未就職，嗣復改任陳啟天氏為代，其間的一個月，我對於經濟部部務，除用人絕對留待後任主持外，概仍照常負責。甚至某次行政院特種會議中，為著紡織事務管理委員會的改隸問題，某委員堅主令該會脫離經濟部，並得若干委員贊同；我則以御任而尚未交代之經濟部部長極力爭持，謂如果我此時尚任經濟部部長，對此主張尚可考慮，但在新任已發表而尚未到任以前，我不能不為新任維持其原狀，以待新任之考慮抉擇，由於我之態度堅決，雖然許多委員本贊成改隸的，也祇好採取我的主張。

我既然這般費氣力，而行政院張院長也和我相處得很好，在理我在行政院副院長任內，本可貫徹我的許多主張。可是實際上除了許多普通而枝節的事件，我的努力還能發生效用外，所有根本計畫，縱然多半獲得張院長的贊同，卻沒有能夠實行，一來因為張內閣根本不是責任內閣，二來因為中國政府的實權，固然不能操自行政院，就是國府主席蔣先生，在一般人認為什麼都可以做主的，卻也不如傳說之能絕對做主。實際上中國政府是在蔣先生主持一切的名義下，經各方面彼此牽制，大部分於維持現狀之下而進行。因此，凡是變更現狀的建議，無論行政院不易通過，即使通過了，還須得國府蔣主席的裁可，而蔣主席對於不變更現狀的決議，自然沒有問題，至若變更現狀過甚的主張，縱使蔣主席初時也表示贊同，而經過考慮，尤其是經過他就有關係的各方面考慮後，不免要擱置下來，特別是用人方面，蔣主席因不易放任，即使蔣主席願意放任了，但實際上主持政府的國民黨，其中派系甚多，必須妥為配合，否則將來難免不生問題。我以為蔣先生對於用人方面這樣不肯放手，究竟有多少成分是出自本人的意志，多少成分是受黨內派系的牽制，局外人是不易作正確的揣測的。我的許多主張既然沒有實行，這裡也就不用多說。我最耿耿於懷的，就是當我就任行政院副院長的第一日，對張院長所表示的三項願望，其中第一第二兩項總算都已實現，但第三項，即常常出外視察地方政治的願望，竟因實現第一第二兩項願望之過分忙碌，致不能分身從事於此；否則加上我的實地經歷，則我所提出建議的一部分，特別是關於創新地方政治的建議，或者更會有力，也未可知。

十二、圖脫的掙扎

在張內閣實行改組以前，我代張院長負責至最後之一日，換句話說，在翁內閣正式發表之前一日，我仍到行政院處理各種公務，直至翁內閣發表後，因政院交代手續早有準備，我才不再到院。我這次希望脫離政治生涯，較上次改組時，抱有更大的決心，並預先計畫妥當下野後的工作，就是打算於下野後仍留南京，把戰前開始尚未完成的古體大字典繼續整理出版，同時更從事其他的著述。因此，把留在上海和香港的許多參考書籍都陸續運來南京，俾下野後可以專心研究和著作。在我國一個做機關長官的，下台往往比上台更難，到了不得已而下台，往往還要另找一個閒散的機關，其理由最重要的就是一班舊部之如何安置，正如坐轎子的人要下轎，而抬轎子的人還是不肯。我則對於自己主持的機關向來不願安插私人，所以在他人成為問題的，在我絕不成問題。隨我到經濟部的人，至今還追隨著我的祇有三位，一是前經濟部次長現任善後事業委員會常務委員潘序倫氏；他本來有許多自己的事業，因為志同道合，經我堅邀，才放棄自己的事業而來相助，所以我之完全脫離政府，對他實在是一種的義務解放。一是前經濟部主任秘書現任善後事業委員會第一組主任徐百齊氏；他原在上海任律師，收入甚豐，當他知道我決意脫離政府，經與原有關係之法律事務所洽妥，仍加入執行律師職務，其收入高出公務員所得多倍，生計上絕不成問題。又一是翁前任內久任經濟部秘書參事，後來隨我到賠償委員會，並在行政院副院長室擔任我的秘書之趙冠氏；他曾充大學教授及公務員長久，至今仍是一位清寒的學者，我和他約定，聘他為私人的助理，住在我家裡，協助我從事編輯著作。這樣一來，我之脫離政府，在人事上實在毫無問題。其次便是私人的家用問題。一個機關的長官，照例有公家供應的官舍和僕役，尤其是汽車，下台後這些便利都沒有了，而享受慣的人，一時不易變更環境，尤其是汽車一項，甚至孔子也還說過「以吾從大夫之後，不可徒行也。」我則因為平素刻苦慣了，從政以後，既然沒有增加任何的享用，擺脫以後，自然也無所留戀。在房屋方面，前面已經說過，我把幸而免於毀滅的戰前在上海自建的房屋出賣了，得款以半數供我幾年從政的貼補，半數在南京購置一所小小的住宅，下野以後，不致有遷居的困難；在僕役方面，當我擔任部院長官時期，只雇用兩三名必須的僕役，出門則從來沒有相隨的副官，入門也從來沒有專任的司閽，下野以後，簡單一點，減少一名僕役，自己也還負擔得起；在汽車方面，我於從政期內，本來就常常步行，只恨時間匆迫，不能常享步行之福，下野以後，更可安步當車，並準備偶然有節省時間之必要，便購置了一輛三輪車，打算下野後雇一三輪車夫，平時在家充任僕役，必要時可為我駕車出外，以省時間。所有種種的預訂布置，凡是和我接近的人是沒有不知道的。萬想不到，我這樣的決心，竟然禁不起壓迫而變更了。我究竟為名乎？為利乎？我故敢誓言，絕無其事。為名則我嘗備位國府，協揆政院，轉任部長，以做官而論，等於左遷，何況在我留渝尚未從政之時，薄部長而不就，已不止一次，此時飽經世故，屢次出力不討好，我又不是獃子，何竟貪此虛名？為利則我之做官，原已準備賠錢，上文迭經詳說，如果我真的為利，還是趁此擺脫政府職務，專心著作，版稅收入何止十倍於官俸？然則我究竟為著什麼，而臨時變更我的決心呢？依我很忠實的報道，大抵是由於人情難卻者半，由於生平不自量與不畏難的特性，妄想藉此解決國家的困難者，也居少半。沒有前半的人情難卻，便不會引起後半的妄想；沒有後半的妄想，也不致因人情難卻而攘臂下車。所謂人情難卻，則翁內閣發表後，經翁院長和蔣總統先後堅邀我擔任財政部長，雖經我堅辭了幾次，仍然極力相勸。翁院長自己說，他夢想也不會擔任院長之職，祇因行憲內閣久未產生，國家幾陷於無政府狀態，對內對外都很不好看，他才不得已勉為擔任；但是像財政部部長這樣一個要職，如果沒有人肯擔任，內閣還是不能成立；他個人雖同情我之高蹈，但他實在無法找得一位比我更適當的人，尤其是蔣總統強調此席須由向與金融界無關係者來擔任，並堅決要我擔任，故新內閣之能否及早成立，繫於我之願否幫忙。最後，他再拉同我去見蔣總統。在我和總統對此問題作最後一度的商討時，我說，我連日為著他和翁院長之堅邀，曾經細細的考慮。遠者且不說，祇說最近半年的國家歲出入預算，因我過去一年對於預算的經驗，與夫對於物價增長率的推測，歲入之部無論如何設法增加，最多不過五百萬億元的法幣，而歲出之部，無論如何設法減少，在形式上至少須達一千一百萬億元，而決算時按照上半年度的實例，臨時追加之歲出約當原額預算歲出百分之一百五十，是則下半年之實際歲出，無論如何當在法幣二千六百萬億元以上。雖然歲入方面也可隨物價而稍有增加，但國家的收入須經種種立法程序，在時間上斷趕不及物價之無限制高漲。因此，半年間出入不敷之數，依上半年的實例推測，總在二千萬億元以上。何況物價之高漲，係按幾何級數，愈在後期，愈速愈高，前途真是不堪設想。在半年間實際不敷之數達到幾千萬億元之巨，而以乞靈於印刷機器為惟一的彌補方法，則物價之飛漲可知。然國家一切開支又與物價互為因果，循環往復，伊於胡底。本年終的決算，姑置不計，祇看不日便須提出立法院審議的下半年度歲出入預算，其收支差額，表面上多至六七百萬億元，其影響於人心與物價者幾何，恐怕立刻便惹起物價的重大波動。我假使是對於國家財政糊裡糊塗的，或者還有勉為嘗試的勇氣；但我對於財政實況不能不算明瞭，在此情形之下，實在不敢擔任；個人犧牲事小，而無補於國，轉致一般人誤認我要負了誤國的責任，那是萬萬不敢擔承的，我這番說法，總算具體而坦白；但是蔣總統還是不肯放棄我，他一面誠懇地安慰我，認為軍事好轉與美援發生效力，物價當不致如過去數月一般的狂漲；一面復切實表示，祇要我肯不惜犧牲，擔任此席，有何辦法，他總是極力支持。臨去時，我仍然力請另圖賢能。次日翁院長又來訪，力言總統仍堅請我擔任。經過此後一二度的勸與推，我除了人情難卻之外，又轉而考慮到第二種的因素，就是由於剛才所說由於不自量力與不畏難的妄想方面。本來在張內閣時期，當美援發動之初，我曾極力主張，美援應以協助我國改革幣制為主；因為國家收支，民間生產，無一不因通貨膨脹而遭遇重大困難。我國在復員之初，外匯充裕，正可改革幣制之時，業已喪失此良好機會；現在為改善國家財政與促進生產，仍須以獲有穩定的幣值為樞紐，而欲使幣值穩定，則莫如將無準備無限制與不公開的發行，一變而為有準備有限制及公開的發行，換言之，即籌措充分的發行基金，在有限與公開的發行下改革幣制，如此則幣值可望穩定，物價亦可隨幣值之穩定而穩定，同時輔以平衡國家收支的必要措施，並極力增加生產，節省消耗，則財政經濟始有改善之望；至於美國其他方式的援助，縱然都與我國有利，但其有利的程度，總不如改革幣制之高，例如關於建設方面的援助，收效甚遲，勢難挽救危急萬分的經濟局勢，而物資的援助固可協助收縮通貨，但人民對於法幣根本已不信任，縱能局部收縮其發行，但一面復因國庫之特別需要，繼續增加其發行，究竟收縮之部能否抵消增加之部，在無準備無限制與不公開之幣制下，是不易使人民信任的。因此，我在那時候即強調藉美國的幣制貸款而改革幣制；並認為美國對我國目前最有效的援助，莫如協助改革幣制的貸款。於張院長召集若干政務委員和關係人員的小組會議中，雖也有一二人贊同我的主張，但多數人雖不易反駁我的理由，總以美國未必肯贊同為慮；結果仍提出以物資及建設的援助為主，僅令赴美代表從旁試探美國能否於物資及建設的援助外，再助我改革幣制。本來請求協助改革幣制並不是容易成功的事，不過求援的國家，如果自己有堅強的主張，或者還可得到美國的考慮；今我國對此問題，已置諸次要，美國當然不允考慮，這也是不待交涉而已知其結果的，但我對於改革幣制的信心，從那時起，實則比那時更早以前起，已是確立不移。當美援方案已定，並獲得我國赴美代表的報告，知幣制貸款無望後，我便轉向自力改革幣制，俟初步成功，再求外援繼續維持的方面。因此，當我對於財長一席固辭不獲之際，便不免想到我這一年來對於改革幣制的主張，由於平素不自量與不畏難的癖性，妄想假使在我掌握財政之時，能夠達成此志願，則縱然犧牲一己與變更初衷，亦所不惜，想到這裡，尤其是經過了幾夜失眠的考慮，我在辭無可辭之時，便對翁院長說明，如果總統和他堅決要我擔任財長，我只允暫任三個月，苟無辦法，務請准我辭職，特先為聲明。翁院長對此聲明並無異議，於是我的新任命便於三十七年五月三十一日頒布了。

十三、重入地獄——財政部

因為我對於此項新任命，根本就不願擔任；所以在過去旬日之間，全副精神都用在推辭方面，絕沒有考慮到接任後如何布置人事和進行工作。其後不得已答應了，任命即隨之而下。我為著不願妨礙政務之進行，故命令一下，便不再延擱就任之時。但是就任以前，人事上不免也要布置一下，尤其是兩位次長和主任秘書及總務司司長兩職。我的前任俞部長原已接受中央銀行總裁的新命，祇待財部有人接任，立時可以交代。俞氏和我認識多年，平素也很相得；他知道我已勉允擔任，便來相訪，首先表示極願以中央銀行總裁的地位和我切實合作，一洗前此國行與財部分家之弊。俞氏的諾言，我是絕對信任的，其次便談及人事問題。由於長官易人，照例許多高級人員都要呈請辭職。他詢問我的意見，並言主任秘書及總務司司長的辭呈他已照例批准，還有署長司長各一，早已決定辭職，其中一人事實上已改任較優之職，斷難挽留，他也祇好照准；此外辭職者則請我決定，如不挽留，可由彼先行批准，倘決予挽留，則辭呈自當留待我到任後批留。我立即告以除已由俞氏批准之數人外，其餘一律慰留。這原是我一貫的方針，俞氏及財部人員早有所知，故即照此辦理。至於次長兩席，除原任常務次長李儻氏，我在行政院預算委員會中和他相知有素，深為敬佩，當然慰留外，政務次長一席照例應由新任部長推薦自己信任的人，但我一因不想久任財長之職，二因原任政次徐柏園氏對金融至為熟識，平時在各種會議中終少言論，知其深明大體，我本抱著改革幣制之目的而來，亦深願得一熟識金融者為助，因此我也破例極力挽留。兩氏經我親自挽留之後，鑑於我的誠懇，和知道我過去之為人，總幸均允蟬聯。此外總務司司長一職，因經濟部翁任和我任內的總務司司長吳培鈞氏，老成穩健，此時改任工商部參事，職務較簡，頗願來財部相助，遂請渠擔任此職，一言而決。但是主任秘書一職，因為財政部單位很多，秘書處工作繁重，遠非經濟部可比，且應付各單位首長，尤須分寸得宜。因此，我便屬意於原任經濟部某地工商輔導處處長某氏，經電邀來京面商，不料某氏卻因某種關係力辭，並勸我仍以從前曾任經濟部主任秘書之徐百齊氏擔任。我初時沒有考慮到徐氏，一來因為他已決計於我辭卸善後事業委員會後，回滬擔任律師，一切均已接洽妥當，我之出任財長，既祇允試辦三月，不願因此牽動徐氏的計畫，二來覺得徐氏雖尚能幹，惟從政時日尚淺，在經濟部秘書處的小範圍內尚易應付，而對於財政部的局面，或想不甚勝任。但徐氏間接向我表示，以追隨多年，我如下野，彼回滬執行律師職務自無問題，今我任此繁重之職，倘渠遽與我脫離，深想外間誤會我對彼有何不滿，渠雖明知在滬充任律師，收入遠較公務員為優，但彼平素薄有積蓄，生活亦甚簡單，仍願繼續為我臂助。我因急於就任，而主任秘書一職，非於就任前決定人選，則交接將有許多不方便，原約之某氏既堅不肯就，徐氏又有此表示，而鑑於過去十餘年間，先後追隨我工作尚能審慎，兩年以來隨我從政，亦無過誤，當時祇恐其應付繁劇之局或有不週，但以彼年富力強，努力以赴，或尚可承乏。因即就此決定，而不料後來竟因洩漏經辦事件，惹起軒然大波，彼固陷身牢獄，我亦飽受刺激，間接上亦未嘗於改幣之執行無影響，此真始料所不及也。

忍辱負重

自從我的任命發表後，上海某集團的機關報，幾乎沒有一日不對我攻擊，說我對於財政完全外行。甚至在我就職之日新聞記者詢及我對於今後財政的大方針，無論在我倉卒受任未必即能訂定，即已訂定，又豈可輕易發表，因此我便以輕鬆的口吻答復，說我向來沒有對財務行政的經驗，今日甫到部，一切還待學習，一時談不到發表方針。各報把這幾句話發表後，某報更渲染著我對於財政之外行，並責我既須學習，何以貿然接受大任。該報此種態度，自然有其理由。當某民意機關集會時，其主要人物也竟持同一論調；以地方議會而干涉中央用人，尤其是還未見我的措施或我所發表的施政方針，遽爾無的放矢。但我對於這種種的攻擊，認為絕不希奇。一來以一個對財政金融閥系向無淵源的人，驟然出長財政，本來就會引起一些人的不滿。二來，正如上文所說，上海工商界對於禁舞和救濟特捐誤認為我所發動，已經種下很深的惡感，其後立法委員劉不同氏所提議的財產稅，在上海人的眼光，也誤認我是幕後的牽線人。三來某派系的政客，不知何故，彷彿和我結下不解之仇，我自己也莫名其妙。我既然抱著不幹的精神而幹，同時早就懷抱著對財政經濟作根本改革的決心；對於這些不負責任的攻擊，一律置諸不理，而一心一意，積極推行我的改革。

見機求退

但是對於立法院所表示的不信任態度，則為著將來推行政策起見，卻不能不鄭重考慮。因為六月十二日翁院長向立法院報告施政方針時，我和各政委均隨同列席，接連聽了許多立法委員對於行政院之攻擊，幾至體無完膚，我認為新閣受命於最艱難之時會，非得立法院之信任，將不易發展其措施。今立法院對翁院長之組閣雖予通過，而對其施政方針，抨擊不留餘地，殆與不信任無異。見機而退，實不宜遲；否則將來一事無成，致不得不引咎而退，個人毀譽縱不計，其如誤國何？故於六月十三日致函翁院長請准辭職，計距我就任尚不滿半月也。原文如左：

「院長賜鑒：敬啟者，上月雲五承　總統及台端堅邀出長財政，明知時局艱危，責任重大，個人能力薄弱，又未參加政黨，縱有主張，亦不易於立法院中獲得支持；固辭再四，即以此故，嗣以新閣組成不容緩，因於固辭不獲之際，勉允以三月為期，暫行承乏。受任伊始，亟謀財政上之開源節流，擬於下半年國家總預算通過後，即行呈請辭職。惟連日以來，立法院對於行政院提出之施行方針發言盈廷，大多數咸表不滿。以多數黨構成之立法院，對於多數黨構成之行政院施政方針，竟持如此態度；今後政院措施能否放手，可以想見；而毫無政黨關係如雲五者，原冀以協贊多數黨之一分子，或可於立法院中獲得多數黨之支持者，更屬無望。深知處此情形之下，雲五萬不能有補時艱，自不敢尸位誤國。謹此辭職讓賢，務祈即賜拜呈　總統批准。幸甚幸甚。」

此函發後，翁院長即晚復我一函，如左：

「雲五吾兄大鑒。劇接手示，請辭部職，默念形勢之艱，同深徬徨之感。當經攜同來函，晉謁總統，面陳此次奉命任事，惟冀勉補時艱。目前困難萬端，支撐不易，財政固極艱難，政院亦感竭蹶，退職讓賢，自非得已。但總統面諭，時勢雖艱，仍賴同人堅毅致力，不可遇有困難，即思退讓。財政艱難情形，彼所素識，極賴　兄體國公忠，認真推進，彼必盡力護助，以期度此難關，漸見康復。囑弟切實慰留，共矢精誠，為國努力。明後日彼當約　兄面談，更為勸慰。奉諭後弟當即趨往尊寓，適值公出，特為方函奉聞。敬祈惠允勿辭，至深公紉。」

接此函後，我經過一夜之考慮，次日續致翁院長一函，如左：

「詠霓院長吾兄賜鑒。昨枉顧失迓，為罪。晚歸得讀手教，敬悉。弟向不畏難，處此危局，更不敢畏難。所以必欲辭職者，實恐一事無成，尸位誤國。思維再四，認為辭職後，從旁贊助，將較知其不可為而勉留，或更有補於國。弟昨思主張，誠然加重元首焦慮，茲建議仍在台端領導之下，局部改組，仿前此擴大政府基礎於黨外之原則，以退出之空額，盡量位置黨內各派系，以期兩院一致，共濟時艱。尚祈賜予考慮，國家幸甚。至財長一職，無論如何，務請早日遴員接替，在接替以前，弟當暫仍負責，不敢使公務停頓也。以上所陳，得當並乞婉陳總統為荷。」

我的主張，在第二函中更為露骨。當此艱難之會，我的確認為惟能如此，始能有補於國。但後來禁不起總統和翁院長一再力勸，我又已把此重擔肩起來，在有人接替以前，自不能隨便放下。祇得仍抱著隨時可走，但須與不願卸責的原則，按照我的原來主張進行。因為我就職以來，雖沒有發表過什麼施政方針，可是早已胸有成算，立即進行三項的重要措施：一是增加稅收，二是裁併機構，三是改革幣制，現在分別說明如下。

增加稅收的準備

關於稅收之增加，其辦法不外兩種，一是剔除中飽，一是調整稅率。剔除稅收人員的中飽，不是一下子可以收效的。待遇之適當調整，使稅務人員足以養廉；辦公費之合理增加，使主持者不致藉辭彌補，養成惡習；督導之切實執行，使弊端可以預防，效率可以增進；凡此各事，不是牽涉太多，不能由一機關單獨推行，便是需時很久，不能立即見效。但是雖有種種困難，我仍不肯因難而放棄；除調整待遇，關係全體公務人員，非財政部所能單獨實現外，我的前任本擬訂有稅務人員任用及待遇法草案，將直貨兩稅人員比照關鹽兩稅的先例，優其待遇，固其位置，業已提交立法院審議，我認為原則甚好，應請立法院從速審議通過，俾早實施。至關於辦公費用，我除於下文所說的裁併機構計畫中，以被裁機構的經費一併撥歸保存之機構使用外，並於下半年度預算中提出一筆補充的徵收費用，俾由財政部斟酌情形，分別撥給經費過少之稅收機關。可惜此項補充徵收費因種種關係，雖經提出預算，卻未能即時通過。又關於督導制度之改善，我在接任後財政部舉行第一次月會中，即已宣布此主張。原來財政部設有視察室，置部視察若干人；關鹽直貨各署局也設有督察室，各置督察若干人。部署局的視察督察人員，或照例，或因案，分別赴各地視察，向無一定的聯繫。我認為視察具有兩種性質，一在防弊與改進，一是調查控案。前者各稅均有共同性，與其單獨執行，不如集體進行，可收集思廣益之效。後者因控案而派員調查，為避免袒護，不宜由一人主持，也不宜以一人獨任。因此，我主張將部視察與各署局督察合併利用，由部派高級人員會同關係署局首長組織一督導委員會以統馭之，而將督導工作分為經常的與臨時的二種。經常的工作分區舉行，每年一次，每次為期二三月，以實地視察各該區所屬各稅之業務，並研究防弊與改進，此項督導以集團行之，每團就部視察及有關署局各選一人參加，而由部長就部中高級人員指定一人為團長。臨時的工作，則以調查控案為主，遇必要時由督導委員會就部視察及有關署局督察人員中各派一人協同辦理，俾對於被查之人員，不致由一人之主持與一人之執行，而偶有偏袒。我對此原則雖早經決定，並已宣布，但因稅收機構之調整應先實現，故遲至直貨兩稅務機構合併後才執行。在我辭財部職獲准以前，督導委員會業已組成，各區督導團亦先後出發。據江浙皖區督導團團長楊統計長壽標，於我交卸前回部報告，謂此行僅先視察一二地點，已發見不少聞所未聞之事，可資以改進，並深覺此項定期集團之督導實有其必要。惜我不日即交卸部務，對於其他各區督導團的報告便無由獲悉了。

至以調整稅率而言，則我國的主要稅收，不外關稅鹽稅直接稅及貨物稅四種。這些稅都有法律規定，在調整以前非經過立法程序不可。因此，我到任後，立即將有關各稅法研究修正。對於關稅一項，因為十幾年來沒有調整，最近經國際貿易就業會議之決議，對於若干種輸入品必須減稅，故為補償稅收損失，對於其他許多輸入品自須酌量加稅。又近年國民政府先後徵收兩項附加稅，其有效期限均於三十七年六月底屆滿，目前既須修訂稅則，此項附加稅自應併入正稅。財政部原設有關稅稅則委員會，隨時檢討稅率。自國際貿易就業會議結束後，所有修訂稅則之工作更須加緊進行。我到任係在六月初旬，因鑑於關稅的附加稅即在是月底失效，故督促該會趕將修訂工作完成，並指示酌增酌減稅率之原則，令該會遵照辦理。大抵奢侈性之輸入品皆不惜重徵其稅，而有關工業之機械設備則儘量從輕。依此原則修訂之結果，約計附加稅併入正稅徵收後，全部稅則或增或減，平均較未修訂前之正附稅約增百分之二十五。因於六月中旬以此修訂案提出行政院會議，照案通過，即日移送立法院，並議決在立法院通過新稅則以前，原有附加稅暫仍繼續徵收，俟新稅則通過後即予取消，或另訂辦法。此案卒於七月間立法院休會前數日通過。

鹽稅關係民食，不分貧富一律負擔，在理論似乎不應增加；但該稅在我國向為重要稅源，當此國庫負擔甚重，一時尚難籌得代替之稅源，自應仍舊維持。該稅係從量稅，在物價高漲極速之際，稅率既因立法程序之限制，不能迅速調整，以致實際收入與物價比較微乎其微。且鹽商的勢力很大，每次增稅，如果不特別慎重，將使鹽商在增稅前大量囤積，以輕稅率收購，俟加稅後再行推銷，結果國家本可增收之稅款，至少有一重要部分為鹽商所吞蝕。又如果醞釀增稅之時間過長，且會因囤積勒售，以致影響民食，在國民政府委員會時代，加稅案經行政院提出後，國務會議可以即日通過，先予實施，則鹽商囤積的機會還少。現在一切須經立法院通過，自行政院移送立法院之日起，不知要經若干日才能通過，於是囤積的機會很多，增稅之結果，無異為鹽商製造發財機會。我考慮再四，認為欲免此弊，並達到稅收與物價配合的結果，應將鹽稅稅率酌按戰前標準，定為基數，授權財政部按照全國物價囤售指數隨時調整，如此則國家收入可以保障，而鹽商亦不致囤積漁利。查戰前鹽稅各區不同，而其平均率為每百斤徵法幣六元，擬即以每百斤六元為基數，按全國物價指數由財政部隨時調整。至於內地井鹽池鹽之成本較重，為免令人民負擔過重，特別規定將此項井鹽池鹽之稅減為七折，依此辦理，則人民負擔不致增加過多，而國庫收入得隨物價之高漲而增加，有裨歲收，誠非淺鮮。本案經我提交行政院會議時，雖稍有異議，仍即通過，並移送立法院。惟立法院在審查會討論時，以為驟增過多，擬減為每百斤四元，此於原議之根本辦法尚無變動。不料到了大會以後，因若干立法委員強調鹽稅不宜增加，而反對此說者亦不乏人，遂將此案擱置，俟九日復會，再行討論。但一經擱置，祇好照數月前所定之從量稅徵收，在此物價高漲幣值大落之際，鹽稅之收入殆等於零，徒使鹽商盡量囤積，俾立法院復會後通過增稅，可以大收其利。

直接稅係戰前舉辦不久的新稅。此在進步的國家原為最良之稅，但在我國，則因甫經創辦，戰事便起，戰時工商業流播損失，會計制度亦多不能上軌道，故推行不易。嗣因查帳困難，改為半攤派之性質；復員之初，原想恢復申報查帳之正當辦法，又以物價高漲，幣值低落，發生種種困難，最後仍採半攤派制度，以迄於今。因此，直接稅之改進，全在執行方面，而與稅法無關，故對於直接稅稅法，我認為目前尚無修正之必要。

貨物稅根本上便與直接稅大不相同了。它是間接稅，在理論上本不是良好的稅，但在我國，尤其是在近年的我國，已成為收入最大的稅源。它是從價稅，隨著物價的高下而增減其收入。最近縮短為每三個月估價一次，以為藉此可與物價接近；殊不知由於最近物價增長之速，按照三個月前的平均估價而徵稅，則稅率表面為百分之五十者，實際所得不滿百分之十或二十。故整頓此項稅收，最有效的方法，莫如改按最近一個月的物價而徵稅。但是估價時期也是稅法上明白規定的，故不得不修改稅法與完成立法程序。我於就職半個月內，與修訂關稅稅則及修訂鹽稅稅率同時提出於行政院會議的，因此便加上修正貨物稅稅法之一案。修正之點除估價時期由三個月縮為一個月外，還將若干奢侈品如烟、酒及化粧品等的稅率酌為增加。本案也經行政院通過移送立法院，並於立法院休會前通過了。

裁併機構的實行

關於駢枝機構的裁併，本來是我平素所主張；因為國家之設官，原想發生效用，如果多設一個機構，不僅沒有增加效用，甚至還要減低效率，那就何必有此機構。何況目前公務員為數之多三倍於戰前，而待遇之薄又為向所未有。當此財政奇窮之際，一方面維持冗員，他方面充分增加待遇，事實上是不可能的。我向來主張一方面裁併駢枝機構與裁汰冗員，他方面即以由此節省之費，而增進留職者之待遇。政院張前院長為配合美援而發布之十項自助原則，即括有分期裁員，以其節省之數移充留職公務員之福利一項；但對此溫和的緊縮人員辦法，各主管長官多不願執行，以致施行數月，即告停頓。我此次出長財政，而該部的附屬機構很多，其中有可裁併的自屬不少。我一方面願為整個政府以身作則，他方面也為著財部本身著想。記得在重慶參加國民參政會的時候，參政會曾經不止一次決議，要求財政部將直接稅和貨物稅兩系統的機構合併，但財政部僅一度將省級的機構試行合併，而中央和省級以下的機構依然分立，如此當然不易辦得通，經過了一些時，便完全恢復分立的原狀。我認為直接稅和貨物稅同屬國內稅，本無分設兩機構的理由，從前所以分立，實因直接稅舉辦在後，為著人事的關係，不肯和原有的貨物稅機構合併，於是兩系統的人員間彷彿劃一鴻溝。在政府方面，因兩稅分立之故，當然機構多，用人多，徵收費用也就多；而在人民方面，同樣繳納國家的稅款，有些要向甲機構繳納，又有些要向乙機構繳納，簡直莫名其妙，無所適從。依我的看法，兩機構合併後，不僅可以節省糜費，增加效率，而且可以互相利用，對於稅源的調查，也有很大的幫助。例如目前徵收直接稅中的營利事業所得稅，因為工商界帳目不完備，且時有造假帳的事實，但是徵收貨物出廠稅的許多工廠，均由貨物稅機構派有駐廠人員，對於各該廠出品的數量逐日皆有統計，此種資料對於營利事業所得稅之稽徵實有很大的幫助，祇因向來兩稅分立，不相為謀，合併後即此一事已可增進直接稅之稽徵效力不少。我到任之初，就部屬各種機構研究一下，認為其他機構有應局部裁併者固屬不少，例如關務署之與總稅務司署，又如鹽務總局所轄的各區機構，均有考慮酌量合併之可能，惟圖顯而易見，亟應率先裁併者，莫如直貨兩稅機構，經即與兩次長及兩稅署署長密商，均認為前此所以合併不成，實因合併不徹底，以致運用上發生障礙，同時人事上亦最易因裁併而發生糾紛，故覺得多一事不如少一事，其實就原則與實行而言，合併均不成問題。說到這裡，我不能不對於財政部人員，尤其是和我常常接觸的高級人員之能與我合作，而深覺愉快。我對於財部原有人員，雖毫無淵源，且很少認識，但因我推誠相與，大家知我用人毫無私見，故均樂為我用，直言無隱。我既與兩次長及兩署長商得同意後，因即開始計畫合併的方式。我認為前此一度的局部合併，固然不妥，但此次全部合併中，初時仍須稍留例外，即各大都市之兩稅機構，規模較大，稅收特多，向來係由財部直轄，不與其他稅局同受省級機構之管轄；這些直轄稅局僅設於滬津漢穗幾個大都市內，而其稅收竟占全國百分之六七十。為使稅收不至於機構合併之過渡時期受有重大影響，加以在這些大都市中，兩系直轄稅局果須合併，即辦公地點亦將發生問題；故決定把上海漢口天津廣州四市的兩稅稅局均作為直轄局，暫不合併；此外自中央至各縣的兩稅機構一律合併。其次，我又認為許多窮苦地方，稅收極微，而設一徵收機構，收入稅款或尚不敷稽徵費用，但因財部向有一種規定，凡稽徵費用占稅收若干成以上者，其機構即予裁併，故若干下級徵收機構為保持其地位，往往將報銷的稽徵費盡力抑低，而其實際不敷之數，勢不能不另行取償。我覺得與其為養活幾個稅吏，而使人民受苛索之苦，而於國庫收入亦微不足道，則莫如取消此種機構，裁汰這些稅吏，寧因此而豁免了這些窮苦地方人民的負擔。基於這種認識和考慮，我便定下兩大原則，一是大都市的直轄稅局暫仍保持分立，二是小地方的下級稅局收入不多者，盡量裁撤。隨即指定常務次長和兩稅署署長及人事處長，根據上開原則審擬合併的具體辦法，經過約莫兩星期的工作後，具體辦法業已擬妥，經我核定，即於七月上旬提付行政院會議。此項具體辦法括有下開各點：㈠財政部原設之直接稅署及稅務署合併為國稅署；㈡各省區原設之直接稅管理局及貨物稅管理局合併為國稅管理局，合併後員額較原有兩局員額至少減半；㈢上海天津漢口廣州四市原設之直接稅局及貨物稅局，一律由部直轄，暫仍分立，但員額酌減；㈣各地直接稅局貨物稅局及直接稅局稽徵所貨物稅局稽徵所，視其有無存在之必要，重行釐定，其應行存在者，一律合併為國稅稽徵局；㈤全國兩稅機構原設有一千五百餘所，裁併後，實有約八百所；㈥全國兩稅機構人員原預算額共四萬五千餘名，實有額為二萬九千餘名，裁併後，員額減為二萬四千餘名，較原預算額減二萬一千餘名，較實有額減四千餘名。至於合併後之國稅署署長人選，我也費了一番苦心；因為原有兩署署長王撫洲姜書閣兩氏都很忠實幹練，互有所長，在我主持救濟特捐督導委員會時，對王氏深資倚畀，以前也頗認識，但對於姜氏，則除於某次會議中見過一面外，向不認識。當我到部後，既已決定將兩稅機構合併，而合併後，除另行物色一人為新機構首長外，祇有就原有兩署長中選定一人擔任。我稍加考慮後，覺得兩人均頗適宜，且為資熟手，更無另行物色之必要。同時考慮到財部錢幣司司長辭職，業經俞前部長批准，該司關係極為重要，尤其是我已決計改革幣制，今後對於金融之管制，尤賴有不辭勞怨而能破除情面之人主持該司。我深知王撫洲氏適合此條件，故各方面紛紛向我薦人遞補該司司長缺時，我一律謝絕，暗中決定於兩稅機構實行合併時，即以王氏調補該司之缺，而以姜氏連任合併後之國稅署署長，以上種種籌劃，卒於七月中旬提經行政院通過後，因案關裁併機構，與增設機構不同，無須先經立法程序，即予實施，實施後，由於裁汰人員之故，雖然我已規定了去留人員的標準，若干地方仍不免發生多少糾紛，但不久即告平息。當我決定採行此項措施時，許多人都為我擔心，認為歷任所不敢行者，我甫經到任，遽爾實行，難免不因此引致反抗。我則認為祇要確認其事之應否執行，並於執行前預作審慎的準備，執行時復一本公平原則，則雖有多少反抗，殊不必顧忌，否則顧慮太多，便一事不能辦了。

改革幣制的計畫

現在便要說到我的第三項方針，就是改革幣制了。早在一年以前，我已認為祇有改革幣制才能挽救財政經濟日趨惡化的局勢；但那時候我是認為先有外援才從事改革。後來經過了赴美代表接洽的結果，和聽取了他的報告，我認為此項已走不通，因此便傾向於先賴自己力量開始改革，等到有了初步的效果，再爭取外援，使新幣制益加鞏固。上文已經說過，我對財政部長之職，在固辭不獲之後，惟一誘惑使我勉允擔任此席，就是對於改革幣制的憧憬。因此，我在到任以後，立即開始此項計畫，而且無時無日，不是念茲在茲。首先我就財政部中的主管人員，分別查詢並定令檢呈所有關於改革幣制的舊案和意見書，其次，我便利用前此不甚重視，而實際上擁有不少對於幣制有研究的人員和資料之財政研究委員會。我的方法是盡量聽取他們的意見，而一點不透露我的意見，偶然有出題目徵取意見的必要，我也祇將有關徵取意見之一點託詞屬令研究，並沒有透露全盤的關係。此外我還從財政部秘書處資料室，搜集歷年剪貼保存國人關於改革幣制的意見和計畫。所有部內部外關於改革幣制的資料文件，合計起來，不下七八十種；我都一一閱過和歸納，我認為在自力更生下的改革幣制，一方面固須盡力搜括可能控制的發行準備金，他方面還須以其他措施相配合。所謂配合的措施，便是關於平衡國內收支、平衡國際收支以及管制經濟金融等事項。因此，我便就年來念茲在茲的觀念，參以部中所得的實際資料和部內外專家的意見，詳加考慮後，親自草擬一個改革幣制平抑物價平衡國內及國際收支的聯合方案，於三十七年七月七日，就是我就職約莫一個月後，提請翁院長考慮，並呈送蔣總統核奪。

十四、財經改革原案

現在把我的原案，就是改革幣制平抑物價平衡國內及國際收支方案的各條文，抄列於左：

第一條　採行管理金本位制，於最短期內發行新幣。

第二條　新幣單位定名為中華金圓。

第三條　中華金圓與美幣聯繫，每圓與美幣三角三分等值，其含金量為純金〇・二九三三六一公分。

第四條　發行準備為美幣三億元，以左列各項構成之：

㈠中央銀行現有黃金白銀約值美幣一億一千萬元；

㈡國家銀行移存於中央銀行之外匯約美幣六千萬元；

㈢同盟勝利美金公債基金因大部分改兌法幣兌贖之部約美幣七千餘萬元；

㈣美金儲蓄券基金兌贖之部約美幣二千餘萬元；

㈤其他（包括台灣東北九省發行銀行之黃金外匯外幣準備雲南富滇銀行發行準備銀圓及接收敵偽產業鑽寶等）約美幣三千餘萬元。

第五條　為恢復幣信，暫採十足正貨準備制。發行額按照前條規定以九億金圓為限。另發行輔幣券一億圓，不需準備。

第六條　金圓券發行設監理委員會，以財政部部長、中央銀行總裁、審計部審計長、立法監察兩院委員代表各二人、外籍顧問二人、全國商會聯合會工業聯合會、銀錢業公會聯合會代表各一人為委員，按月公布發行數字及實有準備數量。

第七條　金圓券對內不兌現，對外依修訂管理外匯條例之規定兌給外匯。

第八條　所有法幣東北流通券及台幣於金圓券發行三個月內全部以金圓券收兌，逾期作廢。

第九條　金圓券對法幣收兌率為一圓對三百萬元；東北流通券及台幣照金圓發行之日各該券幣對法幣之比率折合收兌。

第十條　舊日發行各種法幣公債一律按金圓券發行時市值清理，或改發金圓公債。其他公債另定處理辦法。

第十一條　黃金收歸國有，由政府規定價格，以金圓券限期收購，逾期發見，除每人所帶金飾重量不滿一市兩者外，一律沒收。

第十二條　外幣一律收歸國有，由政府按金圓對美幣折合率，以金圓及金圓公債各半限期收購，逾期發見，一律沒收。

第十三條　國人所有外匯及外國證券限期登記，應登記而不登記者或登記不實者沒收並處刑。前項資產除有正當理由必須由原主保留者外，其餘之部分，如係外國證券由政府估價，以金圓公債收購，如係外匯，比照外幣由政府按折合率，以金圓及金圓公債各半收購。

第十四條　舊銀幣准以每元兌金圓券一圓，限期收兌，逾期發見一律沒收。

第十五條　本年下半年度歲出歲入未執行之部分，一律按金圓對法幣折合率，以金圓收付；但文武職公教人員薪水暫照目前折實數（即卅元以下不折，超過卅元者，每十元作一元計）改發金圓，士兵薪餉按戰前支給標準實發金圓。國營事業人員嚴格依照政府規定國營事業人員之待遇，所有超過規定之待遇一律取消。

第十六條　實行裁併駢枝機構，並裁汰冗員。士兵名額嚴格覈實。

第十七條　私人企業職工薪水，以金圓發行時一個月實得法幣數，按金圓對法幣折合率支付金圓。嗣後除一年或半年一度考績加薪外，非經政府核准不得加薪。

第十八條　自金圓發行之日起，政府不再公布生活指數。公私員工亦不得按生活指數調整薪水。

第十九條　修訂所得稅法，凡按第十五條及第十七條之規定折算而得之薪水，一律免徵所得稅。至公私員工年終所得獎勵金視為超額所得，一律徵其所得百分之五十。

第二十條　嚴格限制各重要都市日用必需品之價格，除經主管官署核准外，不得超過金圓券發行前一日各該地各該物品法幣價格折合金圓之數。

第二十一條　為管理日用必需品，應於金圓發行前若干日同時將滬津穗漢四市之公私倉棧封鎖，登記存貨，禁止棧單買賣，並限制提貨數量。

第二十二條　為防止大量黃金外幣外匯及外國證券之逃避，應於金圓發行前若干日，將滬津穗漢四市之商業銀行庫及各銀行出租保管箱一律暫行封鎖，除行庫即予檢查登記，將上述標的物封存待處理外，所有私人保管箱應全將所儲上述標的物登記，必要時得予以抽查。

第二十三條　前項黃金外幣外匯外國證券，由政府儘先按第十一第十二第十三各條之規定收購之。

第二十四條　政府收購黃金外幣外匯及銀幣等所需之金圓，即以所得之標的物加入準備，比例增加發行。

第二十五條　切實增進各種稅收，其稅率低於戰前標準者應參照戰前標準調整之，奢侈性之課稅標的，並應提高其稅率。

第二十五條　嚴格控制預算之歲出，非確有必要不得追加。又因金圓發行後歲收當有增加，本年內預算不敷之數估計不致超過金圓六億圓。除以發行金圓公債抵補三分之一外，政府實需之發行額，連收回法幣所需之金圓約一億五千萬圓在內，合計不過五億五千萬圓，尚在十足準備之發行限度以內。

第二十六條　三十八年度歲出入預算，倘物價能因改革幣制而穩定，國家局勢亦不致惡化，估計歲出約需

第二十七條 金圓三十八億圓，歲入約二十億圓，不敷十八億圓。除以本年度發行餘額抵補四億五千萬圓外，擬發行金圓公債五億圓，尚不敷八億五千萬圓。其應付方法，一則因幣信漸恢復，可將發行準備正貨減為六成，另以其他準備四成增加發行額六億圓，輔幣六千萬圓；二則利用本年及明年度可能獲得之美援物質，收回發行金圓之一部分，以補預算之不足。

國際收支平衡依左列各項應付之：

(甲)現行輸出結匯證取消；

(乙)輸出品盡力鼓勵，其所得全部外匯由政府按折合率以金圓券收購；

(丙)輸入品嚴格限制，務與輸出數量平衡，經核定後由政府按折合率准許輸入聲請人以金圓券結購外匯；

(丁)僑匯一律按折合率由政府以金圓券收購；

(戊)政府所需外匯，除軍需品以美國軍援應付外，應力謀節省，以僑匯及就各方面購得之外匯一部分應付之，如仍不足，則以國營事業之生產品，如紗布鑛產等盡量輸出，易取外匯平衡之。

(己)金圓與美元聯繫後，即著手向國際貨幣基金提出平價，並履行手續，俾於必要時得向基金貸款維持幣值。

第二十八條 國營事業基礎鞏固規模較大者，儘速按金圓價值發行股票，除以一部分供發行準備外，餘均作為發行金圓公債之準備。

第二十九條 貸款政策徹底修正。國家銀行除以收入存款貸放外，絕對不得以增加發行貸放。金圓券發行前應暫停一切貸款，以遏漲風。

第　三十　條　自金圓發行之日起，所有存款放款一律改按戰前利率。
第三十一條　政府極力減除生產者之障礙，並協導其增進效率，以達增加生產之目的。
第三十二條　政府人民厲行節約。凡需要外匯之物資尤宜節約；奢侈品違禁輸入經海關沒收，或在國內市場發見沒收者，一律由政府再輸出，以易外匯。

右方案各條理由容面陳，執行上所需各種辦法容續擬呈　謹上

院長翁轉呈

總統蔣

王雲五謹上　三十七年七月七日

我的主張與妥協

以上各條辦法經先送翁院長閱過，並與我一度交換意見後，即於次日（七月八日）由翁院長和我持謁蔣總統，經我逐條申述理由後，蔣總統對原則上表示可以考慮，但為慎重起見，即指定中央銀行俞總裁及專家三人，即財政部政務次長徐柏園中央銀行副總裁劉攻芸及美援運用委員會委員嚴家淦協同翁院長和我詳加研究，並草擬實施辦法。後來對於本案的一切都由我們六人隨時商討，取決於多數。現將我對本方案各條所持的理由，及與小組各人討論及修正的結果分述於左。

第一條括有兩點原則，一是主張採行管理金本位，二是在最近期內發行新幣。關於新幣

的本位，我不主張採行金本位或銀本位，因為我國並非產金或產銀的國家，甚至向來採行金本位的國家如英美等，自第一次世界大戰以來，業經先後停鑄和停兌本位硬幣，實際上英國成為金管理本位，美國則成為金匯兌本位。至銀本位，在我國從前雖然習行，但由於銀價之易受世界市場操縱，過去所受損失已甚明顯，加以我國存銀無多，改行銀本位，如長久計更屬不宜。又以金匯兌本位而論，則我國向為入超之國，目前軍事尚未終止，國際收支更難平衡，故與其仿效美國，力量有所不逮，無寧仿效英國和第二次世界大戰後許多改革幣制的國家，就是採行金管理本位，同時為適應我國人民的習慣，盡量利用已有之存銀及將來收購之銀幣，改鑄五角銀輔幣。關於發行新幣的時期，由於法幣已進至惡性膨脹時期，幣值循幾何級數急遽低落，倘不從速改革，政府將喪失主動改革的地位，到了法幣全盤崩潰之日，正如人體的盲腸業經潰爛，割治已來不及。且鑑於政府僅存之少數金銀外匯，可供發行準備者業已急遽銳減。中央銀行為應付國際收支之重大差額，不能不使用僅存之少數金銀外匯，以供開支，如再遷延半年，不僅法幣之膨脹，經濟之紊亂，將至不可收拾之境地，而目前尚可供發行準備之金銀外匯，勢將蕩然無存，彼時縱想改革，亦不可得。至於改革幣制所需之幣券，因民國三十三年，政府本有改革幣制之意，經於美國印就壹圓伍圓拾圓伍拾圓壹百圓五種主幣券及伍分壹角貳角等輔幣券，其總幣值約合二十九億圓，較諸此時所擬之最高發行額尚有餘裕。此項幣券均可立時利用。同時各種硬輔幣，除五角銀幣與一分銅幣應從速趕鑄外，所有一角二角及五分之鎳輔幣與合金輔幣，西南各省中央銀行及中央造幣分廠所存尚多，即可利用。因此，在短時期內實行改革幣制，不僅如上文所說確屬必要，且有可能也。以上主張，經小組詳加討論，均以為然。

第二條關於新幣單位之名稱，因既採行金管理本位，故我主張稱為中華金圓，經小組討論後，決定簡稱為金圓。

第三條金圓與美元比值問題，我原主張三對一，理由是想恢復戰前的標準，俾改革幣制後，如能把幣值穩定，則一切物價均可望比照戰前標準，因為人民習於舊日銀圓之價值，如果新幣與銀圓等值，則聯想所及，對於物價之穩定當有助。小組討論時，多數以為與美元三對一之比值，對我國人的購買力未免過高，有主張五對一及四對一者。後來請示蔣總統，折中採取四對一的比值。我對於比值過高，不適於國人的購買力之主張，當然無異議，不過四對一和三對一所差亦有限，總覺此次改革幣制，應使國人觀念一變，如能聯想到新幣等於舊銀元，實較任何標準為宜，惟經多數主張變更，我只好服從多數。

第四條關於發行準備，我原擬採取十足正貨制，其數為三億美元，而非如後來決定之二億美元。當我就職後，積極籌劃改革幣制，遂從各方面張羅凡可供發行準備的外匯，就部中錢幣司案卷中發見同盟勝利美金公債及美金儲蓄券兩項基金各為美金一億元，嗣以兩種債券各有一部分係改按外匯牌價以法幣兌付本息，因此，同盟勝利美金公債基金尚餘七千餘萬美元，美金儲蓄券基金尚餘二千餘萬美元，兩者合計，將及一億美元，自可移充金圓券之發行準備。當我發見此二宗餘款時，認為在外匯如此短絀之今日，能憑空增加可以利用之外匯至一億美元左右，心中殊覺愉快；然以僅見紀錄，是否確實，尚不放心。後來詢諸俞前部長，亦認為不錯。到了小組討論時，中央銀行副總裁劉攻芸氏才說這兩宗賸餘基金已由中央銀行撥充其他用途，實已罄盡無存。足見政府各部門權責不清；本來債券係國家所發行，其基金當然由主管國庫之財政部撥付，所有開支及賸餘之數，財部自應有權主持，乃過去數年間，大權旁落，不僅另撥用途可由中央銀行任意為之，甚至撥付以後亦未向財政部報告，以致部中案卷至今仍認為此款尚在，而轉任中央銀行總裁未久之俞前部長亦茫無所知也。此一事實既已發覺，使發行準備減少三分之一，或至動搖全案；後來折中辦理，才將十足正貨準備，改為四成正貨準備，即將正貨減為二億美元，另行加入資產準備如中紡台糖等公司股分合三億美元。於是原擬第五條之原則，亦隨而變更矣。

第五條新幣之成功失敗，我自始即認為與充分準備及限制發行兩者均有重大關係。本來發行準備無需十足的正貨，但為著挽回過去幾等於零之幣信，故主張有十足正貨準備之必要。同時發行限額務須明白規定，甚至輔幣照例雖無需準備者，我仍主張明定限額，以昭信於國人。我在第五條原則中所以作如是硬性規定者，並非矯枉過直，實鑑於處此時期，為博取人民信任，非此不為功。不幸在極力張羅準備金獲得三億美元之後，發見由於中央銀行之另行撥用，不得不改再折中辦法，將十足正貨準備，改為四成正貨準備。同時又因金圓對美元之比值，由三對一改為四對一，於是發行限額由九億金圓改為二十億金圓，但我仍堅持明定限額，甚至同年十月十日我從美國回來，鑑於金圓券的幣信已動搖，遂主張以收購所得的金銀外匯維持幣信，以取諸於人民者還諸人民，並藉此收縮通貨，仍保持原定之發行限額，即將來萬不得已有酌增發行限額之必要，亦必提供相當準備，絕對不願以無準備的方式作無限制的發行。不料事與願違，祇得引退。

第六條關於發行監理委員會之組織，我的主張和最後決定相差至巨。其最要之點，就是我主張加入立監兩院委員代表及外籍顧問。在小組討論時，大家以為該會之組織係在行政院之下，恐立監兩院委員未必肯加入，而不知發表以後，兩院委員正紛紛以無兩院代表加入為遺憾，可見與我的原意不謀而合。又加入外籍顧問，在一般的國家固無必要，而在今日之我國，為鞏固人民的信心，未嘗無利，且為爭取國際信用，為將來獲取外援計，亦不無補助也。

第七條金圓券兌給外匯的辦法，關係極大。我深知金圓券之充分準備與限制發行係屬內在的條件，至其對外發生效用，端視兌換外匯之便利程度。我國法幣對內不兌現，而其初期之能穩定幣值，全賴其對外之從寬兌給外匯，我國目前外匯短缺，自不能不加以管理，惟正當需要之外匯，苟能予金圓券以兌取外匯之便利，則於維持幣信至有關係。況且金圓券兌取外匯之便利，一方面固可維持幣信，而他方面由於維持幣信之結果，又可使政府有藉金圓券大量兌入外匯之便利。倘出口貿易可以暢通，僑匯不致流入黑市，則藉兌入而供兌出，其必須由國家貼補之外匯亦殊有限。我所以主張修訂管理外匯條例，使外匯之供給更為合理，即以此故。

第八條關於收兌舊幣的範圍和期限，我的原主張經小組修改了兩點。一是關於台幣之收兌，一是關於收兌的期限。一個國家有幾種的幣制本來是不對的，台幣之獨立制度，原係由於接收之初，鑑於台省受日人管治五十年，有其特殊性，故暫准台幣獨立發行，這斷不是可以永久如此的。現既改革幣制，咸與維新，東北流通券既隨法幣一起收兌，則台幣之繼續存在，自屬不當。我的原意打算一起收兌，俾全國幣制趁此得以統一。但在小組討論時，大家認為台省仍有其特殊性，主張台幣暫仍存在。我以為暫緩收兌，看金圓券發展至相當程度，再行決定，自無不可；惟斷不宜照以前辦法，由台省政府隨時宣布將法幣貶值，以抬高台幣之價值。況且外幣在國內黑市買賣，貶低法幣價值，我政府向加禁止，獨對於本國一省的貨幣，許其隨時抬高對法幣的兌換率，此在過去法幣信用已失之時，已屬不當，今後既以全力支持金圓之價值，自不宜再蹈前轍。如恐台省對內地之貿易因此陷於不利之地位，則中央儘可對台省實業加以補助，或准其運銷內地之貨物隨時調整價格；蓋調整台省貨價與調整台省幣值，同是調整，而調整幣值之結果，實際上仍不免抬高貨價，同時又有壓低法幣的惡影響，則何如直截了當，抬高貨價之為簡單而可免副作用也。討論結果，遂採折中辦法，即台幣仍暫保存，但非經中央特准，不得率意變更其對金圓券的兌換率，又關於政院舊幣限期，本來愈速愈好。我原擬三月為期，本已過長，係因考慮到輔幣不甚充足，且國內交通困難，故稍延長；但討論時大家認為至少需時六個月，後來也是折中決定，以三十七年年底為截止期，那便是四個多月。

第九條關於金圓對法幣的收兌率，在原則上我是主張切合實際的。當我起草本方案之時，美幣每元在京滬一帶約值法幣四百餘萬元，以金圓對美幣四與一之比，故擬定為金圓券每圓兌法幣壹百二十萬元。自我提出本案，以迄八月十九日實行改革幣制，其間約六星期，法幣對美幣的比值又大跌，故在最後決定之時，仍按切合實際之原則，定為金圓券每圓兌法幣三百萬元。

又查各國改革幣制時，對於舊幣兌換新幣，往往採取兩種辦法，一是將舊幣凍結一部分，藉以減少流通，一是採行差別兌換率，對工人或貧苦者特別給以較優的兌換率，而對持有多量舊幣者則採一般的兌換率。這兩種辦法我都考慮過，認為在我國目前殊難實行，且無此必要。所謂殊難實行，則因人民所有的舊幣存在銀行者占極小部分，凍結不易生效，如待其兌換時再行凍結一部分，則來兌者定必化整為零，在戶籍還沒有辦理妥善以前，如對於持兌大量舊幣的人凍結其一部分，不僅將化整為零，徒增兌換手續之麻煩，而且鼓勵人民作偽，亦殊失策。至採行差別率的兌換，其弊亦正相同。況且那時候我國流行的舊幣雖已達天文數字，而估計其兌換價值，僅當美幣伍千萬元左右，其總值較之人民手上所持有之金銀外幣實微不足道，故凍結政策在我國如必須採行，寧對於外幣，而不必對於法幣。我在本方案第十二條所為的規定，就是這個緣故。

第十條關於清理舊日發行公債之原則，經小組討論後，決定了兩項辦法：一則政府發行之法幣公債尚未清償者，由行政院訂定處理方案；二則除民國三十六年美金公債應照原條例償付外，所有其他外幣公債，皆按法定匯兌率換發金圓公債。

第十一及十二兩條擬將黃金外幣收歸國有，其理由至為顯明。一則政府採行金管理本位的新幣，為充實其準備起見，既未能向國外獲得黃金或外匯的貸款，祇有就國內自行設法，使人民持有之黃金外匯售歸國家，以鞏固新幣之信用。二則過去數年間，黃金外幣在我國市場內成為擾亂物價之重要因素，今後欲謀新幣幣值之穩定，對於足以擾亂物價之因素，使之失其作用，自亦為必要之措施。至於收購方式，我主張對於黃金與外幣宜有區別。第十一條規定對黃金以金圓券收購，而第十二條則規定對外幣以金圓券及金圓公債各半收購，換句話說，就是對於以外幣來兌者凍結其半數。我的理由是依照過去的法令，黃金因曾由政府售與人民，故人民對於黃金，除不得互相買賣外，實可為合法之持有；而外幣則政府一向不許人民持有，其持有者實已漠視政府之法令，故收兌時於持有黃金者不必附何種條件，而對於持有外幣者，則以金圓公債凍結其半數，自屬合法合理。此外還有一個理由，就是黃金為我國人民所普遍持有，而其持有人並非一律為富人，故收兌辦法宜從寬；反之，外幣之持有人，多為大都市中較為富有之人，令彼等以其半數購買金圓公債亦甚合情理。小組討論時，大家認為收歸國有字樣，恐對老百姓易起誤會，主張刪去，但仍限令全部兌歸政府所有，逾期發見者，除小量金飾外，概予沒收，是則與國有無異。我對於這種去名就實的修正，自然沒有異議。至對於收兌黃金與外幣方式之區別，大家認可為著鼓勵外幣持有人自動以其持有者售歸政府，自應與黃金辦法一致，即全部兌給金圓券。因此，便把我的原主張修改，而發行金圓券的全部辦法，便不復有凍結的措施存在。

第十三條第一項關於外匯及外國證券之限期登記。遠在重慶時代國民參政會決議徵用國人存在國外外匯資產之日起，政府即擬先從登記外匯資產下手。財政部並曾擬有此項登記辦法草案，經張內閣的政務會議通過後，呈送國務會議；因為對外交涉徵用尚無頭緒，遂決議暫予擱置。現在國家採行金管理本位的幣制，對於國內人民所有之黃金外幣既須一律收購，則對於存放國外之外匯資產，更不得不作有效的利用；於是財政部原擬的登記辦法，自宜即付實施，此點大家均認為非辦不可。

同條第二項我對於無保留必要的外國證券及外匯售歸政府之主張，經大家商討後，改為私人所有外國證券及外匯一律移存中央銀行，於必要時得聲請提取應用，並隨時得按匯兌率售歸政府。又我原主張外國證券由政府以金圓公債收購，外匯則比照外幣以金圓券及金圓公債各半收購，我的理由是國人既以餘款投資於外國證券，自亦可改投於本國證券之金圓公債，且購買外國證券之款項當非有緊急需要，則改購金圓公債，當不致使其周轉不靈。至外匯當與外幣一律辦理，亦因外匯之持有者，依法早應售歸政府，彼等從前既未能遵守政府法令，今由政府收購，自宜按照收購外幣辦法，以金圓券及金圓公債各半支付。但經小組討論後，大家亦認為為鼓勵申報起見，亦當從寬辦理，修正為凡願售歸政府之外國證券及外匯均全部支付金圓券。

第十四條我原主張舊銀元每元兌金圓券一圓，係根據本方案第二條原議金圓每圓與美幣三對一之比值，嗣決議修改為四對一比值，並為鼓勵持有銀圓者盡量兌換金圓券起見，從寬改為銀圓每元兌金圓券二圓。但此一項之修改，在改幣初期，對於物價工資及公務員待遇上皆發生不少問題。我原意堅主金圓應與美幣三對一比值，因為這將使金圓與舊銀圓平價，不僅許多問題不會發生，即人民觀念也會不同，而改幣初期人民對於物價也會作不同的估計。

第十五條關於改革幣制後公務員的待遇問題，我迭任部院長官，對於公務員待遇之薄，生活之苦，當然有所聞見，而深表同情。但因公務員之實際待遇，不在其所得數目之多少，而在物價之能否穩定。倘物價能穩定，則待遇雖薄，尚可依節約計畫而刻苦維持；若物價隨時飛漲，縱將待遇表面上提得相當高，然由於物價飛漲過速，待遇之調整總趕不上，則公務員生活之苦更甚。改革幣制後，首須穩定物價，而穩定物價之有效方法莫如緊縮國庫開支，嚴格限制發行。查政府開支之最大宗，莫如養人之費。由於人員之冗濫浮冒，致實際為國家致力者之待遇為之分薄，故本方案有第十六條之規定，期藉此節省之開支，可以充分增加留職人員之待遇。又以同屬公務人員，理應同工同酬，但許多事業機構人員之待遇特優，用人尤為浮濫，此不僅有失公平，且因此而耗費之國帑，若能移充一般公務員待遇之改善，亦未嘗無小補。在這些節省浮費的辦法還未實施見效以前，為著不宜使國庫過分增重其負擔，以致改幣之後，仍須倚賴發行為彌補，則表面上待遇縱有增進，實際上因物價隨發行而增長，對於公務員並無好處，不若暫按舊基數支薪，藉以緊縮發行，並使預算接近平衡，祇要金圓券之幣值克保，則物價可趨穩定，公務員實際所得自較改幣前有進步也，此一主張為與議諸人共同承認。後來因為決將金圓之比值由對美幣三比一，降為四比一，遂將過去公務員支薪之基數酌量提高為底薪四十元以下者不折扣，超過四十元不滿三百元之部分原為一折者，提高至二折，以補償對美幣比值降低之損失。

第十六條關於裁減機構冗員與覈實士兵名額，是我一年以來積極的主張。此時改革幣制，鑑於新幣的能否維持，與預算收支之能否平衡關係特大，而預算開支上養人費占其最大部分，在此重大改革之際，不能不再強調此舉。關於裁併機構與裁汰冗員，我業於自己主持之財政部中，先就直接稅和貨物稅兩系機構和人員實施，深信其他部會所屬機構人員類此情形，可予裁併裁汰者斷不在少數。尤以軍隊中之士兵名額虛缺浮冒，已為公開的事實，此時尤有亟予整頓的必要。此原則提出後，大家雖然贊同，卻恐執行困難，惹起反感，祇決議於整理財政及加強管制經濟辦法第五條中規定「文武機關員工士兵名額應嚴格覈實，不得浮濫」；此即不僅措詞遠較我的原方案為和緩，且對於裁併駢枝機構已不再提及矣。

第十七條及第十八條，對於凍結薪水工資之規定，為著穩定物價之故，是不可避免的。本方案第十七條中有除一年或半年一度考績加薪外，非經政府核准不得加薪之規定，是則遇有特殊情形，經政府核准者，仍然可以加薪。

第十九條對於公私員工年終所得之獎勵金視為超額所得，一律徵其所得百分之五十；此舉於維持工商業鼓勵生產之習慣中，寓有平均收入之意。查英國在戰時特別加重薪資所得稅，凡超過戰前平均所得之部分，一律徵其百分之九十五，是則我國對於此項性質近乎超額之所得，僅徵其百分之五十，自不能謂為過多。且為鼓勵按照規定之薪給，一律免徵其所得稅，此項收入無多，而手續甚繁，藉鼓勵而豁免其課稅，在我看起來，也很合理。但小組討論時，認為年終獎勵金重徵所得稅，勢將引起反抗，為著不願產生枝節，遂將本條完全刪去。

第二十條原規定的要旨有四：㈠因恐物品改按金圓券發售時，商人乘機抬價，故規定不得超過金圓券發行前一日各該地各該物品法幣價格折合金圓之數；㈡設有若干物品在金圓券發行前一日之法幣價格，由於特殊原因致有低於成本情事，則經主管官署核准後，自可准予調整，並非硬性規定無論如何不得調整；㈢凡須按照上開㈠㈡兩項辦法者以日用必需品為限，原意蓋不欲過於苛細，而認為祇須管制若干種日用必需品之價格，其他可由各地方採取合理議價辦法；㈣管制日用必需品價格之地方以重要都市為準。以上各項原則，在小組討論時，一致贊同。因此，在後來草定之整理財政及加強管制經濟辦法的原案中，分別作如左之規定：

「第十三條在行政院指定之都市內，各種日用重要物品之價格，應照改行金圓本位前一日各該地各該物品貨價，依兌換率折合金圓出售。以後非有特殊原因，經主管官署核准，不得擅自抬價。

第十四條各種公用交通事業，除國營者按第三條之規定調整外，民營者應參照第三條之規定及實際成本，經主管官署核定後改收金圓。以後非有特殊原因不得准其加價。

第十五條除第十三第十四兩條規定者外，其餘物品或勞務之價格均由各地主管官署於改行金圓本位之日起，召集各該同業公會迅即議定改收金圓之數，經主管官署核准後，標明其價格。以後非有特殊原因，不得准其加價。」

依照上開規定，對於物價係分別性質或採取合理的限價，或採取議價，俾於管制之中仍不致窒礙難行，此項規定在八月十九日下午國民黨中央常會中，亦經照案通過。但同日提出於行政院政務會議時，有若干政委堅持非嚴格限價不能收平抑物價之效。經我再三解釋，謂限價過嚴將行不通，並主張分別限價議價兩類。惟討論結果，多數仍主從嚴，最後作折中的決議，將原案第十三至第十五條修正如左：

「第十三條全國各地各種物品及勞務價格，應照民國三十七年八月十九日各該地各種物品及勞務價格，依兌換率折合金圓出售，由當地主管官署嚴格監督執行。

第十四條各種物品及勞務價格，依前條折合金圓後，應嚴格執行取締違反限價議價條例，其有特殊原因者，非經主管官署核准不得加價。

第十五條各種公用交通事業，除國營者按第三條之規定調整外，民營者應參照第三條之規定及實際成本，經主管官署核定後，改收金圓，以後非有特殊原因，不得准其加價。」

就修正之三條與原案之三條細細比較，除修正後之第十五條與原案之第十四條條文並無二致外，修正後之第十三及第十四條與原案之第十三及第十五條，雖措詞不免傾向於從嚴限價與廣泛限價，實際上則限價後如有特殊原因經主管官署核准，仍得變更原有之限價，又限價與議價並行雖無明白規定，然第十四條既有執行取締違反限價議價條例之語，是則若干種物品得適用議價辦法，實已在暗示之中。故如何妥善運用，在執行方面固尚有餘地也。

第二十一條關於指定都市之倉庫檢查，我的原意是想在金圓券發行前若干日同時辦理，藉以提前稍抑物價，不致使各地物價在金圓發行日漲得過高，不得不遷就事實。此原則在小組討論時咸無異議；祇以全案中經波折不少，而各地督導人選亦遲遲未能確定；限於此類事實，除上海一地在金圓發行前已局部執行，但仍嫌未徹底外，其他重要都市，如天津廣州漢口等不僅事前未能執行，而在金圓券發行後尚未切實執行也。

第二十二條關於封鎖銀行行庫及保管箱的主張，表面上似乎有些過激，實際上確是最公平的一種措施。我相信這辦法如能實施，則恨我的人將會更甚，而感覺政府大公無私者將很多，結果對於改革幣制之成功或更有助。當我計畫由政府收購黃金外幣之初，深感一般老百姓或小商人肯服從功令者尚不乏人，但大戶豪門往往愈富有卻愈不肯放手，其所持有之黃金外幣設法逃避自在意中。倘其結果不幸如此，則一方面政府所收購之黃金外幣僅得自一般老百姓或小商人，而聽任大戶豪門漏網，顯然是不公平。他方面政府收購黃金外幣之目的，除了充實發行準備外，還要消滅擾亂物價的因素，倘大量之黃金外幣仍操自大戶豪門之掌握，則其乘機擾亂市場之舉動仍在所不免。此項大戶豪門持有的黃金外幣，一因數量特多，二因放在家裡不甚安全，勢必存放於銀行的保管箱內，固然中等人家也往往租有保管箱，其中未必皆藏有黃金或外幣，但大戶豪門的黃金外幣未有不存放保管箱，則殆為事實。此外，還有許多商業銀行，其正當營業斷不易維持開支與利潤，則其經營金鈔買賣的副業，亦為公開的事實，如果要在改革幣制後徹底消滅此種不正當的副業，即一舉而控制其所持有的金鈔，實亦有其必要。為求達此目的，我認為惟有在改革前夕宣布各行莊暫行停業時，立即宣布暫行封鎖各商業銀行行庫，以備檢查，同時並封鎖各銀行出租之保管箱，聽候原主申報，並於必要時予以抽查。我相信在這樣情形之下，申報者當然不會不據實，如此，則實際上用不著開箱清查，即或偶有必要，祇須就情節顯甚不符者，擇其極少數，會同原主及公正人士一起開查，亦不致發生騷擾情事。或者以為事關干涉人民財產秘密，不無侵犯人民之自由，則我可舉一顯明的例子，就是法國對於本國人民存在美國外匯資產的處理辦法。查法國在第二次大戰勝利後於美國政府宣布可以解凍人民外匯資產之時，懇請美國政府將法國人民存在美國之外匯資產繼續凍結，一面勒令國人申報其所有存在美國的外匯資產，聽候抽查，對於所報不實者予以嚴厲處分，俟申報滿意後，再行解凍。法國是一個民主立憲的國家，其對於人民的自由當然不能不尊重，但當戰後美國政府解凍各國人民外匯資產之時，法國獨請美國繼續凍結其人民之外匯，以期達到勒令人民申報之目的，此與我所主張暫行封鎖國內人民的保管箱，以期達到勒令人民忠實申報之目的，究竟有何區別？又或者以為人民持有之黃金外幣不盡存放於銀行保管箱，結果仍不免有漏網，則無論如何多控制一部分，總比少控制一部分為好，況如上文所說和以後經事實上的證明，遵守功令的老百姓和小商人本可漏網之部分，也自願供獻於政府。且政府如能藉封鎖保管箱，使其中若干大戶豪門不得不以其所持有之大量黃金外幣，甚至其中定必還有許多外國證券，向政府申報而售歸政府，則一般老百姓和小商人必更樂意以其所持有者供獻於政府，不致如後來發生的怨言，說此項售給政府的黃金外幣，大都出自老百姓和小商人，而真正的大戶豪門仍然漏網，甚至後來竟有利用以為擾亂市場之工具者，可惜我這種主張，一經提出，雖有一二人表同情，但禁不起多數人的堅決反對，以致一開始即撤銷。後來外間復盛傳政府將採取此項舉措，以致上海方面紛開保管箱提取所存金鈔，實際上此議早已打消，不知何故，竟於打消後月餘才有此事後的傳言也。

第二十三條我主張以收購之金銀外匯作為比例增加發行的準備，其理由是我絕不主張無準備的增加發行，同時也承認事實，因為第二十四第二十五兩條所估計的收支預算，沒有把收購金銀外匯所需要的金圓券加入，而此項之估計是不能確定的。好在此項支出係以紙幣兌入正貨或等於正貨之幣券，根本上並不是一種消耗，故擬規定以兌得的金銀外匯，作為比例增加發行的準備，而此項增加的發行與無準備的增加發行絕不相同。此原則在小組討論時，大家都贊同；但因後來將發行準備改為四成正貨，發行限額已由原擬的九億圓增至二十億圓，為數已多，如再明定得續增發行，恐惹起國人之誤會，故將此條刪去，俟有必要時，再依立法程序，一面酌增發行，一面加提準備也。

第二十四條關於增進稅收之原則，我於到任伊始業從修正法案方面進行，但因幣值低落甚速，收效較微。改革幣制後，自應加緊配合推進，以有助於國家預算之平衡，藉以維持幣值。

第二十五及二十六兩條關於國家歲出入預算的估計，與對其差額之適當彌補；我自始即注意到改革幣制後，在戰事未終止以前，收支差額在所難免，但彌補差額之方法，在公債和外援二者還感覺不敷時，祇能就有準備的發行限額以內運用，斷不能靠無準備與無限制的發行來彌補。本來預算之平衡與物價之穩定彼此有極密切關係。在物價飛漲不已之際，不僅無法平衡預算，而且無法編制預算；同時，預算之赤字愈龐大，發行之增加愈驚人，則物價之飛漲愈不可收拾。上述的兩種循環現象，均可於幣值之急劇下落徵之。第一次世界大戰後，德國的馬克在同一日間早午晚各貶值多倍，不僅無法編制較長期的預算，甚至購物付價，相差片刻，已迥不相同。第二次大戰後，歐洲若干國家亦多少具此現象。其挽救之法，無不藉改革幣制而收相當之效。我之所以亟謀改革幣制，即以自三十七年四五月以後，我國因通貨膨脹已達惡性時期，以幣值之低落與物價之高漲，初則一月數倍，而循著幾何級數的進程，不預計不久將變為一星期數倍或一日數倍之狀，到了那時，人民根本已不承認舊有的貨幣，不是把一到手的貨幣急速兌成其他可供交易的媒介，便是立即易取實物。局勢發展至此，政府縱不想改革幣制，也就不得不改，故不如早為之計，俾作自動的與有計畫的改革。但是改革以後，除就幣制本身充分準備，並限制發行與公開發行外，還應極力謀國家收支之平衡或接近平衡。而國家收支之平衡或接近平衡，除根本上須有穩定的幣值，不致使物價因幣值而受波動外，其本體不外開源與節流二語。關於開源一項，除本方案第二十四條所規定之增進稅收辦法外，其第十二條及十三條規定以金圓公債收購外幣外匯及外國證券之部分，如能照我的原意執行，亦於國家財政有補。關於節流一項，本方案第十六條之主張裁併機構裁汰冗員及覈實兵額，第二十五條之限制歲出追加，第十五條之限制國營事業浮費，以及整理財政及加強管制經濟辦法第三條之國營公用交通事業調整收費，以期自給各項規定，皆所以圖達節流之目的。不過還有一個重要條件，就是本方案第二十六條所稱「國家局勢不致惡化」，否則幣制改革之最大效力在人心振奮，倘國家局勢惡化，則人心之動搖，實足以打消任何其他之功效也。

第二十七條關於平衡國際收支各項辦法，我和幾位與議者意見頗有不同之點，就是關於結匯證之應否取消。在未行結匯證之前，由於外匯牌價與黑市價相差過巨，致出口商按牌價以其所得外匯售歸政府者虧耗過甚，結果遂使輸出停滯，僑匯亦幾盡為黑市所吸收；及三十七年六月以後採行結匯證，使出口商與僑匯受益人得在市場中收回其差額，由於停滯數月之後，驟然有此改進辦法，輸出與僑匯均確有起色，但結匯證之使用限期頗短，逾期未能售出，而由中央銀行收購，一方面固有壓低結匯證售價之效，他方面仍使結匯證售價與外匯黑市價格間發生相當的差額，長久行使下去，不是使結匯證之效用漸失，便是無異公開承認外匯黑市價格。因此，在採行新幣之前二三月間，結匯證固不失為適時有效的措施，但改革幣制後，政府人民應一致維持金圓券對外匯之匯兌率，不可三心兩意，以結匯證聽市面高下其價，以影響金圓之信用。總之，政府既決心改革幣制，自當以全力維持金圓之價值，祇要準備充分，發行緊縮，並以收兌之金銀外幣，於必要之時，以取諸人民者還諸人民，則幣值自可維持，幣值倘能維持，則輸出所得之外匯與僑匯，自可循正當軌道而獲取，與前者因法幣急遽貶值，外匯牌價之變更趕不及外匯市價之飛漲，不得不藉結匯證為媒介，以維持輸出業與僑匯者，固不可同日而論也。經我堅決主張後，結果暫將結匯證取消，俟有必要時，再為考慮。此外各項一致同意，至向國際貨幣基金會提出平價一項，我和各人都主張稍緩，原因是一則為取信於外人，姑俟改幣後成效已著再行提出，二則平價一經通過，我國即須繳付股款五千餘萬美元，將來遇必要時才有資格聲請貸款。

第二十八條主張利用國營事業發行股票，作為發行及公債之準備，大家均無異議通過。

第二十九條鑒於過去國家行局貸款過濫，亦為膨脹發行之一原因，今後既須緊縮發行，特明白規定國家銀行除以收入存款供貸放外，不得以增加發行貸放。小組討論時，大家主張不必過分嚴格規定，因改為「國家行局庫不得以任何方式作商業性質之放款，對於奉行國策之貸款，並應負考核資金運用及成效之責，由主管機關妥定辦法，嚴格執行。」經過這樣的修改後，在金圓券開始發行，迄三十七年十月中旬不滿兩個月間，各方面藉國策貸款之名，向中央銀行透支或貸款竟達三四億金圓，約占彼時發行總額四分之一，可見在我國的環境下，遇事不作嚴格與明顯之規定，自然而然會是這樣的。

第三十條擬自金圓發行之日起，所有存款放款一律改按戰前利率；因為利率高，不僅窒塞生產，而且影響物價，趁此一改百改之際，立即改按戰前利率，祇要政府有決心，本來是沒有辦不通的。但是小組討論中，大家仍嫌過分硬性，遂改為「市場利率應予抑低」的活動語氣。

第三十一條主張增加生產，則以稅收之增加，與物價之穩定均與生產攸關，故確立此原則。過去政府對於生產祇側重貸款方面，茲擬特別注重減除生產者之障礙，並協導其增進效率。查貸款往往利與弊俱，倘監督不嚴，難保不藉名生產，而以其貸得之款用於囤積居奇，至於生產者的障礙，如利率過高，原料缺乏，工價過高，運輸困難等等，如能由政府協助解除，則其有助於生產，實較單純貸款為更有效也。此外如對於工作效率之增進，政府實亦負有監督協助之責，雖其收效非短期內所能獲得，究不可不早為注意也。

第三十二條主張政府人民厲行節約；此為無可爭議之原則，惟在執行之能否切實而已。

具體辦法之形成

以上三十幾條原則，經六人小組多次秘密討論，並酌予修正後，乃進一步草擬具體辦法。這件工作也由我自行擔任，計將修正方案三十幾條，按其性質，分別草擬四種辦法，就是㈠金圓券發行辦法；㈡人民所有金銀外匯處理辦法；㈢中華民國人民存放國外外匯資產登記管理辦法；㈣整理財政及加強管制經濟辦法。這些辦法草案都提到小組詳細研討，因其中有關法律問題頗多，臨時商定邀請外交部長王世杰氏參加討論。我們開了好幾天的會議，把四種草案逐條研討，文字上有當修正者並即修正，全案初步通過後，再由翁院長俞總裁和我攜同全稿面謁蔣總統，經我等一一說明後，總統遂將原件留下，以便詳閱。我們原擬趕於七月底立法院休會前提請召開秘密會議通過，但總統認為時間或來不及，且再考慮。過了幾日，總統赴莫干山休息，把我們所擬各項辦法一起帶去，瀕行並囑我等加緊準備實施手續；後來我們因有幾項根本問題還沒有經總統最後核定，有亟待請示之必要，遂由翁院長電話至莫干山接洽，承囑我們與關其事的幾個人於七月廿九日乘專機赴莫干山，逗留一日，作詳盡的商討，次日就二十九晚與總統所談各要點，並經我等熟商的結果，分別錄出，再請總統核示，當經核定如左：

㈠本年八月十五日以前實行金圓本位，每一金圓等於美金貳角五分，折合法幣二百萬元。

金圓券十足準備，限額發行，並設發行準備保管委員會，迅即鑄發銀鎳銅各種輔幣。法幣限於本年十二月底以前全部收回。

㈡黃金白銀外幣鈔券依法定兌換率，於本年九月卅日以前收兌，逾期私人不得持有。

㈢國人存放國外之外匯資產限期申報，並對匿報者妥定刑事及其他制裁。

㈣參照戰前標準，依法調整稅率，以裕稅收，並嚴定辦法控制支出，期使收支力趨平衡，以穩定幣值。

㈤加強經濟管制及金融管制。

輸出入貿易繼續管理。

㈥美援運用以緊縮通貨穩定經濟為原則。

㈦文武職人員之待遇改給金圓後，應較現時待遇酌予提高。

現行按生活指數給付辦法廢止之。

右列各項詳訂辦法，按照憲法臨時條款之規定公布施行。

蔣總統於核定上開各要點後，即將我們日前面呈核閱之四種辦法草案交還我，其中或由總統親筆修改，或由總統加一問號，囑再行研究，並於每一辦法上親寫一「閱」字。

我自從就任財長，開始研究改革幣制，以迄七月七日提出改革幣制平抑物價平衡國內及國際收支方案，其間嚴守秘密，除對翁院長一再陳述改革幣制之必要外，沒有第二人知其內容。又自從七月九日經總統指定人員協同研討，大家也互相約定嚴守秘密，因此，直至我們到莫干山之日，外間雖紛紛猜想政府總有經濟改革方案，卻還沒有肯定其事。但自我等由莫干山返京後，外間因我們一起五六人同往莫干山商談，而其中括有行政院長和財政金融當局，於是京滬各報一致作肯定的推測，或者說要改革幣制，或者說幣制一時還未能改革，必須有賴美援，所以與美援有關的嚴家淦氏也同到莫干山。可見對於我們的決定，和方案的內容都沒有人知道，祇是鑑於彼時法幣已達惡性膨脹時期，認為非改革不可。可是不知何故，上海忽於此時發生一種謠言，說政府要將私人所有黃金外幣收歸國有，因而決定檢查各銀行保管箱，於是一日之間紛紛向銀行開保管箱，提取所存金鈔。殊不知在七月初旬我雖有類此的提議，但一經小組會議，大家認為恐惹起反抗，我也服從多數意見，即將此項提議取消。在彼時假使發生此項謠言，當然是與議諸人之不慎密，但在決議取消以後將及一月，忽又有此謠傳，斷然不是局中人傳出。大抵由於上海地方政府為打擊囤積居奇者，曾有檢查倉庫之決議，許多人神經過敏，認為政府既有控制金鈔之重大舉措，不免要仿檢查貨倉的辦法，進一步而檢查保管箱。在我們深知此事的局中人，聽了此項謠言，祇有暗中發笑而已。

我們由莫干山回京後，由於實行改革幣制的日期，業經總統核定，為時不過半月，自非加緊籌備各種手續不可。因此，我們就總統對於各種辦法所指示和懷疑者，重加研討，分別修正，一面由中央銀行秘密將所存印就的新幣券分發各地，並將原有西南各省的鎳輔幣和合金輔幣一律分運來京滬，一面由財政部密令中央造幣廠加緊籌備復工，以便趕鑄銀銅等輔幣。以上各事，一一如期準備，在理八月十五日實行之期還趕得上，祇因總統臨時有事到了牯嶺，而此項重要措施，非經實際掌握政權的國民黨中央政治會議通過不可，該會如非由蔣總統以國民黨總裁之資格親自主持，或不免要旁生枝節；因此，延長了幾日，候蔣總統於十七日飛回南京，十九日下午召開該黨中政會後，接著舉行行政院政務會議，然後由總統府以命令公布。在總統將返京的前幾日，我們更將應行修正的內容，和實施前應有的措置，決議了這幾項：㈠由於旬日間法幣又急遽貶值，對於金圓券的兌換率在莫干山時原定為二百萬對一，此時為適應現實起見，決改為三百萬對一；㈡在十九日下午三時召開中政會時，上海方面由中央銀行俞總裁召集銀錢業公會，宣布：十九、二十兩日銀錢業及交易所暫行停業，其他重要都市則由財政部電令各地金融管理局分別宣布；㊂在發布改幣制前兩日，由財政部電知國際貨幣基金會，以符協定；㊃推定行政院秘書長李維果氏主持關於改革幣制之宣傳事宜。此外還有一項決議，就是中政會開會時，對於本案的說明非由我親自擔任不可，我不是國民黨員，照例不能出席該會，但為著事實的必要，大家一致認為應該破例由我列席說明並解答，我因為責無旁貸，祇好答應了。

實施的前夕

八月十八日是我開始特別忙碌之日。過去一月有餘，我雖然無時不為改革幣制的研究和準備，費了不少的精神，尤其是各種文件的起草，甚至謄正，為著保守秘密起見，也都由我一手辦理，不肯假手他人。直至莫干山回來後，因為各種方案必須複寫若干分，俾小組會議時得作細密的文字修正，始令財政部簡任秘書趙冠氏到我家裡擔任複寫。又遲至八月十二日，因該案與錢幣司攸關，其中有些準備工作不能不令該司司長王撫洲氏親自辦理，故又開始使王氏與閱。到了十五日左右，因對外宣傳關係，須把全案文字譯為英文，遂委託財部公債司司長陳炳章氏在家擔任英譯，以上財政部之高級職員三人，均能恪遵指示，嚴密辦理，一點沒有走漏。十八日這一天，我為著要以全副時間處理此案，全日都在私寓辦事。首先是將英文譯稿核閱，其次則起草我的談話稿，再次與陳炳章氏及國際銀行我國候補理事張悅聯氏商量草擬致國際貨幣基金會電稿。此外則在寓所準備與有關人員商辦各事。午前財部徐次長柏園來寓商洽有關事項後，我即將日前錢幣司王司長所擬命令各地銀行錢莊及交易所暫停營業之電稿，交徐次長帶回部中整理拍發，大約因王氏所擬內容及程式與最近商定者不甚符合，徐次長於到部後，即令主任秘書徐百齊在次長室重行擬稿，稿中關於開始停業日期及所停日數均留空白，未予填明。擬就後即由徐次長於午間散值時，攜到我家判行。這本是改革幣制全案中一件枝節的事，不料竟因此鬧出極大風潮，即所謂洩漏改幣機密案，以致醞釀四五十日，始則由我一人獨任，繼則有五六委員參加，最後數日復令部中高級職員數人協助，始終沒有把正文洩漏一點，卻於最後一日，因此枝節事項之起草電文，竟不幸由於此枝節事項之透露，而使不滿於我的人，借題發揮，極盡渲染的能事，終幸事不離實，真相大明，在我個人精神上雖飽受一時的刺激，尚無關重要，但新幣制之受此影響亦不為輕，言念及此，真是痛心。

本日晚間我又偕同翁院長及徐次長赴蔣總統的晚餐，報告最近幾日決議辦理的事項，以及將法幣兌換金圓券，改為三百萬對一之決議。總統均無異議。

十九日上午一時左右，由徐次長攜同整個方案最後條文，至四聯總處秘書處監同若干職工，從事謄寫和油印，以備本日下午兩項會議中據以討論。此項工作係在深夜及清晨為之，且嚴禁工作人員出入，故無有知者。下午三時國民黨中央政治會議討論此案，係由蔣總統主席，經翁院長略述原則後，即由我將各要點詳為說明。討論時出席者除對此項措施一致認為必要外，也有提修正意見者，大致有數點：㈠對於舊幣兌換金圓券宜仿各國先例凍結其一部分；㈡台幣應與法幣及東北流通券一律收兌；㈢公教人員待遇應再予提高；㈣法幣公債之處理應稍從寬。經我逐項解釋後，僅就原案修正了兩點，就是㈠對於法幣公債暫不作具體規定，而由行政院另訂辦法處理；㈡於金圓券發行辦法第五條下增加「台灣幣及新疆幣之處理辦法，由行政院另定之」。其他各點連同全案均無異議通過。散會時好幾位國民黨元老均表示熱烈贊成本案，並謂以前早應實施。還有一位元老事後對我一個朋友某君說：「王某有此魄力，可佩之至。」但後來許多人把改革幣制視為我的最大罪惡時，不知這位老先生還能說幾句公道話否？

本日下午六時繼續召開行政院會議，將已通過國民黨中央政治會議之本案提出討論，經過了四小時半的會議，各政委對於改革幣制的大原則，可說沒有一人不贊同，但對於其中細節，因為事前沒有研究內容，故發問者頗多，經我一一解釋後，除對若干條文作文字上的小修正，並如上文所說，對於整理財政及加強管制經濟辦法原案第十三至十五條頗有修正外，其餘悉照原案通過。因事前業經總統核定按照憲法臨時條款以總統命令公布，當晚即由行政院以全文交中央社轉播全國。

十五、財經案之公布

現在把財政經濟緊急處分令的全文錄出如左：

財政經濟緊急處分令及有關法令彙編

（甲）緊急處分令

總統頒佈財政經濟緊急處分令　三十七年八月十九日

茲依動員戡亂時期臨時條款之規定，經行政院會議之決議，頒布財政經濟緊急處分令，其要旨如左：

一、自即日起以金圓為本位幣，十足準備發行金圓券，限期收兌已發行之法幣及東北流通券。

二、限期收兌人民所有黃金白銀銀幣及外國幣券，逾期任何人不得持有。

三、限期登記管理本國人民存放國外之外匯資產，違者予以制裁。

四、整理財政並加強管制經濟，以穩定物價平衡國家總預算及國際收支。

基於上開要旨，特制定㈠金圓券發行辦法，㈡人民所有金銀外幣處理辦法，㈢中華民國人民存放國外外匯資產登記管理辦法，㈣整理財政及加強管制經濟辦法，與本令同時公布。各該辦法視同本令之一部分，並授權行政院，對於各該辦法頒布必要之規程或補充辦法，以利本令之實施。此令。

總統　蔣中正

行政院院長　翁文灝

財政部部長　王雲五

金圓券發行辦法　三十七年八月十九日

第一條　自本辦法公布之日起，中華民國之貨幣以金圓為本位幣，每圓之法定含金量，為純金〇・二二二一七公分，由中央銀行發行金圓券，十足流通行使。

第二條　金圓之輔幣為角及分，以拾分為壹角，拾角為壹圓。

第三條　金圓券券面分為壹圓、伍圓、拾圓、伍拾圓、壹百圓五種。

第四條　金圓輔幣分為壹分、伍分、壹角、貳角、伍角五種，以銅鎳銀分別鑄造，並申中央銀行發行金圓輔幣券，同時流通。

第五條　自本辦法公布之日起，法幣及東北流通券停止發行，所有以前發行之法幣，以三百萬圓折合金圓壹圓，東北流通券以三十萬圓折合金圓壹圓，限於中華民國三十七年十一月二十日以前無限制兌換金圓券。在兌換期內，法幣及東北流通券均暫准照上列折合率流通行使。臺灣幣及新疆幣之處理辦法，由行政院另定之。

第六條　自本辦法公布之日起，公私會計之處理，一律以金圓為單位。凡依法應行登記之事項，須載明金額者，應於本辦法公布後六個月內為變更之登記。

第七條　自本辦法公布之日起，所有法幣及東北流通券之公私債權債務，均應按照本辦法第五條規定之折合率折合清償。政府發行之法幣公債，尚未清償者，由行政院另訂辦法處理之。

除民國三十六年美金公債應照原條例償付外，所有民國二十七年金公債、民國二十九年建設金公債、民國三十一年同盟勝利美金公債及民國三十六年美金短期庫券，應按法定兌換率換發金圓公債。

第八條　金圓券之發行，採十足準備制。

前項發行準備中，必須有百分之四十為黃金白銀及外匯，其餘以有價證券及政府指定之國有事業資產充之。

第九條　金圓券發行總額，以貳拾億元為限。

第十條　金圓券發行準備之檢查保管，設金圓券發行準備監理委員會辦理之，其組織規程，由行政院定之。

第十一條　金圓券須經中央銀行總裁及其發行局局長簽署，方得發行。

第十二條　金圓券每月發行數額，應由中央銀行於每月終列表報告財政部及金圓券發行準備監理委員會。

第十三條　金圓券發行準備監理委員會應於每月終了後檢查中央銀行發行金圓券之數額及發行準備情形，作成檢查報告書公告之，同時報告行政院，並以副本分送財政部及中央銀行。

第十四條　金圓券發行準備監理委員會，如發現金圓券之準備不足，或金銀外匯之準備不及第八條第二項規定之百分比時，應即通知中央銀行停止發行，收回其超過發行準備之金圓券，並分別報告行政院及財政部。

第十五條　中央銀行接到前條通知後，應即兌回其超額部分之金圓券或補足其發行準備，非經金圓券發行準備監理委員會檢查認可後，不得續增發行。

第十六條　金圓券不得偽造變造或故意毀損，違者依妨害國幣懲治條例治罪。

第十七條　本辦法自公布之日施行。

人民所有金銀外幣處理辦法　三十七年八月十九日

第一條　本辦法所稱人民包括在中華民國境內之自然人法人及其他社團。

第二條　自本辦法公布之日起，黃金、白銀、銀幣及外國幣券在中華民國境內，禁止流通賣買或持有。

第三條　人民持有黃金、白銀、銀幣或外國幣券者，應於中華民國三十七年九月三十日以前，向中央銀行或其委託之銀行，依左例各款之規定兌換金圓券。

一、黃金按其純含量，每市兩兌給金圓券二百圓。

二、白銀按其純含量，每市兩兌給金圓券三圓。

三、銀幣每元兌給金圓券二圓。

四、美國幣券每元兌給金圓券肆圓，其他各國幣券，照中央銀行外匯匯率兌給金圓券。

第四條　黃金、白銀、銀幣及外國幣券之持有人，除按前條規定兌換金圓券外，並得依其志願就左列二款之一處理之。

一、購買民國三十六年美金公債　如為美國幣券，得以原幣請購，如為黃金白銀銀幣或其他外國幣券，得依照前條各款之兌換率折購之。

二、存儲於中央銀行　如為外國幣券，各以其原幣存儲，如為黃金白銀銀幣，得依照前條各項兌換率折合美金存儲。

前項存儲之款，得憑輸入許可證，支付輸入物品之貨價，或支付經財政部核准之其他用途。

第五條　國內生產之鑛金砂金及鑛銀，由中央銀行或其委託之銀行，隨時定價收兌之，不受第三條之限制。

第六條　醫學工業及其他正當需要購用金銀為原料者，應隨時報請財政部核准辦理。

第七條　人民持有之金飾銀飾，准許繼續持有及轉讓，但不得以超過本辦法第三條所定兌換率之價格買賣之。

第八條　人民不得以黃金條塊改鑄金飾。

第九條　黃金、白銀、銀幣及外國幣券，一律禁止攜帶出國，但每人所攜金飾總量不超過二市兩，銀飾總量不超過二十市兩，附有售給外國幣券銀行出具證明書之旅行零用外國幣券，其總值不超過美金一百元者，不在此限。

第十條　攜帶黃金白銀銀幣金銀飾物或外國幣券進入國境者，應報明海關，除每人所攜金飾總量不超過二市兩，銀飾總量不超過二十市兩，准許攜帶自行持有外，其餘應繳送中央銀行或其委託之銀行，按照第三條之規定兌給金圓券。

過境或遊歷旅客，除得按前項規定自行攜帶之金飾銀飾外，所有之金銀外幣，仍須攜帶出境者，應於入境時報明海關，交由中央銀行或其委託之銀行封存保管，於出境時領回原物，但於入境後六個月內仍未請求發還攜帶出境者，應依照第三條之規定兌給金圓券。

第十一條　除中央銀行外，所有其他中外銀行，非經中央銀行之委託，不得收兌持有或保管黃金白銀銀幣或外國幣券。

第十二條　違反本辦法第三條第四條之規定，不於限期內兌換或存儲者，及違反本辦法第八條第九條第十條第十一條之規定者，其黃金白銀銀幣或外國幣券，一律沒收。

第十三條　違反本辦法第七條之規定者，或違反第十一條之規定，擅自收兌黃金白銀銀幣或外國幣券者，除將其標的物沒收外，其違反第七條規定以超過兌換率之價格買賣金飾，或違反第十一條規定擅自收兌黃金或外國幣券之行為，並應依照黃金外幣買賣處罰條例處罰之。

第十四條　對於違反本辦法第三條第四條規定，不於限期內兌換或存儲，及違反本辦法第七至第十一條規定之行為，向主管官署報告，因而查獲沒收者，應以沒收品價值百分之四十獎給報告人。

第十五條　本辦法自公布之日施行。

中央銀行對金銀外幣收兌展期公告　三十七年十月一日

案奉行政院申卅申經祕電開：「查財政經濟緊急處分令，人民所有金銀外幣處理辦法第三條及第四條之規定，人民持有黃金白銀銀元或外國幣券者，應於民國三十七年九月三十日以前，向中央銀行或其委託之銀行兌換金圓券，購買美金公債，或在中央銀行設立外幣存款戶。施行以來，全國一體辦理，已著成效。惟各地人民尚有為時間地域所限未及辦理者，紛請展期，茲值九月三十日限期屆滿，為便利人民兌換存儲起見，特規定補充辦法如次：

㈠人民所有金銀外幣處理辦法第三條規定之期限，分別展期如左：

㈤黃金及外國幣券展期至三十七年十月三十一日截止。

㈡舊銀幣及白銀展期至三十七年十一月三十日截止。

㈡內地未設有收兌金銀外幣銀行各地，均由持有人在上列期限內，以信件報告附近中央銀行，申明金銀數量，舊銀幣或外幣種類及數額，洽商兌換辦法，其日期以郵局寄發日戳記為準。

上開各節，仰即公告週知，並迅即轉行所屬一體遵辦，將來展限期滿，仍未遵照規定辦理者，所有黃金白銀銀元外國幣券等查明，應一律沒收，並依法處罰。」等因奉此，特此公告。

中華民國人民存放國外外匯資產登記管理辦法　三十七年八月十九日

第一條　依國家總動員法第三條第九款之規定，茲指定外匯資產為國家總動員物資之一，並依同法第七條第一項之規定，管理其使用遷移或轉讓。

第二條　為達前條目的，中華民國人民存放國外之外匯資產，應予登記。

第三條　本辦法所稱之中華民國人民，包括自然人法人及其他社團。

第四條　本辦法所稱之外匯資產，係指在國外之活期或定期存款暨存放國外之外幣金塊金條，以及從外國方面獲得之任何支付權益，包括外國或中國政府之外幣證券股票債券地契保險單分年收款遠期收帳買賣預付金證券買賣保證金及一切流通票據在內。

第五條　中華民國人民，除其經常生活本據在國外應視為華僑者外，均應將截至民國三十七年八月二十日止存放國外之外匯資產，於民國三十七年十二月三十一日以前依照規定表格向中央銀行或其委託之銀行申報登記，其在民國三十七年八月二十一日以後所獲得之外匯資產，應自獲得之日起兩個月內申報登記。

第六條 現在居留國外之中華民國人民，應受前條拘束者，得依前條規定赴當地或附近中國使館領事館或外交部特派員辦事處登記其所有外匯資產。

前項居留國外之人民所有外匯資產，不超過美金三千元或其等值之他國貨幣者，免予申請登記。

第七條 依照本辦法應行申報登記之外匯資產，包括中華民國人民委由在外國之代理人受託人經紀人在外國註冊之法人或其他社團等所持有之外匯資產在內。

前項外匯資產，無論其與外國人或外國法人或與其他社團所共有，單獨管理或共同管理，均應將其所有部分申報登記。

第八條 自本辦法公布之日起，中華民國人民均不得意圖避免申報登記，將外匯資產移轉於國內外任何自然人法人或其他社團。

第九條 凡依本辦法申報登記之外匯資產，其存款及外幣暨資產之收益或變賣所得部分，除經財政部照左列規定准許保留之一定數額外，均應以原幣移存於中央銀行或其委託之銀行。

一、本人及眷屬居留國外之日常生活及醫藥費用。

二、本人或子女在留學期間之學費。

三、本人或眷屬在國外旅行及回國之旅費。

以上各項，以於本辦法公布前已在國外者為限，其保留額另定之。

凡經核准並經中央銀行結售之外匯，尚未動用者，准予保留，仍應依照本辦法之規定申報登記。

第十條 凡移存於中央銀行或其委託銀行之外匯存款，得依左列規定使用之。

一、經財政部核准之正當用途。
二、憑輸入許可證支付輸入貨款。
三、兌換金圓券或購買民國三十六年美金公債或政府將來發行之金圓公債。

第十一條　中華民國人民違反本辦法第五至第八條之規定者，依妨害國家總動員法懲罰暫行條例第五條之規定處七年以下有期徒刑，得併科罰金。

前項違反本辦法規定者，於判決處刑後，其存放國外之外匯資產，由政府向各該外國政府交涉沒收之。

第十二條　對於違反本辦法第五至第八條之行為，向主管官署報告，因而判決處刑並沒收其存放國外之外匯資產者，應以此項沒收外匯資產價值百分之四十，獎給報告人。

第十三條　南京、上海、天津、廣州、漢口各市（及其他經行政院指定之地點）應於本辦法公布後立即成立中華民國人民外匯資產申報登記指導委員會，由市長市參議會議長財政部代表一人中央銀行代表一人及由市長就市參議員及各該市法團中遴聘三人至五人組織之，以市長市參議會議長為召集人，並由財政部中央銀行及各該市政府酌配辦事人員。

前項委員會之任務如左。

一、使所在地人民週知本辦法之內容。
二、指導及協助申報者辦理登記。
三、對於市區內殷富人民及商家負詢問及勸導之責。
四、接受關於匿報外匯資產者之情報，並移轉於主管官署。

第十四條　在國外經行政院指定之地區內，由使領館負責組織與前條性質相似之中華民國人民外匯資產申報登記指導委員會，其詳細辦法，由行政院定之。

第十五條　本辦法自公布之日施行。

整理財政及加強管制經濟辦法　三十七年八月十九日

第一條　政府為平衡國庫收支、調節國際收支並加強管理物價、薪資、金融業務，特制定本辦法。

第二條　切實增進各種稅收，其稅率低於戰前標準者應參照戰前標準調整之，奢侈性之課稅標的，並應提高其稅率。

關於前項稅收增進事項，需要修正現行法律者，應由財政部迅行計議報經行政院提請立法院修訂之。

第三條　國營公用及交通事業之收費低於戰前標準者，准參照戰前標準調整之，以期自給，其由國庫貼補者，應以受軍事破壞之地區為限。

第四條　各種國營事業應極力節省浪費，裁汰冗員，所有盈餘，應由主管部會責令悉數解交國庫。

第五條　剩餘物資及接收敵偽物資產業，應儘量加速出售，以裕國庫收入。

第六條　文武機關員工士兵名額，應嚴格覈實，不得浮濫。

第七條　民國三十七年下半年度國家歲入歲出總預算，應於金圓券發行後，依照本緊急處分令按金圓改編，其因實際情形必須變通辦理者，並應由行政院諮請立法院修正。

第八條　政府機關及人民正當用途需用外匯者，由政府核准結售之。

現行中央銀行管理外匯條例，依本令有關各條之規定予以修正。

第 九 條 輸出入管理辦法，依左列各款予以調整。
一、輸入限額自第七季起照第五第六兩季平均標準，至少核減四分之一。
二、除前項限額貨品外，應另行指定若干類貨品准許商民申請輸入，以其存儲於中央銀行之外幣存款支付貨價。
三、出口商輸出貨品，所得外匯，按金圓對外幣之匯兌率，全部結售於中央銀行。
四、凡可供輸出之物資，應獎勵其增加生產，並得限制國內消費。

第 十 條 華僑匯款按金圓對外幣之匯兌率，由中央銀行收兌，並由國家銀行對僑匯予以便利。

第十一條 第八條第九條第十條之外匯匯兌率，依左列各款之規定。
一、美金每圓折合金圓肆圓。
二、其他外匯，由中央銀行參照美金對金圓之匯兌率隨時規定。

第十二條 凡物資須由國外輸入者，應依左列各項厲行節約。
一、在上海及行政院指定之其他都市內，限於本辦法公布後兩個月內，核減各類汽車執照四分之一至三分之一，並嚴格限制汽車用油量。
二、禁止進口之物品，自民國三十七年十月一日起在指定都市內禁止銷售，違者以走私論處，其辦法由工商部會同財政部定之。

第十三條 全國各地各種物品及勞務價格，應照民國三十七年八月十九日各該地各種物品及勞務價格，依兌換率折合金圓出售，由當地主管官署嚴格監督執行。

第十四條 各種物品及勞務價格，依前條折合金圓後，應嚴格執行取締違反限價議價條例，其有特殊原因者，非經主管官署核准不得加價。

第十五條　各種公用交通事業，除國營者按第三條之規定調整外，民營者應參照第三條之規定及實際成本，經主管官署核定後，改收金圓，以後非有特殊原因，不得准其加價。

第十六條　在上海及行政院指定之其他都市，實施倉庫檢查並登記其進出貨品，凡違反非常時期取締日用重要物品囤積居奇辦法之規定者，應依法從嚴懲處。

第十七條　自本辦法施行之日起，報紙通訊稿及其他印刷物不得記載金銀外匯及各種日用重要物品之黑市價格，違者依妨害國家總動員懲罰暫行條例第十條之規定處罰之。

第十八條　自改行金圓本位之日起，所有按生活指數發給薪資辦法，一律廢止。

第十九條　文武公教人員之待遇，一律以金圓券支給，其標準以原薪額肆拾元為基數，實發金圓券，超過肆拾元至叁百元之部分，按十分之二發給金圓券，超過叁百元之部分，一律按十分之一發給金圓券，士兵薪餉副食悉按戰前基數實發金圓券，概不折扣。

第二十條　京滬區文武公教人員及士兵，按照前條標準發給，京滬區以外各區，原有生活指數，較京滬區高低者，按其七月分與京滬區之比例，由行政院核定，照前條標準加成或減折發給之。

第二十一條　國營事業人員之待遇，應依第十八第十九第二十各條之規定，改發金圓券，其每人實際所得，除照國營事業人員待遇辦法，較同級公務員所得，最多得加三成外，其超過此限度之部分，一律取消。

第二十二條　民營事業員工薪資，一律折合金圓支給，但其半月所得，不得超過八月分上半月，依各該事業原定辦法，應領法幣折合金圓之數。

第二十三條　在本辦法施行期內，禁止封鎖工廠、罷工、怠工，違者依妨害國家總動員法懲罰暫行條例第五條第四款之規定處罰之。

第二十四條　國營銀行局庫，不得以任何方式作商業性質之放款，對於奉行國策之貸款，並應負考核資金運用及成效之責，由主管機關妥定辦法，嚴格執行。

第二十五條　商業銀錢行莊，應嚴格遵守銀行法及金融管制法令，經營業務，不得以任何方式繼續經營物品購銷業務，其有此種情形者，由財政部查明，責令限期結束，違者除吊銷其營業執照外，並以囤積居奇論罪。

第二十六條　信用合作社除收受社員存款並以所收存款及社股貸放於社員外，不得經營銀錢業之其他業務，違者除勒令解散外，並依私營銀行之規定處罰。

第二十七條　除銀錢業外，任何公司商號不得收受存款或放款，違者除勒令停業外，並依私營銀行之規定處罰。

第二十八條　本國銀行在海外設有分支機構者，應由財政部考核其業務成績，凡成績不良者，限期勒令撤銷其海外機構。

第二十九條　銀錢業有左列情形之一者，應吊銷其營業執照或予以停業之處分。

一、被停止票據交換者。

二、違反經濟管制法令者。

三、資力薄弱營業難循正軌發展者。

第　三十　條　財政部應即參照戰前銀行法規定之銀行最低資本額，擬定各區銀行錢莊信託公司之最低資本額，報經行政院核定後，限令於兩個月內增達最低資本額，其現金增資部分，不得少於百分之五十，逾限無力增足者，一律勒令停業，限期清理。

第三十一條　上海天津證券交易所，應即暫停營業，非經行政院核准，不得復業。

第三十二條　市場利率應予抑低，國內匯水並應分區調整，以期活潑金融，維護生產，由財政部中央銀行切實辦理。

第三十三條　本辦法自公布之日施行。

同日我又以財政當局之地位，發表談話如左：

王財長於財政經濟緊急處分令頒布後發表談話　三十七年八月十九日

財政部王部長雲五，於八月十九日總統頒布財政經濟緊急處分令后，特發表談話如下。

我的談話

今日總統頒布之財政經濟緊急處分令，係經最深切之考慮，以最大之決心，從事於財政經濟之重大改革。本人職司財政，對於翁內閣財政經濟施政方針之形成，開始即參與，而對於當前財政經濟種種嚴重問題之解決，實亦責無旁貸。茲當改革伊始，謹舉其要點，以告國人。

本緊急處分令共分四種辦法，以改革幣制為出發點，以穩定物價，安定民生為目的，而以控制金銀外匯，平衡國家歲出入預算，及平衡國際收支為主要措施。

關於改革幣制者，前此尚多有以時機未至，條件未備，謂宜有待者。最近由於通貨膨脹漸達惡性最後期，原有法幣之貶值愈演愈烈，物價隨而愈漲愈速，於是人民對於原有法幣之信心愈益薄弱，而對於新的交易媒介需求愈殷。政府就當前局勢深思熟慮，認為法幣之發行最近雖急遽增加，然以美金比率，祇需要五六千萬美金已足收回其全部，我國國庫目前所有黃金白銀與外匯，雖未必甚豐，然以之應付此舉，實綽有餘裕。況國家所有資產可供發行準備者尤多，在理法幣不應如是貶值。惟以由於平時發行之未採公開制度，發行準備亦未確定，人民之信心既失，與其強就原有法幣恢復其信用，事倍而功半，何如根本改革，自始即確定充分準備，建立公開發行之基礎，並嚴格限制發行數額，以昭信於國人。此次決定發行金圓券之辦法，以黃金白銀外匯合二億美元及可靠之資產值三億美元兩共五億美元，按與美元四對一元比值發行金圓券二十億圓，每一金圓券均有十足準備，並組織發行準備監理委員會，由政府各關係部門代表，與工商銀錢各業及會計代表，共同組織，按月對發行數額與實存準備切實檢查，公開報告。至於輔幣方面，除銅鎳及紙幣外，大量鑄造銀輔幣，以便利人民之行使。自金圓券發行之日起，所有法幣及東北流通券，即停止發行，無限制兌換金圓券。本年底以後，舊法幣及東北流通券，一律收回，不再流通。除台幣因特殊情形暫准在台灣省使用，另候處理外，全國得以金圓券為惟一通貨，而其最高額為廿億元，與戰前之發行額十四五億圓相較，戰前國幣對美元三比一，今後金圓券對美元為四比一，故實際發行限額仍與戰前相等。在通貨發行額收縮至戰前之程度時，倘其他相關條件均能配合，深信物價水準亦當逐漸回復至戰前程度也。

關於金銀外匯者，因金圓券係以黃金白銀外匯為主要準備，又因過去若干年間，金銀外幣非法買賣，成為擾亂國內市場之重要因素。政府為達穩定物價之目的，並為充實發行準備及平衡國際收支計，故有收兌人民在國境內所有金銀外幣，及登記管理國人在國外所有外匯資產之必要。茲決定於金圓券開始發行，同時頒布人民所有金銀外幣處理辦法，與中華民國人民存放國外外匯資產登記管理辦法。按照該兩辦法規定，政府於推行國家政策之中，仍寓尊重人民財產之意，所有黃金白銀外匯，除准許其持有人以等於實際之市值向中央銀行兌取金圓券外，因金圓券具有十足準備，又與美元有固定之兌換率，雖經兌換，仍可保持其原有幣值，並得依持有人之志願，或按法定兌換率折購民國三十六年美金公債，或以其原幣移存於中央銀行。所有移存於中央銀行之原幣，有正當用途或需要輸入國外貨物時，均得於呈經主管官署核准後，提取應用。是此項金銀外匯之持有人，於遵行政府功令擁護國家政策之際，對其自身之權利，實際並無損失。本人深信國人愛國者多，對此有益於國無損於己之措施，自必樂予贊同。至於少數不明大義者，政府為執行政策，固絕不姑息。愛國人士為擁護政府政策，亦定肯舉其所知，報告主管官署，一經查獲，政府定必按照規定，除沒收違反規定者之金銀外幣外，並依法予以懲處。深信持有金銀外幣者，權衡利害，當能作賢明之抉擇。

關於平衡歲出入總預算者，改革幣制而不能平衡預算，縱可收效一時，斷難維持永久，此固不易之論，亦即對改革幣制懷疑者之有力主張，實則預算上之絕對平衡，在我國戰前尚難達到，不過彼時幣值穩定，預算上之赤字可藉公債彌補，而不專賴發行之增加。今則法幣經八年抗戰與戰後數年動盪不安之情況，逐年遞增其發行，致人民對法幣之信心，遠遜於實際發行膨脹之程度，在此幣值日益不穩之情況下，國家之收入實值，遠較戰前為低，國家之支出，卻不能不隨物價飛漲而大增。收支上原有之差額，除由於軍費之龐大外，更因此益巨，且有加速惡化之徵象。倘坐待收支完全平衡，然後改革幣制，則幣值愈落，物價愈高，收入愈減，支出愈增，將來縱擬改革，而不可得。政府此次改革幣制，不僅圖達穩定物價，安定民生之目的，並可藉此幣值之穩定，收支預算有接近平衡之可能。同時，預算收支之接近平衡，又可使幣值維持其穩定。彼此相互為因果，故於改革幣制之後，特別注重預算收支之接近平衡，本人曾就歷年國家歲出歲入總預算比較研究，雖由於法幣幣值之時有不同，未易以法幣數字作正確之表現，但如按美金對法幣逐年之兌換率折算，則戰前數年間我國總歲出按彼時對美幣之匯率折合計算，平均不過五億美元，戰後每年平均十億美元，而三十七年上半年度不過四億美元，今後總歲出預算如能力事撙節，控制得宜，每年實際支出，當可減至九億美元之等值，即金圓三十六億圓。至於歲入方面，應將現有各稅切實整頓，其稅率低於戰前標準者，參照戰前標準調整，其具有奢侈性者，並酌量提高稅率，同時改正輸出入政策，以裕稅源，估計關稅全年收入為金圓四億八千萬圓，貨物稅七億元，直接稅三億六千萬元，鹽稅三億二千萬元，其他各稅連同國營事業盈餘規費收入等共二億圓，出售剩餘物資敵偽產業等約四億元，以上收入共金圓二十四億六千萬元，收支相抵，所短之數為十一億四千萬元，約當總歲出百分之三十弱，擬運用美援以抵補其一部分，其尚不足之數，當發行金圓公債，以資彌補。此項平衡歲出入計畫之能否實現，在歲入方面，固有賴立法院之支持與各方之努力，在歲出方面，更須政府各部門充分合作，尤以軍費開支佔歲出之最大部分，當特別覈實與節約，則所減省者不在少數。本人竊敢自信，倘能獲得上述之支持與合作，在改革幣制以後，國家預算之接近平衡，非不可能也。

關於平衡國際收支者，此與幣值穩定及物價穩定均有重大關係，依本緊急處分令各種辦法之規定，對於收入方面，以切合實際之兌換率，使輸出品與僑匯增加，並以合理之方法，盡量利用人民所有之黃金外匯。對於支出方面，極力節約公私消費，節省不必要之外匯支出。試觀最近兩月之實例，自採行結匯證辦法以後，輸出品所得匯價因已接近市價，輸出量遂有顯著之增加，計七月分輸出入外匯收支相抵外，其盈餘竟多至九百萬美元。今後外匯按固定之匯率兌取有十足準備之金圓券，使輸出品與僑匯均獲得更合實際之代價，則將來收入之外匯，較最近一月更有過之可以斷言。同時，政府既實行收兌國內金銀外幣，並登記管理國人存放國外之外匯資金，由此而獲控制之外匯，深信必不在少數也。

執行的開始

在辛苦了多時，緊張了幾日之後，我們絕對不以改革幣制已經實現，便認為滿足，便可以鬆懈。反之，我個人堅認這祇是經濟戰的開始，絕不是勝利已獲得，並且深信月來共同致力於此事的幾位同人，無一不作此想。其實在研討改革幣制之時，我們大家都認為在實行改幣以後，我們還要加倍的努力。現在把八月二十日以迄九月二十日一個月間，我們對於執行財政經濟緊急處分令的努力，各方面對於本案的評論，以及本案執行的結果，分項說明。我所以把九月二十日為時間上的一個界限，因為對於本案的計畫和執行，我既是中心人物，而九月二十一日我因出席國際貨幣基金會和國際銀行的第三屆大會，而啟程赴美。赴美後二十日間，我未能親自主持有關工作，而且改幣的結果恰在此時期發生重大變化，祇好另行敘述。

現在先說我們對於執行財政經濟緊急處分令的努力。

經管與督導

在八月十九日發布的緊急處分令內容，正如在七月七日我所提出的方案中，無不認為改革幣制不能專靠本身而已足，必須與控制金銀外匯，整理財政和管制經濟三者密切配合。關於管制經濟和控制金銀外匯方面，事前商定在行政院中組織一個經濟管制委員會主持其事，而由該會在滬津穗漢等重要都市，設置經濟管制督導員，負責督導各該地區執行財經緊急處分令事宜。除政院經管會以行政院院長兼主任委員，並設委員六人由行政院院長聘任外，其下設一秘書處，以秘書長一人主持之。各重要都市之督導，在財經緊急處分令發布以前，其人選亦早經擬定，即上海方面以俞鴻鈞氏兼督導員，蔣經國氏協同督導；天津方面以張厲生氏為督導員，王撫洲氏協同督導；廣州方面以宋子文氏兼督導員，霍寶樹氏協同督導，漢口方面，人選尚未定。八月二十日政院首先頒布行政院經濟管制委員會組織規程，並聘定我和俞鴻鈞王世杰陳啟天蔣經國嚴家淦六人為委員，並以徐柏園氏為該會秘書長；同時呈請總統分別令派滬津穗三地區督導協導人員。除上海關係特別重要，事前已有布置，即日開始督導工作外，津穗兩地區之督導協導人員，除原在該地區者外，亦於日內出發，以便早日執行職務。

行政院經管會大約在八月二十二日開首次會議，最先要討論的就是公用交通事業調整價格問題。在研討改革幣制之時，我們無不確認新幣的支持力，不僅在發行準備金，而且在國庫收支之平衡；因此整理財政及加強管制經濟辦法開宗明義的第二至第六條，都是為著平衡國庫收支作法，其中第三條明白規定「國營公用及交通事業之收費低於戰前標準者，准參照戰前標準調整之，以期自給，其由國庫貼補者，應以受軍事破壞之地區為限。」這是關於減少國庫支出的貼補費，與第六條關於覈實文武機關員工士兵名額，以期節省國庫對於薪餉支出之負擔，及第二條關於切實增進各種稅收，以期增加國庫的收入，具有同等的重要性。除第六條的規定，不是立時即可執行外，我的原意是想在八月底以前把國營公用及交通事業之收費作合理的調整，並將整理財政補充辦法關於增進稅收的工作同時推進；而八一九暫時凍結之物價，其中有由於凍結時不甚合理，與凍結後由於外匯率及稅率變更之故而需調整者，同時作一次合理的調整，然後按照各項調整之結果，影響於公務員及民營企業職工之生活程度，再對公務員及一般職工之薪工酌予調整。因此，在經管會第一次會議時，我便提出此意。但是由於輿論，尤其是許多監委立委，對於公開交通事業加價之表示反對，以及大家特別珍惜初期管制物價之效果，雖明知國營公用及交通事業非調整價格，將使國庫受累不堪，仍一致主張稍緩再予考慮，甚至由於外匯率依金圓券發行辦法調整後，汽油成本須照以前加倍以上，仍勉予壓抑，不許加價，因而對此一項又須間接上予以貼補，以致原有貼補之數不僅未能減少，甚且隨而大增。

財政補充辦法

整理財政加強經濟辦法第二條，關於切實增進各種稅收之規定，是財政部應有之責任。我在八一九以前早有準備，故八月二十二日第一次經管會中，我便提出財政部所擬整理財政補充辦法，計分左列各節：

(一)關於變更稽徵方式者。

(甲)營利事業所得稅，自三十七年起，分上下兩半年度徵收，其要旨如左：

1. 納稅義務人應於本年八月底（三十七年度准展至九月底）及次年二月底以前，分別向徵收機關申報其半年間所得額，徵收機關應於查定後通知限期繳納。

2. 徵收機關於半年度終了後，得參酌上半年度各業營利實況，估定各業所得額及應納稅額，通知納稅義務人於限期內繳納，其遵限繳納者，免除其申報義務，並免予查帳。遵照估繳三十七年上半年度所得稅者，並免除其三十六年度所得已估繳稅款以外之納稅義務。

3.納稅義務人不依限申報或納稅者，嚴格依照所得稅法處罰。

4.關於申報及估繳之詳細補充辦法，由財政部定之。

(乙)貨物稅國產烟酒稅及鑛產稅之徵收，一律依三十七年八月十九日之市場批發價格減除該期實際稅額後，以其餘額為完稅價格，依法定稅率徵收之。

(二)關於參照戰前稅率改訂課稅起徵額及稅率級距者。

(甲)改訂所得稅起徵額及稅率級距，依附表(一)之規定（從略）。

(乙)改訂遺產稅起徵額寬減額及稅率級距，依附表(二)之規定（從略）。

(丙)改訂印花稅稅率表及免稅標準，依附表(三)之規定（從略）。

(三)關於變更稅率者。

(甲)海關進口稅加徵戡亂時期附加稅，按正稅徵百分之四十，但協定稅率不在此限。

(乙)食鹽稅每市擔徵金圓八元，井鹽及土膏鹽每市擔徵金圓伍元六角，漁業用鹽每市擔徵金圓四角，工業用鹽及農業用鹽一律免稅。

(四)關於改訂罰金罰鍰標準者。

(甲)罰金罰鍰提高標準條例停止適用。

(乙)凡規定罰金罰鍰之法律，適用罰金罰鍰提高標準條例之規定者，一律依各該法律之原金額改以金圓處罰，關於勞役及易科罰金之標準亦同。

(丙)凡規定罰金罰鍰之法律，原不適用罰金罰鍰提高標準條例之規定者，一律以其所定金額按其公有時之全國躉售物價指數與三十七年八月上半月之全國躉售物價指數之比例調整後，再依規定折合比率，折合金圓處罰，其折合金圓之金額，由主管機關公布之。

㈤關於改訂規費徵收標準者。

各項規費徵收標準，一律由主管機關參照戰前標準改訂，報經主管院核定及徵收金圓。

上開整理財政補充辦法中第㈠款關於變更稅率者，本應先送立法院通過，但因距立法院復會之期尚遠，蔣總統認為增加稅收亟不及待，且改革幣制已經利用憲法臨時條款，以總統命令發布，此項整理財政補充辦法自亦可依臨時條款由總統核定後，以命令施行，俾爭取時間；於是八月二十二日政院經管會通過後，即呈由總統以命令發布。但是目前稅收增加最有把握，為數亦最巨者，莫如貨物稅。貨物稅係從價稅，前者因規定三個月評價一次，我就職後提議修改為一個月評價一次，由於立法手續之稽延，此時尚未實施，而依財經緊急處分令之規定，一切物價暫行凍結於八月十九日之狀況，其水準較三個月前所估之價相差有至十倍者，為增加稅收起見，自應立即實行。惟經管會討論後，因增稅之結果，必須準許各該貨物就其售價增加因調整稅率而增加之負擔；於是與調整公用及交通事業費同樣顧慮，決議稍緩若干日，再行全盤調整以致表面上本可增收巨額之貨物稅，卻因此不得不稍擱。

此外還有一種連帶的業務，就是五大都市配售之糧食，其中二分之一由美援物資項下供應，又二分之一由糧食部購儲之糧食供應。美國方面迭經表示都市配糧係為解決有無問題，不宜過分貶價賠補，並由雙方協定，配售之價以按照上月平均市價減低百分之五為度，惟地方政府，尤其是上海市政府，為謀平抑物價起見，堅持不願執行，因此，配售之價恆低於市價之半，不僅美援物資售得之款銳減，大為美方所不滿，而且糧食部供應之二分之一，其不敷成本之差額，實際上便由國庫貼補；以全國人民之負擔，而貼補少數都市之民食，原則上亦有未妥。

我的調整計畫

以上三項，如能及早按原計畫實施，則一方面減少巨額之貼補，他方面可以增加不少的稅收，估計一個月間，按照改幣初期的狀況，出入相差不下一億金圓。但實施之結果，對於若干種物品的價格自須作合理的調整，而公教人員薪俸及民營企業職工薪水，亦不得不隨而調整。因此，在經管會中便發生兩種意見。一是認為物價好容易才穩定下來，如因調整稅收糧食配價及公用交通事業收費，仍不免局部調整已凍結之物價及薪工，似不值得，至少亦須延緩相當時期，俾財經緊急處分之基礎益加鞏固，再行調整，這種主張當然也很有理由，尤其是鑑於民意機關與一般輿論之反對公用交通事業加價，以致這一方面的主張者，在經管會中形成大多數。另一方面，則認為增加稅收與減少貼補原是整理財政及加強管制經濟辦法最前列的幾條所明白規定，而且若干種物價倉卒凍結於八一九的水準，原來不甚合理；我的原草案第十三條與公布的辦法第十四條均有有特殊原因者經主管官署核准亦得加價，同時公務員之待遇在發表後各方面咸望續有調整，趁此一方調整稅收與局部的物價，他方調整公務員及民營企業職工待遇，使達於更合理的地步，均有其必要，且與原方案的規定相符。主張此說者以我為最力，因我前此既為整個方案之原起草者，目前又負有平衡國庫收支的責任，實認為不能不儘速調整，且以經濟局勢不宜強壓過甚或過久，苟壓力超過限度或將惹起反動也。贊成我的主張者，在經管會中雖不乏人，畢竟居少數。我們為此事曾再三向總統請示。總統以舊曆中秋節前物價往往波動，本年中秋節為九月十七日，最好度過中秋節再作全盤的調整，當經商定於九月二十日，即財經緊急處分令公布後恰滿一月之時，作一度的局部調整。因此，我並擬就調整範圍及辦法，再行提出討論。後來，我因奉派赴美出席國際貨幣基金會及國際銀行第三屆大會，將於九月二十一日啟行，行前復向總統請示上開各項調整之實施，承面示以九月廿日距月底僅十日，不妨延至十月一日實施，意者總統鑑於輿論與民意機關之表示，與上海經管督導處之珍惜限價結果，故一再展緩調整之期，但我因啟行在即，十月一日實施之期，我已不在國內，因於九月十六日致函翁院長，開列各項調整辦法，並請轉呈總統核定。茲抄附原函於後。

「詠霓院長賜鑒：敬啟者，在執行財政經濟緊急處分令工作緊急之際雲五遽行出國，殊非所願。惟事關國際，終不得不一行。除當提早返國贊襄外，謹將對於十月分各項應行調整之意見開陳於左：

㈠物價調整原則及公教人員待遇與民營事業員工薪資之調整，擬於十月一日同時公布。

㈡物價調整之原則如左：

㈲由於外匯率變更者（如汽油等）。

㈳由於稅率變更者（如捲烟棉紗等）。

(丙)由於對外協定者（如六大都市配售糧食等）。
(丁)由於價格不及戰前二分之一，而無法維持成本之公用及交通事業（如郵電鐵路等）。
(戊)由於產區價格已超過銷區價格之貨物。
(三)汽油售價擬於十月一日開始調整。
(四)貨物稅擬於十月一日起按照整理財政補充辦法實徵；其因納稅負擔增加之十餘種貨物，准將所增稅負加入售價，但不准於稅負以外另有增加。
(五)六大都市配售糧食價擬於十月五日前作一次之調整，以符等於市價百分之九十五之協定，並減輕國庫負擔。
(六)交通部主管各種事業，目前收費不及戰前二分之一，而需要貼補者，擬於十月一日起調整，但須經立法程序之郵費，除同日咨請立法院修訂外，應俟立法程序完成，再予實施。
(七)民營交通及公用事業之收費，得比照以前各條之規定，呈經主管官署核定後，酌予調整。
(八)地方性各種物品及勞務之價格，有特殊原因非酌予調整不可者，依整理財政及加強管制經濟辦法第十四條之規定於十月十日以前，經主管官署核准後，作一次之調整。
(九)公教人員待遇，自十月分起，原定超過四十元至三百元之部分，按十分之二發給金圓券者，改為按百分之二十五發給之。
(十)民營事業員工之待遇，得按各地各業情形，酌予增加，但所增不得超過九月分應得待遇百分之十。

此外尚有一事，即關於金銀外幣之收兑期限屆滿後，萬不宜延展，但舊銀幣因散布甚廣，似可延長其收兑期至本年底為止。又十月一日以後，金銀外幣因有告密之獎金，為避免擾民計，應嚴令搜查人員，除獲有實據，並向法院領有搜查證外，不得擅入民居，庶於執行命令之中，不致妨礙人民基本自由也。

以上各項務請迅賜呈請　總統核准施行。手肅，敬頌勛祺　王雲五謹上　三十七年九月十六日」

右函所開辦法，於我啟行赴美前兩日，即九月十八日，由翁院長邀同我持謁總統，逐項說明後，經總統面允屆時即予照辦。

控制金銀外匯

在整理財政與管制經濟而外，金圓券發行後另一項的重要措施，就是控制金銀外匯。除一般人之以金銀外幣兌換金圓券業於八月二十三日各銀行復業之日開始辦理外，我們首先注意行莊本身所有金銀外匯之申報移存問題。在八月二十一日，行政院分別於上午召集國家銀行各領袖，下午召集京滬兩市銀錢業各領袖，說明政府改革幣制之重要原則，並籲請率先擁護政府政策，以各該行所有外幣外匯悉數移存於中央銀行，移存後，凡有正當用途均可提用，並即席發表財政部所擬中央銀行外幣外匯存款支付辦法要點如下：

㈠外幣外匯存儲於中央銀行滿一個月，得依規定用途分期支付，每三個月為一期，每期支付額不得超過原存額四分之一。

㈡外幣外匯存款除支付輸入限額內之貨物外，並得申請支付輸入(a)進出口貿易辦法附表一各類機器及生產器材，(b)進出口貿易辦法附表二各類工業原料品，(c)進出口貿易辦法附表三甲各類貨品，(d)進出口貿易辦法附表三乙各類貨品，但本辦法附表規定仍應暫停輸入者除外。

㈢申請支付輸入機器及生產器材者，每期得支用其原存款額二分之一。

㈣外幣外匯存款人有其他正當用途，如出國求學及居留國外生活費等，均得申請支付所需之部分。

㈤外幣外匯存款人，得隨時以其存款向銀行兌換金圓券或購買美金公債，概不限額。

㈥外幣外匯存款人有其他正當用途，經財政部核准者，得隨時申請提取其存款全部或一部。

前述金融界領袖，經我們說明辦法後，均表示擁護，並允各就本單位，且與同業聯絡，將所有外幣外匯全部移存國行。隨即由總統召見各領袖並致詞，略稱「政府於抗戰勝利之初，即已開始準備改革幣制，終因種種顧慮，遲遲未能實施。此次翁院長王財長等毅然決然實行幣制改革，事關國計民生與農村復興，希望諸君以及全國人士對此措施，建立互信心理，並抱定只許成功，不許失敗之信念，羣策羣力，迅赴事功。」總統隨又指出若干年來，社會投機囤積之風，相沿成習，其為害國計民生，至深且烈。而關於此點，輿論界對銀錢業頗多指摘；惟渠個人則深悉銀錢業同人中不乏奉公守法之士，故甚盼此次新辦法公布後，銀錢業同人應認清此等與其本身利害實相一致，堅強信心，率先奉行，對國家為莫大貢獻，對本身亦一洗過去輿論之懷疑指責也。

其他措施

隨著金圓券之發行，當然還有幾樣必要舊措施。我們也在極短的期間內即予執行，概括一下，就是：⑴金圓券發行準備之移交保管；⑵國營事業股票之出售；⑶銅銀輔幣之鑄造；⑷存放國外外匯資產之申報登記；⑸商業銀行之調整資本；⑹政府發行公債之處理；⑺存放款利率之限制各項。現在分別簡單說明一下。

⑴關於發行準備之移交保管。　查發行準備之現貨部分，在改革幣制前，幾經張羅，實施後即移交準備委員會保管，自無問題。至以國營事業抵充之部分三億美元，在過去一年間，因政府決將此項資產出售，曾分別組織估價委員會，業已估有確數，惟發行股票因有組織公司種種手續，過去一再遷延，迄未實行。又移充準備之敵偽資產部分，更為複雜，移交尤非易事。此項由政院議決，責成財政部主持其事。我因即召集各有關事業之主管部會，以最速步驟分別成立公司，印行股票，並造具資產清冊，於全國發行準備監理委員會成立後，最速者三日內，次則半月內，再次則於一個月全部移交該會保管。並由財部擬定金圓券發行準備移交保管辦法，送請行政院核定，於八月二十二日以院令公布。辦法中規定之實施步驟，皆一一按期實現，不稍遷延。

⑵關於國營事業股票之出售。　國營事業之出售，可採行兩種方式，一是以全部資產組

成公司，再以公司股票零售；一是將公司資產分為若干單位，按單位出售。後一辦法當然更易吸收大量資金，但在張內閣時代，全國經濟委員會迭經討論，均以輿論咸恐如此出售將使國營事業為資本家或豪門所壟斷，以致迄無成議。此次出售，由於各該國營事業均指定以其主要部分供發行之準備，自非以整個資產發行股票，以其一重要部分之股票移交監理委員會不可，於是可供發售者僅為未移交保管之一部分股票，故無論如何祇能按後一方式，以股票公開零售，而不能以單位發售。此項公開發售工作，為著趕緊收縮繼續發行之金圓券起見，經於九月上旬開始，首先數日反應極好，其後因種種誤會，發售成績不如開始數日之良好。

(3)關於銀銅輔幣之鑄造。在我計畫改革幣制的時候，早已認定硬輔幣，尤其是銀輔幣，對於幣信之鞏固具有重要性。因此，一經決定改革幣制，即密令久經停工之中央造幣廠當局趕速籌備復工。無如該廠在戰時業將大部分機器內遷，而仍存原廠址之機器與廠屋同於日人占領時遭遇重大損失，因是復工的準備原非短時期所能完成。經我迭次的督促和指示，總算銅輔幣可於十月上旬開鑄，銀輔幣則可於同月下旬開鑄。我打算以收兌所得之全部銀圓及白銀盡量鑄造五角銀輔幣，藉以增加人民對於金圓券的信用。

(4)存在國外外匯資產之申報登記。這本是財經緊急處分令全部辦法中最不易收效之一項；但雖有困難，終不能不努力以赴。我們除了以合理的動用外匯存款辦法相勸誘，並以很重的告密獎金相儆惕外，一面主張在國內各大都市及國外重要地點，組織申報登記指導委員會，期藉輿論的督促勸導，加強其效力。此外，並曾於計畫改幣時期，即已委託某國律師，就其國內法律研究可能採取的步驟，並獲有初步的意見，以供參考。

(5)關於商業銀行之調整資本。　這是根據整理財政及加強管制經濟辦法第三十條之規定，藉以健全金融機構及控制游資之必要措施，財政部依照該條規定各區銀行錢莊信託公司之最低資本額時，一方面尊重輿論之要求，他方面顧念原有行莊之力量，並於不悖原方案所定條件之下，訂定商業銀行調整資本辦法，於九月六日提經行政院通過公布。依此辦法，在公布後兩個月內，全國各行莊一律增資完成之日，至少可使一億以上之金圓券回籠。

(6)政府發行公債之處理。　依照金圓券發行辦法第七條第二和第三項之規定，外幣公債之處理辦法業經確定，就是除三十六年美金公債，因仍繼續發行，故照原條例償付外，其他外幣公債一律按法定兌換率換發金圓公債。但是法幣公債尚未清償者，其處理辦法則由行政院定之。這件事是財政部的職掌，我便本著整理財政及加強管制經濟辦法的一貫原則，對於法幣公債按照其在八一九前夕上海市場上的實值，就原票面分別規定按二萬七千倍，一萬三千倍及一萬二千倍，再折合金圓券，一次以現金清償。至於外幣公債，除三十六年美金公債外，均以民國三十七年整理公債，換發收回，並酌按原有各債之到期年月，規定其償還年期，就此擬定之政府法幣公債處理辦法及政府外幣債券處理辦法，均提經行政院通過，於九月六日公布。

(7)存放款利息之限制。　銀錢業存放款項利率，在我最初計畫時，本想於改革幣制後，立即恢復戰前狀態；酌經小組討論，雖不擬作硬性之規定，但仍認為非逐漸使利率下降，俾達戰前限度不可。因此，在八月二十二日各地銀行錢莊復業後，體察實際情形，即由財政部草擬銀行錢莊存款放款利率限制辦法，於提經經管會第二次會議通過後，即由行政院於八月二十六日公布。其中主要規定有二：一為商業銀行及其他銀行錢莊自三十七年九月一日起，放款利率不得超過月息一角，自月十六日起，不得超過五分；二為存放款利率自十月一日以後，仍應由財政部督飭陸續抑低至民法第二〇五條之法定最高利率以下。

軍費覈實

此外還有一項極關重要，亟待舉辦之事。在金圓券發行後，我和翁院長即已注意到，這就是整理財政及加強管制經濟辦法第六條所規定「文武機關員工士兵名額，應嚴格覈實，不得浮濫。」誰都知道，要維持新幣的價值，平衡國庫收支，實為極重要的關鍵。在國庫開支中，軍費占其百分之七十以上；而軍費中養兵之費又占其最重要之部分。因此，對於士兵名額之覈實，當然係必要之圖，即國防當局亦不否認。但如何實施，卻係問題。過去一二年間，迭有覈實軍費之擬議，終以無具體執行辦法，因循至今。我為著協助國防當局，嚴格執行此原則起見，主張在行政院中設一國防費監理委員會，以國防部部長為主任委員，財政部部長為副主任委員，若干關係部會首長及政務委員為委員；而於委員會之下設一秘書處，以政務委員一人兼任秘書長；其下分設數組，每組設正副主任一人，由行政院及國防財政主計三部調派高級人員分任，各組人員亦由上開機關調派。其中一組專司實地調查。我的意思是想藉此集合有關部會人員，對於國防費之支出，徹底研究與考核，以期達到國防費覈實開支之目的。此方案提出後，初時頗惹起若干方面的誤會，後來經過多方解釋，遲至九月底我已出國赴會後才告成立。

八一九後一個月內，我們，特別是我個人的繼續努力，其犖犖大者，大致已如上述。現且就這一個月，國內外公私各方面對於財經緊急處分令，與其各種補充措施，所發表的批評和意見，摘其最要者，略述如次。

十六、財經案之批評與意見

外人方面

首先對我國改革幣制表示意見的，就是國際貨幣基金執行委員會。它在接獲我以中國財政部部長名義，於我國八月十七晚拍電該會，報告我國改革幣制的綱領，經即召集會議，並以其會議結果，由該會代總經理給我如左的一個復電：

「貨幣基金執行委員會對於貴部長十八日電示貴國擬即採行之改革幣制及其相關措施，業以特殊之興趣加以注意。本會對於貴國推行此等措施之偉大努力，謹表極度欽佩。此等措施，就所開示之綱要而論，係向正當途徑進行，毫無疑義。本會深盼貴國今後局勢可使此等措施獲致充分之成功。」

此一復電，於八月二十日下午，我正舉行中外記者招待會以前半小時收到，經即對記者團發表，大家都感到這是一種很好的鼓勵。

外交界方面，則美國司徒大使於九月十七日接見合眾社記者稱：中國政府之地位，在幣制改革以後，更有希望。對財經緊急處分令之嚴格執行情形，渠認為截至目前為止，非常徹底。司使又稱，渠在開始時即贊成該財經方案，因其表示中國政府當局之勇氣目光及決心。在幣制改革以後，一般情形均如想像之佳。如中國政府能平衡預算，且能在不減弱作戰實力之下，減削軍事費用，將能大事加強民眾之信心。司使將此次財經改革譽為中國在復興中之第一次真正的自助努力，與一般要求之革新運動正相吻合（據合眾社南京九月十七日電）。

至就國內外輿論而言，先摘述若干外報言論如左：

紐約先鋒論壇，以中國採取行動為題，發表社論稱：「在過去數年中，中國政府之許多改革工作，係屬紙上談兵，僅在極少數情形下予以實踐……惟目前中國之幣制改革，似屬有認真從事之表現。」（據美國新聞處紐約九月十五日電）

紐約太陽報稱：中國幣制之改革，已匡正極嚴重之通貨膨脹情形。新幣之發行乃所以整頓中國金融及加強經濟管制。（據中央社紐約八月二十八日專電）

倫敦經濟學人於九月十日著論稱：自實行幣制改革後，向處於經濟病態中之中國業經表

現新活力之徵象，而其本體亦較通常所揣度者更為強固。（據中央社倫敦九月十日電）

倫敦經濟學人又稱：「中國政府除了實行幣制改革外，還同時制定方案，整理財政，管制經濟，增加稅收，安定物價，整頓國營事業，節約政府支出；這都是值得讚揚的目標。整個計畫也建立於合理的原則。」但它懷疑中國在這種大變亂的政治社會狀態下，怎樣能夠實行這些改革而且收效。（九月十日上海大公報據該報駐倫敦特派員通信）

倫敦金融時報評論中國改革幣制一事稱：此項金融改革計畫，於長期孕育之後，已由中國政府公布實施……由表面文字觀察，計畫自屬動人，其中並有各項辦法，以對付經濟疾患之根本原因……但其成功與否之答案，現時仍一如往日，須視中國政府是否準備出以與言辭相符之行動也……中國目前之迫切需要尚非成套之新法令，而為造成法令可為人民尊重恪守之一種局面……因此，經濟改革，似應與政治改革並行，始可收效。（上海東南日報載八月二十五日倫敦電）

上海大美晚報稱：中國政府不應因幣制及經濟改革的初期成功，而陷入過度的樂觀空氣中……中國政府必須牢記，這是一場艱苦的戰鬥，前面還需要更多有力的措施和最大的決心。此時的疏忽與鬆懈，將導致無可避免的失敗……中國政府首應在預算上杜塞漏卮，立即採取行動，減少不必須的和浪費的軍事支出。軍隊應該徹底改革，按名發餉的制度，必須重新建立起來，將吃空缺的不良現象完全消除……我們覺得良好的新幣制或新的經濟命令，若不能立即得到充分的軍事改革方案的支持將不能成功。

國內報界

現在把國內的輿論摘要敘述一下。查中央政府直接與有關係的黨報，當然擁護國家的政策，其言論與政府的方針不會有何差別，自可勿庸敘述。但是中立的報紙，以及非中央宣傳機構所直接控制的黨報，其言論與政府主張不一定相同，自可資以比較。

首先摘述上海大公報的言論。該報於八月二十日以幣制實行改革了為題的社評，略稱「改革幣制在今日雖然並不是一個最好的時機，但穩定幣值，安定民生，實在是一件刻不容緩的事，看自六月底以來的物價漲風，便知法幣已至難以維持的邊緣。政府這次以總統的緊急處分權，實施幣制改革，顯然是迫而出此，不得不耳。我們沒有這類經驗，辦法也難期盡善，但這改革是必要的，已是一般所公認的。」該社評復指陳下列幾點意見：㈠金圓券條例中把對美匯的匯率改為法幣一千二百萬元，比原有結匯證明書與市價匯率的總和提高不少，這一點對出口的推進是有幫助的。㈡幣值的穩定寄託在物價的表現上面；但八一九的價格未必一定是正確的市價，硬性的凍結物價在八一九的價格，極易重蹈限價政策的缺陷。因此，認為政府所應注意的，倒是在多方面設法維持幣值的相當穩定，而不一定是希望它能一成不變。㈢管理本位制的成就，首在管理上的得宜。過去法幣制度的動搖，主要是受財政赤字的牽累。財政長官的談話中，也說明平衡預算的重要。在目前環境中，也許距離預算完全平衡及收支完全適當還有一段時間。但是應該知道維持幣值的穩定，樹立政府的信用，實為實施一切政策獲得民間擁護的一個重要條件。

該報於八月二十二日又以翁內閣王牌攤出了的標題，刊載徐日清氏論當前貨幣改革一文，略稱財政緊急處分令的辦法有優點三：㈠是採行管理金本位。因我國既非產銀國家，無法控制世界市場銀根變動，一九三四年經驗當可作為教訓，所以銀本位無恢復必要。我國又非產金國家，當然不應實行落後的金本位。同時我國是國際貨幣基金會員國之一，為了顧及國內情形與潮流趨勢，故採取今日之管理金本位，熔管理本位與金本位二者於一爐。㈡是黃金白銀及外匯國有，謂此與撰論者在三十六年二月十六日在該報所發表之主張不謀而合。據稱彼原主張在貨幣改革之時，可將黃金收為國有，與美鈔禁止流通同時宣布；並採行蘇聯對黃金應用辦法將其作為國際貿易上支付工具，而不在市場上流通。㈢是準備監理會之設立，謂此項金圓發行，政府針對以前錯誤，硬性規定金圓券發行總額二十億圓為限，並採行十足準備，設立準備監理委員會，作檢查保管並公告等工作，這是較以前進步的措施。而戰前（民國二十六年）法幣發行額為十四億，現以政府規定銀幣一元兌金圓二圓之比率，即戰前法幣發行以金圓計應為二十八億，現僅規定發行二十億圓，二者相差八億，倘以發行輔幣亦行計入，則二者發行數額大致相符。該論文嗣指出財經緊急處分令之主要缺點，謂整套辦法中，可說有一基本精神，即是維護既得利益集團，其鐵證為㈠按照該方案所定兌換金銀外幣之率，握有黃金美鈔者，兌換時可得較十九日市價為多之金圓，握有銀元者恰恰相反。握有金鈔者大部分是豪門買辦發勝利財國難財之流，而握有銀元者多為農民工人與小公務員及其他薪水階級。㈡金圓對法幣兌換率規定為一對三百萬元，而沒有規定窮苦人們與富裕階級的差別待遇；這是維護既得利益之另一明證。㈢對於公務員之待遇過刻。此次改革幣制，政府大員口口聲聲說財政有辦法，通貨決不至再膨脹諾言之下，公務員待遇何以又給予合理調整。

上海新聞報於八月二十日，在歡迎新幣制的社評中，則謂：「我們以十分愉快而樂觀的心情，歡迎這一個大改革。」這一個大改革，十足徵象著政府的負責任，更充分表現了政府的朝氣與勇氣……我們看這一次的幣制改革，一方面對財政收支的平衡有極詳盡的規定，而對於幣信的確立，尤其注重，政府特別設立了金圓券發行準備監理委員會……如果發行準備不足時，立即停止發行，並收回超額部分。這個硬性的辦法，已使無限制發行成為不可能。……這是最可稱道的一個措施。

上海申報於八月二十三日發表言論，以新經濟方案及幣制改革的可能後果為題，就此次改革所給予政府可能的收穫，指述下列幾點：㈠新方案在集中國內零星金銀及外匯頭寸，可能有所貢獻，但能集中到何種程度，主要尚決定於政府對人民的信用。㈡幣制改革的成敗，決定於預算的能否平衡。新方案平衡預算的辦法，除節約開支及出售剩餘物資等之外，並著眼於切實增進各種稅收，將稅率比照戰前增加；並對國營公用事業收費，比照戰前標準調整，以期自給。此種措施，恐不能不牽動嚴格限定的物價。㈢新方案對於管制可謂登峯造極，希望當局能細細考慮，並謹慎施行。

上海時事新報，於其在八月二十日以歡迎幣制改革為題的社評中，無保留地贊成改革方案，而認為孔前財長所主張與其內容相差無幾（其實我在事前並未獲見孔前財長的方案），其言曰：「據吾人所知，則此次辦法之全部內容，實非決自今日。早在抗戰時期，孔前財長出國時期以前，業已完成改革幣制計畫，其內容與目前所公布者相差無幾。同時財政部發行的金圓券，亦已印好，存儲待用。孔前財長洞燭機先，早知抗戰勝利之日，即法幣完成任務之時；此時非改革幣制不為功，故預為圖籌，早事準備。惜乎大好方案，因人事之更易而被擱置。迄今三載，方纔舊案重提，與以實行。」

上海東南日報於八月二十五日，以守住物價這道防線為題的社論中，略稱：「一看各商店貨品標碼，都已從天文數字的圈圈，回復到有小數點的幾元幾角；十年漲價生活，對此一片承平氣象，真好像噩夢一場，令人有恍同隔世之感，無疑的這是個劃時代的轉變，情形是很可樂觀的。但樂觀的反面是悲觀，那就是說，萬一金圓的前途也有三長兩短的話，那是不堪設想的……大家知道金圓的命運繫於今後的物價……這裡有三事首先期待政府嚴格執行。第一，物價上升的最好界線是八月十九日，政府一定要嚴守這最後界線，絕對不容許物價再跳過去……其次，就是要請政府約束自己，從此以後，決不領導漲價……國營事業和公用事業的虧累……宜，可由政府貼補，或從其他方面想辦法，絕對不宜恢復戰前收費標準……復次，一個游資問題，還是值得注意的……二十億金圓的發行，它本身就是一個大膨脹……，所以如何控制游資，如何疏導游資使入於生產事業的正軌，也是目前亟待解決的問題。」

以上是報界的言論一斑，至於個人的意見，就各報所載，或在座談會中所表示，或對記者的訪問而談話，除政府中人外，凡專家教授及人民代表的意見，也摘要列舉於後。

國內個人

立委周樹聲杜希夷簡貫三等——表示下列兩點意見：

㈠一切物價既依八一九的價格折合金圓，公用及交通事業之收費，不應獨照戰前標準調整。㈡公教人員待遇仍嫌過低。（據八月二十五日南京中央日報）

立委范予遂——對幣制改革辦法，余絕對贊同，且深以改革宣布過遲為憾。余以為改革辦法在原則上無可訾議，惟執行時盼政府能注意下述諸點：㈠穩定物價，嚴禁投機囤積，對主管金融機構人員之監督尤應注意。㈡提倡節約，儘量減少一切不必要之開支。㈢合理運用美援，以平衡國家預算。（據八月二十三日南京中央日報）

立委王普涵——我對幣制改革的前途是樂觀的，相信可以安定人心，穩定物價；惟必須注意以下數點：㈠嚴格執行國家總預算，使此後國家一切開支合理化，以保持預算之平衡。㈡嚴格取締銀行錢莊合作社經營法外營業，以防止囤積居奇。㈢嚴格按照八一九物價重行釐定各物品價格，以防投機商人趁火打劫，抬高物價，影響幣值。㈣中央銀行應發揮銀行之銀行機能，控制利息，誘導游資投入生產事業。（據八月二十三日南京中央日報）

立委陳家楓——這次中央對著病症，改革幣制……可謂很溫和適當之處置。負責當局應特別注意……管制金融，收黃金白銀為國有，準備十足金券之兌現，如有逾期不遵辦繳兌者，概予沒收。查有囤積居奇，抬高物價，或資金外逃，危害幣制政策者，不論權貴親疏，嚴刑峻法，先立信於人民。（據八月二十三日南京中央日報）

立委仲肇湘——此次幣制改革，與二十四年幣制改革之情形不同；因二十四年之幣制改革係採用無限制之自由外匯本位，故彼時幣制一經宣布改革，即告成功。今日政府毅然以最大決心，從事改革幣制，其最後成功有待於政府與人民之共同努力。本來改革幣制可得採取的方法約有三種：㈠金本位制，㈡自由外匯本位制，㈢管理金本位制。前兩種方法我國目前不宜採用，故採用第三種，此制亦可稱通貨管理本位，實為最進步之一種幣制。戰前德國即採用該制。然欲保持此制之良好效果，亦有一定條件。第一，須財政收支平衡，第二，須國際收支平衡。惟目前環境不容等待此兩條件之完全具備，然後從容改革；因物價之不斷上漲，與財政收支之不能平衡，已造成因果循環，相互影響之錯雜關係。此次改革幣制，係由果去改革因；從治標下手，以資達治本之目的。就技術言，此次政府所公布之各項辦法，均相當完備周到……若果政府出其全力壓制物價，使於一月內不上漲，則實力脆弱之觀望者，無法支付其五角六角之貨款，不得不拋售存貨，彼時物價亦將猛瀉，人民對金圓之信仰亦將大為增加。（據八月二十三日南京中央日報）

立委程滄波——金圓券發行準備委員會九個委員中，為什麼沒有監察委員與立法委員。民間團體固然很重要，不過應當也有監察立法委員參加。（據八月二十三日上海大公報）

立委楊長北——目前最重要的還是技術問題。比如全部停止生產貸款，將來許多工廠怎能維持下去？至於利息，戰前只有六厘，現在雖減至一角二分，還是不合理。高利貸是工商界最大的敵人……政府尤須徹底做到預防糧價高漲，糧價一漲，其他物價一定跟著它走。（據八月二十三日上海大公報）

立委黃紹竑——收購黃金假定執行不好，必定收到相反的效果，……問題在許多人民把黃金美鈔掉換金圓券後，是否和信任黃金一樣，把它放在保管箱裡。他們可能把所有掉換的金圓券，拿到市場去搶購物資，萬一造成這種現象，物價就可想而知了。還有一種人乾脆不去掉換金圓券，難道要經濟警察把豪門的房子都拆掉去檢查，……政府既已有百分之百的發行準備金，何以要收兌人民黃金美鈔呢？（據八月二十三日上海大公報）

立委樓桐蓀——此次政府頒布之財經緊急處分令，實具有面對現實，企求澄清目前通貨混亂現象之習氣。因金圓券對法幣金銀乃至美鈔，採取接近事實之比例也。此種改革對國內外所可能因改革而引起之市場波動，希望能減至最低限度。至發行完全公開，監理機構之豎立，以及發行最高額之規定，為一大進步，亦為本人多年來之主張……所感遺憾者，並未相當採取羅馬尼亞及蘇聯兌換新幣之辦法，於幣制改革之中，寓有調節社會各階層購買力之美意。（據八月二十一日南京中央日報）

立委黃元彬——政府能否將八一九之物價與勞動價格凍結徹底，實為此項措施成敗之關鍵。物價只要能穩定三月，人民心理即可完全改變……在人民對法幣之舊心理因素尚未完全除去之前，新幣之流通，無異增加大宗之發行，以此次兌換金圓券而言，第四日兌出總額約三千四百萬圓，多被利用為高利貸資本，在上海第一日行莊利息為七角五，次日降至四角五，三角不等，昨日已降低至一角三，幾天以後，當愈見低降。此等情形，對生產者自有好處，至少可減輕其成本。惟吾人應注意者，……放款無利可圖，恐難免又對物價染指……引導金圓券之正當途徑甚多，最重要者，政府應擬有獎勵登記金銀外匯辦法；如此，可以放寬輸入限額，使持有金銀外匯者享有優先權，且可按月限制兌出金圓券之數字。（據八月二十六日南京中央日報）

金融界楊蔭溥——政府宣布的四項條例，大體還算合理；相信全力推行之下，一定會產生良好的結果……不過政府收兌金鈔的一筆巨額通貨，其去路可能有三條，一是存入銀行，二是在現有物資上活動，三是投資證券。在三條出路中，因為證券交易所暫停營業，故略而不談。在前二條出路中，第一條是我們所希望的，第二條是我們要防制的……還得在最短期內，立即增加資金的出路。可能增加資金的出路：第一，是國營事業股票的發行，第二，是金圓公債的發行，第三，是證券市場的恢復。（據八月三十一日上海大公報）

金融界吳大業——要想把初期的安定現象維持久遠，發公債很困難……政府應大膽的吸收存款，規定一月二月三月的期限，如物質加百分之十，利息便照加百分之十。這樣子物價指數存款的做法，人民必不去囤積物資，而把現款放進銀行。（據八月三十一日上海大公報）

金融界鄔志陶——新幣制的優點，舉其重要者，可歸納為下列數點：㈠發行公開，並將發行權由中央銀行移交與發行準備監理委員會，同時並採取百分準備發行制與最高限額發行制的雙重保險制度，表示政府維持幣值，在財政上不再依賴發行的決心。㈡因幣制之改革，而外匯率無形獲得一合理的調整，而此種調整不致刺激物價。㈢若干租稅之稅率，課程級距及起徵點，因幣制之改革，而能於相當時間內比較切合實際，一方面可以積極的增加稅收，一方面可以消極的減少偷漏。㈣使各種物價在新幣值之下，得依據戰前標準，得一比較合理之調整，以減少數年來各種物價面的調節現象，而利工商各業的進行。㈤新幣的計算記帳攜帶較為便利。（據八月三十一日上海大公報）

金融界陳道希——㈠社會上貨物總量與通貨總量間，多少須保持適當的比例，纔能穩定；因此，增產是當前急要問題。㈡各種銀質銅質輔幣，應盡量的鑄造供應。㈢高利率之抑平，原則上自屬至當；但改革伊始，利率抑低如太急驟，亦大有不宜。因為改革後，由於籌碼不足，自然發生之商品出售，將由利率急降而減少；公眾重貨輕幣心理之死灰復燃，將受低利之鼓勵。㈣物價管制，在一定範圍內有其效力，但要求幣值穩定，必須使物資增加，否則可能發生物資逃匿情形。（據八月三十一日上海大公報）

教授夏炎德——八一九的物價並非合理的，因為在通貨膨脹中，物價上漲率是不平衡的。最好的辦法，八一九不妨作為初步的緊急措施，以及各種物價應如何調配，應逐漸的作合理改善。限定物價必須顧到成本利潤運輸息金外匯等因素，這樣子訂出來纔較合科學。這是政府應做的第二步工作……發行額不超過二十億的規定，應嚴格遵守，並從起首就行緊縮才是……物價穩定，要大家看齊守牢才成。如遇其中有一種衝過警戒線，立刻就會起領導作用。（據八月三十一日上海大公報）

教授鍾兆琳——改革幣制成功與否，應有三個先決條件：㈠物資與幣制關係，也就是生產與幣制關係；如生產多幣制必穩。㈡政府財政有無辦法，收支有無平衡把握。㈢幣制要穩定，必須人民相信它。（據八月三十一日上海大公報）

專家楊覺天——政府此一措施，有下列利益：第一，可以向國外進行貸款；第二，可以設法將戰前年達三億美元之僑匯直接吸收；第三，利用已印就之金圓券，可以省卻一筆外幣或法幣的印刷費；第四，減少大量法幣流通上的困難；第五，翁院長因物價上漲，無法實施總預算，新幣發行，可以得到解決；第六，行莊高利助長物價的趨勢，可以遏止；這總算政府得到初步的成功了。（據九月十日南京大剛報）

專家楊之春——政府採用管理金本位制，從貨幣學理研究，確為一種優良進步的幣制。惟此項幣制既稱管理，故人為管理之力量較大，……在財經緊急處分令中，分四項辦法……第二三四項辦法係輔助改革幣制之成功，其中第四項尤為重要……穩定物價實為此次幣制改革成敗之關鍵。默察日來市場情形，尚屬良好。惟經濟力量究不能以政治力量完全控制及永久控制……治本之道，仍在增加生產，疏導游資，節約消費及緊縮開支。（據九月十日南京大剛報）

教授周作仁——要能維持新幣的價值，方法很簡單，最重要的關鍵就是新幣的發行數額須能維持二十億圓，不得任意增多，……新幣發行額能否固定，就要看能否平衡收支。如果管制經濟措施中所列辦法都能切實做到，如同士兵名額核實，節省開支，都能徹頭徹尾做到，當然容易使收支平衡。又除卻經濟的因素足以影響收支平衡外，還有非經濟因素，如政治因素，軍事因素，在在都可以影響新幣制的成敗。（據八月二十三日南京大剛報）

教授趙乃摶——這次改革幣制，最重要的是要確保二十億金圓券的發行額。監理委員會應該是一個強有力的組織……絕不使發行增加，新幣價值才能穩定。（據八月二十三日南京大剛報）

專家左宗倫——目前改革幣制，尚非其時……不過在某種條件下，新幣當然亦有穩定物價的功效。此條件就是得到相當外援。其次，就是運用政治力量，促使經濟改革成功，運用政治力量，就是對豪門用威……與對人民立信。（據八月二十三日南京大剛報）

教授傅築夫——任何人都知道，現在經濟問題已到了窮則變的關頭，不變則只有全盤崩潰。可是要變則必須從改革幣制始。因為在現在這種惡性膨脹的循環下，不但物價無法穩定，而且是加速度的作幾何級數上漲，並且反轉來逼著通貨加速膨脹，而一切經濟的危機和困難亦都由此開始。所以要穩定經濟，就必須先穩定幣制。儘管改革幣制的前提條件，如國庫收支平衡及對外收支平衡等，還沒有成熟；但由於形勢的緊迫，已經無法再等……新幣制不能無限制的兌換或供給外匯，然因發行額有嚴格限制之故，幣值可以保持相當的穩定……

總之，不管客觀的條件如何，幣制已經到了不得不改的地步，要改革幣制，事實上亦衹能做到現在的辦法。（據八月二十三日南京大剛報）

教授丁洪範——法幣發行數為五至六萬億，這個數目，拿新幣二億圓即可兌完，再打一點富裕，以新幣四億圓兌完，現在流通的法幣，一定不成問題。那樣，政府仍可有發行十六億的餘力來用作平衡收支……對於公教人員的待遇，按本月的指數算，新辦法稍稍好一點；但須保證今後物價不再波動，若不然仍是苦的。（據八月二十三日南京大剛報）

教授袁賢能——本人記得過去魏德邁將軍曾說過，中國如果幣制不改革，變亂不易敉平。此次付諸實現，當然已獲得美國的支援。今後維持幣制之信用，當可昭然。尤其此次發行數字及準備金情形，為過去發行法幣所無者，更足徵信。同時以法幣發行額估計為六百萬億元，二億金圓即可收回。此次發行二十億圓，尚有十餘億圓，以政府判斷，此數亦足敷穩定一年金融之需。（據八月二十三日南京大剛報）

除以上各項公開的批評和意見外，我本人也接到不少的信，對於此一重大的改革，以及主持此一重大改革之我有所表示；其中恭維的固占大多數，批評的也有幾宗。批評的意見，歸納起來，祇有兩類，一是對公教人員的待遇未能趁此機會徹底改善，一是收兌舊幣沒有仿照蘇聯等之採行差別制。這與若干公開的批評意見完全相同。但無論是恭維，或是批評，對我之敢於負責，無不認為與財閥及金融界向無關係之故。現在把數十函中之一函，即傅斯年氏甫自美返國給我之一函抄錄於後，以見一斑：

「（上略）斯年一入國門，正值幣制改革，無任欽佩。此事關係國家之生存。非公之無 Verted interests 者不足以為此。單見毅力，何勝景佩。我是向來好批評而甚少恭維人的；此次獨為例外，以心中實在高興也。以後困難甚多，而不畏強禦，不作妥協，方可翦除荊棘，想公亦如是想也。餘面詳。報載公將赴美，愚意如有帶錢回來之把握，方可；否則或不如緩也。斯年謹啟。九月三日。」

十七、財經案初期之成績

現在再述財經緊急處分令頒布後第一個月執行的結果；分別就(1)收兌金銀外幣，(2)平抑物價，(3)吸收外匯存款，(4)增進僑匯，(5)抑平利率，(6)增進國庫收入，(7)控制國庫支出各項，據實說明如左：

收兌金銀外幣

八月二十三日各行莊復業，也就是中央銀行開始收兌金銀外幣的第一日，我正在財政部中處理公務的時候，約莫在上午十一時左右，接到上海中央銀行俞總裁的長途電話，開首的一句，就是「恭喜！恭喜！王部長，你的政策成功了！」原來他是報告我，在收兌金銀外幣的第一日，其情形踴躍，著實出乎他所預料的。隨著，相距不久，我又接到南京中央銀行李經理的電話，也是報告以金銀外幣來兌金圓券者的熱烈情形。同日中央社自上海拍來的電報稱，金圓券發行第一日，人民持黃金美鈔赴國家行局兌換者極度踴躍，自晨至午，排隊等候，如買戶口米者然。其他各大都市公私電信，亦莫不作同樣的報道。這種情形，不僅是一日如此，不止是一地如此，一直繼續到我出國的九月二十一日，並且繼續到九月底收兌金鈔的最後一日，其踴躍情形，有加無已。祇就上海一地而論，南京中央日報於九月二十四日，以上海市場一個月為題的社論中有言：「從八月二十三日到今天，財政經濟緊急處分令在上海實施是整整一個月了。這一個月中間，總統的支持，行政院的決心，督導員的鐵腕，和地方政府的執行，使緊急處分在上海市場發生了實效。我們試就其概要指陳於下：㈠市民為兌換金圓而提交中央銀行的黃金約七十萬兩，白銀約六十萬兩，美鈔將近二千萬元，港幣約六百萬元，兌出金圓券超過了二億圓。現在是九月的盡頭，持有金鈔即將視為違法，而政府對於金鈔兌換期限絕對不會延展，預料今後一星期內，市民提出金鈔兌換金圓，必將更為踴躍……。」的確，由九月二十四到九月底的一個星期中，由於政府的既定方針和一再宣言，均不主張延長收兌金鈔之期，所以人民之以金鈔求兌者，當然較前更為熱烈。總計到了九月底原定截止之日，全國各地收兌金銀外幣之總量，折合美金，在一億五千萬元以上；因此兌出之金圓券，合計六億餘圓。可是不知何故，政府臨時卻將收兌金鈔之期限延長；那時候我正在美國開會，接到此項消息，至感奇異，卻已無法阻止。但自延長收兌之日起，不僅求兌者寥寥無幾，而四十日之樂觀局面，也就從此突然轉變。

在這裡我還要補充幾句話，就是自從抗戰以後，由於通貨日益膨脹，政府雖以種種方式，擬以官定價格控制黃金美鈔，可是金鈔的黑市仍是不斷發生。可是在本年八一九以後，九月底以前，祇看人民之踴躍以其所有金鈔向國家行局按官價兌換金圓券，則在此時期內，金鈔黑市之不復存在，可以證明。甚至向來控制廣州市金融的港幣，也由其主動地位退居被動地位。據九月十七日上海申報載該報廣州十五日電稱：「兩日來各行局收兌金銀外幣踴躍空前，港幣黑市竟較公價為低；過去因粵港貿易關係，新幣發行後仍有不肖商人保持所謂港幣黑市，略將金圓券折低。惟近兩日間則反升至七二，即金圓券七十二圓，可兌港幣百元（按法定匯兌率為金圓七十五圓兌港幣百元）。此現象為勝利後所未有，足見新幣前途將更樂觀。」

平抑物價

改革幣制後，自八一九至九月二十日，一個月間，物價情形雖隨地而異，稍有漲落，大體仍甚良好。京滬兩地情形最好，可說一般皆能維持八一九的價格。據南京中央日報九月二十四日，以上海市場一個月為題的社論稱：「如在八一九以前，銀根一鬆，物價立即上漲。但是這一個月來，雖有少數物品如紙烟之類，躍躍欲試，但日用重要物品如紗布之類，價格低落到八一九水準以下。平津等地，一般物價，在八一九後，除洋貨外皆有低落，且有低二三成者。其原因係由政府規定收兌黃金之價，如每兩金圓二百圓，即法幣六億圓，較平津兩地八一九以前之金價稍低，物價受金價的影響，當然隨而低落，其後雖略有波動，但第一個月間，大致仍能維持八一九的水準。西南各省，特別是成都，一因政府收兌黃金之價，較該地區在八一九以前之金價為高，二因民間所有大量鎳幣出籠，該地中央銀行事前布置稍欠周密，以致影響物價，一個月間，平均漲三四成，成都米價獨漲一倍。鄂湘兩省，因大批銀圓之出籠，銀圓之收兌法定價格，亦較八一九為高，故物價亦隨而略漲，一個月間，平均漲二三成。廣州則由於政府收兌港幣及黃金價格，均較八一九該地區為高，故開始時物價波動最大，計漲六七成，但後半月由於物資之供應流通，經管工作亦已推進，物價復趨穩定。以上為全國物價在改幣後一個月間的升降大概，當然不能認為絕對滿意，但漲價的因素，有為無可避免者，有為人力未盡者。無可避免之部分，即因八一九前全國物價水準並非一致，尤其是金銀外幣等，本來在時間從容之際改革幣制，物價較高之地區應先予壓低，物價較低之地區，則先予提高；但我國八一九以前之狀況，不僅較高之物價無力壓低，較低之物價，卻亦不忍提高，尤其是時間絕不容許政府再事遷延，因此規定金鈔之收兌率，遂不能不以關係最重要之京滬地區為依據，以致改革公布後，本來金鈔價格高於或低於京滬標準之地區，其物價自不免隨政府對金鈔之收兌率而高下；惟經過此種一度之波動後，如能措置得宜，自可免以後不必要的波動。人力未盡之部分，特別是西南各省之鎳幣，如果當地中央銀行分行能就地作較適宜之措置或可避免多少的波動。然總觀此一個月間的物價波動情形，較諸八一九前一二月的波動，並循幾何級數而進展，假使幣制並未改革，則此一月間之物價波動不知若干倍於改革幣制後一個月之實際演進也。

吸收外匯存款

此一月間，中央銀行所吸收之外匯存款，實以國家行局及商業行莊所移存者為主。總計國家四行兩局一庫申報移存之外匯共九千餘萬美元，以中國銀行占大多數，而該行移存之部分，於幣制改革之初，業以六千萬美元左右撥充發行準備，俾湊足二億美元之現貨準備，故實際上國家行局移存中央銀行後尚可動用之外匯僅三千餘萬美元。此外商業行莊之外匯，經政府一再勸請悉數申報移存，並聲明絕不根究其已結之來源，結果上海方面申報移存之數約三千餘萬美元，昆明重慶兩地，經政府特派大員勸導，申報移存者約數百萬美元。至於私人及私法人所有之外匯，則因申報期限係於十二月底截止，一時尚存觀望態度，在第一個月內自動申報移存者尚不多。

增進僑匯

此一月間，僑匯之實際增進情形，我因手邊沒有參考資料，無從確定。但我深信一定較八一九以前有增，卻不會充分的增加；其原因一則正如兌換金銀外幣者之信任金圓券，握有僑匯者自必同樣的信任，故僑匯數量較八一九以前有增，自無疑義；二則金圓券之實際情形，在遠處海外之華僑還未必周知，故一時仍難以全部僑匯售歸政府，如果金圓券的幣值能夠長久維持，則全部僑匯當不難為政府所控制，而不致流入黑市。茲將上海新聞報十月十日所載消息一則錄出於下，以見梗概：「自改革幣制以後，僑匯收入已見驟增。據中國銀行國外部某負責人說，目前本行每日匯入之僑匯約二十萬美元，較改革幣制前之每月僅有二十萬美元者，已增至三十倍之多。如每日有五十萬美元，即每月一千五百萬美元，則逃避現象，已可完全消滅。按戰前之僑匯收入，最盛時期，每年可達三億美元，每月約二千五百萬美元；現因南洋各地發生戰事，荷屬限制匯款等影響，即使毫無逃避，亦難與戰前媲美也。」

平抑利率

此一月間，市場利率急遽下降。行政院頒布之銀行錢莊存放款利率限制辦法，有分期減低利率之規定。此項規定確能見諸事實。九月二十四日南京中央日報，以上海市場一個月為期之社論中，有下列之一段敘述：「二億金圓加入市場，使銀根鬆濫，而利率從八一九以前的七角八角，降低到七分至九分。一般工廠易於周轉，造成生產事業發展的良好機會。」

增進國庫收入

此舉直接上關係平衡預算，間接上即關係維持幣信。我對此特別重視，故於財經緊急處分令發布後之第三日，即以整理財政補充辦法提出，經政院決議後，即日按臨時條款由總統頒布，原期對於增進稅收方面，早日發生效力。同時對於非稅收之國庫收入，如出售賸餘物資及敵偽產業，亦督促主管機構，加緊進行。惟至我出國之日，即改革幣制恰滿一月時，成效尚未見。其原因一則貨物稅改按八一九之物價徵稅，在理應較前此按三個月前之物價徵稅者超過十數倍，但補充辦法雖已頒布，而經管會因恐調整稅收勢須准許十餘種貨物加價，或致影響管制，一再決議從緩實施，以致九月底以前貨物稅之收入絲毫沒有增加。二則直接稅以營利事業所得稅為最要，此項稅收前此係一年一度徵收，最近雖改為半年一度，仍須遲至年底始有收入。三則鹽稅率表面雖增加不少，但因上次政府提請立法院調整稅率一案，迭經公開討論，最後決議擱置，俟下屆會期再議。一般鹽商得知九月以後必須大大加稅，趁此尚未增加之時，預行囤積；因之，此次實行調整稅率之初，鹽商因已囤有低稅之鹽甚多，一時承銷增稅之鹽當然不多，故第一個月實際增收之鹽稅為數無幾。四則關稅除正稅依金圓券發行辦法調整匯率外，同時加收附稅，當然較前大增；惟關稅有季節性，稅收之多寡應視輸入之多寡；此一個月間，輸入品較少，而其中重要部分係屬美援物資，以應否繳納關稅尚在磋商中，此項應繳之稅，遂暫由美援會擔保，尚未實行繳付。五則各種規費之增加，原則雖定，而具體辦法尚多待各有關部會之訂定，故此一月間實際增收亦有限。由於上開各項情形，致各項稅收規費，在改革後一個月或四十日間，實際增加之收入，多未達預期目的。此外美軍賸餘物資，原可大量出售者，又因對於國防部之需要部分範圍尚未確定，凡該部需要者皆係記帳，一方面在收入上雖增一筆款項，他方面則在國防開支上，亦同樣增一筆款項，實際上等於毫無收入，且在範圍爭議未決時，其他許多物資亦未能提早出售。至於接收敵偽資產，為數本極多，但因散在各地，其中糾紛亦復不少，且向來委託中央信託局代為處理，中央並無專管機構，故處理亦難迅捷。此一月內，經我建議於行政院，就政務委員中指定一人專管其事，以期迅速處理。當經派定何浩若氏專任，正分赴各地督導處理，甫經開始，短時期內，當然未能收顯著之效。因此，本項增進國庫收入之工作，在我們求達的七個目標中，其成績之不能滿意，僅次於控制國庫支出一項。

控制國庫支出

此一目標之執行，其成績在七目標中為最遜；換言之，不僅無成績可言，簡直較前尤為惡化。一由於國營交通公用事業人員之待遇，已於金圓券發行後，較上一月平均增加兩倍以上，而交通公用事業之收費仍照上一月之規定折合金圓，竟未增加；因此，以前虧累之數需要國庫貼補者，不僅未稍減，實際上且因用人費之增加隨而大增。二由於士兵之待遇已隨金圓券之發行而增加，但對於名額之覈實尚未進行。三由於東北情勢緊張，糧價奇昂，購糧款項之追加，為數殊是驚人，甚至追加未成，軍事長官已先迫令當地中央銀行濫發大量本票，此項本票流入關內，兌取金圓券，不僅影響物價，且大增國庫之負擔。我因此一再向總統愷切陳辭，謂東北軍事長官此種作風如不立予矯正，不僅金圓券初期之大好成績將被破壞，且恐東北軍風紀亦將蒙重大之影響，對於軍事前途亦殊不利。總統雖亦以為然，迭經去電矯正，但實際上仍無效果。四由於糧食當局對於徵實徵借，未能為有效的控制，幾全恃購糧為惟一途徑；於是購糧之款，不僅時作巨額之追加，且向中央銀行迭作巨額之透支，此項透支實際上即等於國庫之負擔。五由於國營公用交通事業不敢調整價格，於是各大城市，特別是上海市中，民營公用交通事業亦不許漲價，而其由於燃料等需要外匯之開支，已隨外匯率調整而大增者，不得不由中央銀行予以巨額透支；實際上亦等於政府貼補。六由於各大都市配售糧食不按成本，所有政府供應之部分，均由中央銀行以購糧墊款等名義開支，實際亦等於國庫負擔。七由於國防費之不斷追加，均以軍事重要為辭，急於星火，拒之不可，許之則負擔益重，而國防費監理委員會成立遲遲，且成立之初，亦不易立即發生覈實之效。由於上述各項及其他不勝枚舉之事實，致國庫支出，在金圓券發行後，不僅未減，且有龐大之增加。

以上七項，都是執行財經緊急處分令之主要工作，也就是為求財政經濟之穩定必須一一達到之目標。但自金圓券開始發行，以至我出國之日，這一個月間執行的成績，一至五項皆相當良好，第六項雖由於種種關係，第一個月尚未收效，但假以時日，仍可循序進行，獨惜遲一月進行，則國庫收入犧牲不少而已。第七項，特別是貼補費和軍費之浮濫，實為致命之傷。我之所以強調一面早日按照財政補充辦法逐項實施，並加速處理國有資產，一面取消貼補，並覈實軍費，實因國庫之收支平衡對於幣值之穩定所關至巨也。我最感苦悶的，就是在我國現行制度之下，財政部長祇能主管歲入，而不能主管歲出；因為歲出之發動屬於各院部會，而其歸納與初步審核即屬於行政院中新設之主計部。因此，我現在以財政部長之地位所能控制國家預算之力量，還不如在張內閣中我以行政院副院長之地位。主計部與財政部對立之局勢，在任何國家均未之前聞；因各國編制預算之權責，皆屬於財政部，間有在內閣中附設一預算局者，其局長係屬專家，而非政務官，與我國規制主計部主計長為內閣之一員者，迥不相同。即在我國國民政府時代，主計處隸屬於國民政府，其地位雖高，實際上則初步編制預算之權操自行政院，國民政府之主計處僅彙集各院預算，成為國民政府之一專門機構，而非政務機構，故對於政策上無從過問也。至於目前行政院的組織，財政部長與主計部主計長同為政務委員，一主管歲入，一主管歲出，除兩人意見完全相同，或其中一人自願犧牲意見外，兩人意見如有不同，如果遷就主計長的意見，則財政部長將無以平衡其收支，如果遷就財政部長的意見，又何貴有與財政部長並立的主計長。故此種制度實施的結果，不是有一人自甘屈服，便是衝突或僵持，殆為必然的事實也。

十八、意外的波折

以上為改革幣制後一個月間的實際情形，雖未能完全滿意，大體還算獲得鼓勵。可是一切正在順利進行之際，忽然發生一種意外的波折。大約在八月二十四五左右，上海大公報揭載一項消息，說八月十七南京有要人獲得改幣消息，乘夜車趕到上海，一抵上海，不洗臉，也不吃早飯，便跑到證券交易所，大量將永安紗廠股分拋出，獲利至千數百億等語。接著，便有許多報紙根據這消息，作種種的揣測，謂政府每次作重大的金融措施，例如以往的黃金案，都有主持或與聞其事的人，乘機貿利，非嚴予懲辦不可。我認為此次改革幣制方案，雖已醞釀月餘，但經我極力維持秘密，除總統指定參與研究之各人外，一切均由自己動筆，非至必要之時及與有必要關係之人，絕對不使與聞，且深信所有與聞其事之人，證以一切經過，皆能恪守秘密，忠實可靠。大公報所稱最後獲得消息，匆忙趕往上海拋售股票之人，在理不應有其人；但為著澄清事實，以免蓄意破壞新幣者，得以誣揑政府當局凡有舉措皆為私利，因而影響幣信。故立即命令財政部上海金融管理局局長及財政部派駐上海證券交易所監理員從速徹查，以期水落石出。因數日尚未查報確實，而外間誤會轉多，乃加派財政部周參事德偉到滬協同速查。其時監察院亦派有監委孫唐兩氏，來滬調查此案，遂由周參事及上海金融管理局予以種種協助，共同進行。大約在九月二日午間，我突接上海金融管理局林局長長途電話，報告調查已有線索，一二日內當有分曉，並詢我倘所查結果或致牽涉政府要人，應如何處理。我隨即告以無論牽涉何人，絕不姑息，並應立時公開發表，以釋羣疑。是日下午六時許，我從部中回家未久，突接主任秘書徐百齊自部中來電話，謂已得上海林局長電話，有要事即來寓報告。未幾徐氏偕同剛來部中訪我的陳君同至，原因是陳君訪我後，即至徐氏辦公室與彼晤談，正談話間，上海林局長來電話，原擬找我，因我他出，故託徐氏轉達，謂已查明拋股者係財政部薦任秘書陶啟明之妻李國蘭，陶入部甫兩月，係徐氏舊同學，由其推薦而來，徐氏為免被人誤會有囑陶啟明逃避之嫌疑，故於接到電話時，即偕正與晤談之陳君至我寓所，藉以證明其並無通知陶氏之機會。我得此訊，真如青天霹靂，以六星期以來關防極密，以致改幣辦法公布後，外間輿論方讚揚政府此次之異常機密，初不料竟由財政部中出此漏洞。因詢陶氏住居何處，據徐氏稱係在部長辦公大樓三樓宿舍。我立即電話通知林局長，在陶啟明被逮捕以前，暫勿發布此項消息，以免陶氏逃避；惟林局長言已有新聞記者二人獲悉其事，雖曾囑其暫勿發表，恐未必能照辦云，電話後，我即偕同徐氏趕到部中，密查陶氏是否在宿舍中，以便立即拘捕；及詢悉出外晚飯未返。我乃留部中監視，一面電邀兩次長及主管單位首長數人來部相助，並邀首都警察廳黃廳長來部，面請派員會同部中高級人員，在火車站及財部門口守候陶氏。一面親往翁院長公館報告，並經商定在陶啟明尚未拘捕以前，固當嚴守秘密，但一經拘獲，自應以真相發表，以免外間誤會，致有礙於進行順利之改幣工作。守候至十二時許，陶啟明始回宿舍，經即予以逮捕；我亦將真相撰為談話，交中央社於次日發表。次日午前，我因徐百齊為陶啟明之介紹人，且陶之獲知交易所停業，恰在徐氏由徐次長面囑草擬電文之後，是則徐氏亦不無嫌疑，遂嚴辭詰問，徐則力言絕未洩漏此項消息，惟自承不幸陶係由彼引薦，萬一傳詢及彼，斷不逃避。我繼續說明，萬一彼恐牽連而逃避，則不白之冤永難剖釋，我此時如將彼拘送警廳，固嫌證據未足，但聽彼自由，就公事言實有未妥。彼明知我的意思，乃自請留居部中，由我派人監視，因即自書請求監視以明心跡一紙。於是我即電請警廳黃廳長委派要員，來部監視徐氏行動，並令徐即移居陶啟明原住之宿舍中，暫停辦公；並面囑黃廳長，在陶啟明偵訊之結果有涉及徐氏洩漏此項消息時，即將徐氏逮捕，併案偵訊。我對於徐氏雖有十餘年之認識，見其平素尚能守分，然對於本案絕不稍予袒庇。越數日黃廳長來告，謂陶啟明業已供認此項消息得自徐氏，於是我立即書一手條，請黃廳長將徐逮捕。以後一切，竟聽法院依法辦理。此時京滬各報認為我處事嚴正的，固有好幾家；但趁此機會對我攻擊的尤不少。尤以平時對我有特別偏見的某系報紙，極盡其攻擊的能事。九月六日上午國民黨中央黨部舉行週會，蔣總裁出席致詞，其中有為我主持公道之語，茲摘錄於左：

「這次幣制改革，我們最足自慰的，就是行政院長與財政及金融當局擘劃周密，勇於負責，而且財政當局事先各種文稿，都是親自抄繕，不致假手於部屬，其精勤奉公，更為難得。不幸發布命令之前夕，關於停止交易所等營業的命令蓋印，不得不經其秘書之手，因之洩漏秘密，但此完全為其秘書的責任，而且其秘書有關人員皆已逮捕到案，政府自當依法嚴處。不料有幾家報紙借題發揮，對財政當局予以重大嚴厲的抨擊。這件事情，實已水落石出，對於財政部長毫無關係。我們不能以其用人不慎的微疵，而加以重大的責難，反來妨礙政府經濟政策的實施。」

蔣先生這一席話發表後，藉陶徐案而對我的正面攻擊，雖然減少了一點；可是旁面的攻擊又隨著而起。此種攻擊簡直是毫無根據，完全出自揑造。一種的攻擊說商務書館在幣制改革前夕，曾將一應圖書儀器漏夜改碼，提高標價，其中含意總是誣我把改幣秘密洩漏給商務書館。其實，我自復員東返之初，在未任職政府以前，即已辭去商務總經理之職，嗣後絕未與聞該館業務；至於商務書館有無利用機會改價之事，可將該館送登各報的聲明文一讀，便知真相。聲明文如左：

「頃閱九月八日貴報所登『陶案發展露驚人端倪』新聞一則，其中載有『此間盛傳上海商務印書館於幣制改革前夕，曾將一應圖書儀器漏夜改碼，提高標價，因此，八一九凍結物價後所獲得之非法利潤至為豐富』等語。聆悉之下，不勝詫異。查本館圖書售價，向由同業共同議定，此次係於八月十五十六兩日議定，於十六十七兩日實行。至於文具儀器售價，則係依照原出品廠之廠單辦理。貴報所載傳聞各節，顯係訪聞失實。相應函達，務祈賜予刊登，以正視聽，毋任公感。商務印書館股分有限公司謹啟。三十七年九月九日。」

第二種的攻擊，說我在改革幣制的前夕，藉詞繳納南京市救濟特捐十億元，拋售商務印書館股分七千股，並謂如僅繳付十億元救濟特捐，無須拋售如許多之股分，難保無乘機貿利等語。且看我囑財政部秘書處去函更正的內容，便知此項新聞之如何荒謬。去函內容如左：

「本月九日貴報載有本部王部長在八月十七日因繳所認救濟特捐十億元，拋售商務印書館股分七千股新聞一則，全與事實不符。查王部長致函京市沈市長擬出售商務股分湊足十億元，繳付救濟特捐係八月五日之事。彼時擬出售者為商務股分二十萬股，計票面二百萬元，依市值每股約法幣三千五百元，可售得法幣七億元左右（貴報所稱七千股僅值法幣二千餘萬元）。嗣因另行籌得款項，勉將十億元湊足，經於八月九日將所認救濟特捐繳清。此項股票遂未出售。此後亦並無出售股票情事。事實具在，務請即日查明更正為荷。財政部秘書處啟。九月十日。」

像這樣一攻即破的謠言，也有人喜歡杜撰，而若干報紙竟不惜篇幅為之散播。足見欲毀我而甘心者之有組織矣。但是事實畢竟是事實；一個人祇要自己問心無愧，而且一切舉動自信是站得住的；結果終會水落石出。除上述兩項謠言，一經發表真相，毀我者便不再能置喙外，關於陶徐之案，經監察院之徹底調查，與法院之長期偵訊，均證明該案之牽涉範圍，僅止於陶徐二人。及真相大明之後，即對我責備最苛者，亦祇能說我用人失察。其所謂失察之兩點，一則是徐百齊氏追隨我十餘年，而不知其不可靠，竟委以重任；二則陶啟明之任用，事前僅憑徐百齊之推薦，既未傳見於前，即到部以後為時兩月，亦未與一面。對此兩點，若大打官話，則部下犯罪，長官總不免失察，我豈敢辭。若就事實與情理而言，我自不患無辭。一則徐百齊氏先後追隨我任事十多年，以其熟習法律，辦事能力頗優，而十餘年間，從未發見其操守有何不良，故敢於經濟財政二部，援用其為秘書；任職以來，亦從無其他過誤；但我仍特別慎重，對於無令其與聞必要之改革幣制計畫，始終未使與聞。直至改幣之前一日，財部徐次長令徐百齊起草行莊及交易所休假之命令，在事前我僅如上文所說，把王司長撫洲所擬之稿，交徐次長核定處理，而不知其令徐百齊重新起稿也。本案告一段落後，法學權威某氏對我說，平心而論，祇能怪我過分慎重，假使我自始即令徐百齊與聞其事，並囑彼嚴守秘密，則以彼過去十餘年對我之忠實服務，當不致負義而賣我。意者彼事前對改幣案既毫無所知，而臨時由徐次長令其起草行莊交易所休假令稿，既未告以實行時日，亦未另囑嚴守秘密，以致發生此不幸事件。某氏之論斷是否正確，我不願肯定；但由此可證明我祇失於過分慎重，斷無任何疏忽之咎也。二則陶啟明由主任秘書推薦為薦任秘書，我以其資歷甚合，既由主管單位首長推薦，故予核准。至其到部後，我適因改幣之籌畫及實施工作備極繁忙，且常須在部外會議與研討，致未暇傳見新到部之人員；且以財部範圍之廣，附屬機構之多，其薦任人員之進退，做部長的實亦無暇一一為事前之面試與事後之傳見，何況我自到部至改革幣制，為時僅兩月有半，這一個時期我的工作繁忙，實非言辭所能描寫，那裡還能顧及這些小事呢？

總之，這一場的不幸事件，對於我個人的打擊，關係尚小；因我之勉任艱巨，本已置一時毀譽於度外。至於有人藉此想把我推倒，則我之從政，完全為對國家盡其義務，絲毫不涉個人名利，當然沒有半點戀棧之意存在。甚至就職不滿半月，為恐政策不行，見機而退，業於六月中旬一再提請辭職。如我於九月十三日，在立法院報告改革幣制後，對於各立委的臨時質詢，擇要作口頭答覆，於涉及陶徐案之一質詢時，我的答覆絕對坦白，就是說：「對於改幣案事前我確已盡防護機密之責，不幸發生此案，我並沒有絲毫偏袒，事實俱在。我個人之出處，完全以國家利益為主，如果國家不需要我當財政部長，我立即引退，如仍需要，也只好勉力為之。」許多立委總算對於我的坦白表示，還肯報以一陣的掌聲。不過此次不幸事件，由於乘機攻擊者之無所不用其極，結果確有如蔣總統在九月六日關於此事的致詞中末段所謂「對於財政部長……加以重大的責難，反來妨礙政府經濟政策的實施。」至今回想一下，的確是很可痛心的。本來任何政策之推行，一方面固有賴於內在的辦法是否妥善，他方面還要看外在的對象（就是人民）是否信任。在改革幣制之初期，的確是辦法固已儘可能的求其適應現實，人民也因久受通貨膨脹的惡影響，一旦有此重大改革，心理遂為一變，而毫無保留的信任政府。在人民絕對信任之下，政府一切措施，自可期獲得百分之百的效果。但此項洩漏機密之事件發生，在任何政治清明之國家或亦不免，祇須對負責之人依法懲處，不稍偏袒，實已盡了政府的責任。但我國有一部分的人，過分感情用事，對其所不高興的人，簡直非置諸死地不可；於是一有機會，便大事渲染，並造作種種毫無根據的謠言，然後快於心；一般國民對於新改幣制正抱無限的期望，對於政府當局，則因措施而及人，嗣則因人而及措施，方其信任方殷之際，一旦耳目為惡意宣傳所淆亂，認為救國之大計，乃為當局者所藉以圖利，至少將使其信任心動搖。加以有利害關係之人，因財經案對其自身予以重大的限制，初時震於公論，敢怒而不敢言，及有人散布謠言，詆毀執行新政策之當局，遂得乘機報復，並思乘機破壞新政策，以快其私。故雖不敢公然反對新政策，卻可藉機會，反對執行或主持此政策之人，希冀一人之去職，或可使政策變質。以上係客觀方面的影響。至於主觀方面，則新方案甫經實施，正賴有關人員之以全副精神，作不斷的注意與努力，乃自陶徐案發生後，各方惡意宣傳，不僅對我個人，而且對於財政部全體高級人員，時則捏稱某次長被捕，時則揚言財部許多高級人員，因被牽涉而潛逃，縱不致人人自危，至少亦使其精神上受有刺激，認為國家事真不可為，多一事不如少一事。我雖賦性強毅，且一切問心無愧，絕不因此種惡意攻擊而稍懈；但人畢竟是人，受了過分的刺激，不免暫將精神轉移，且應付此項消極事件，至少也占據了應付積極事件的一部分時間。像這樣，一方面之信任稍有動搖，一方面之精神不克貫注，合併和累積起來，都是對於新方案之執行有不良影響的。

十九、出國赴會

以上所述的陶徐案，自從破獲，以迄風潮平息，約莫經過半個月。在這半個月中，我一面應付積極的工作，一面又不得不分神應付這項消極事件，精神不能貫注，自係事實。可是到了這項消極事件將要平息時，我又須作短期的遠行，那就是赴美出席國際貨幣基金及國際銀行第三屆聯合會議。這一個會議每年舉行一次，由美英中法四大國的理事輪流主席。第一屆大會於一九四六年在英國舉行，由美國財政部長兼任兩機構理事會主席，第二次大會於一九四七年在美國舉行，由英國財政部長兼任兩機構理事會主席。第三屆大會於一九四八年舉行，輪到我國財政部長兼任兩機構理事會主席，集會地點原應在我國，以我國境內有戰事，於上屆會議閉會前，由我國代表同意改在美國集會。這一次會議雖無何重要性，但我國原應是地主，既已放棄，則借別國地方盡主人的義務，實不應再放棄。查兩機構章程明定，以會員國的財政部長為當然理事，理事雖於兩機構中各派一人為代理理事，但大會主席則非由理事親自擔任不可。假使我因事不克出席，則本屆大會的主席便須讓與他國，這不僅有放棄義務之嫌，且對於臨時主席之推定或會引起爭執。我因為執行財經緊急處分令備極忙碌，原不想分身前往；祇以兩機構一再來電相促，經與翁院長熟商，認為不得不一行，請示蔣總統亦以為然。此外，還有一個重大理由，即我國新近改革幣制，當為世人所深切注意，而此次舉行會議之兩機構，均與幣制攸關，各國與會代表皆為財政金融領袖，趁此一行亦可溝通意見，間接上或於我國有利。同時，因為兩旬以來，在國內受了不少的冤氣，精神上未免也有些不愉快，許多朋友都勸我趁此一換環境，使精神恢復原有之愉快，則歸國後主持大計，當更興奮。可是朋友之中，除上述傅斯年氏一函，勸我除了能有帶錢回來的把握，否則宜從緩外，王世杰氏也極力勸我不宜於此緊要關頭暫離崗位。那時候我的確游移莫決，但兩機構的秘書長適於九月十四日聯合來電，告以已用我的名義於某日招待各國代表及美國朝野人士，務請我如期行到。這樣一來，赴會已成騎虎之勢，於是從這日起才作出國準備。

我於九月十八夜車離京赴滬。所有財政部部長職務即指定政務次長徐柏園氏代行。我打算在雙十節以前返抵首都，計出國之期不至超過兩旬。這兩旬中間有一個重要關頭，就是十月一日之調整物價和稅收，與九月底之截止收兌金鈔。我除將擬定各種辦法，函致翁院長，並經偕同翁院長面呈總統核准外，即以該函副本留交徐次長，切囑務照所開辦法執行，徐氏亦深表贊同，自願切實辦到。我因為預定的辦法，已得各方贊同，深信照此實行，財經局面當可繼續穩定，如續有必要之措施，則再越十日我便可返國，親自主持。因此，在啟行以前，尚覺放心。

留滬兩日，我即於二十一早偕同國際貨幣基金會我國代理理事席德懋，代表團顧問兼主任秘書張天澤，國際銀行候補執行委員張悅聯諸氏，乘西北航空公司飛機出發。經過兩晝夜之不斷飛行，中間僅在日本東京及阿留申羣島之希望島，阿勒斯加之安可列治各停時許，即於美國明尼蘇達地方，更換美國國內航線機，逕飛華盛頓，於美國時間二十二日下午九時左右抵達，由顧大使等中外人士數十人在機場相迓。

會議中

兩機構聯合大會於九月二十七日召開，會期定為五日。在抵美後開會前的幾日，我一方面準備大會開會辭，一方面與兩機構主持人商洽會務，並以餘暇與美國朝野人士作不正式的晤談。我此次抵美之初，適美國進行選舉，總統及許多議員紛紛離京競選，國務卿馬歇爾氏亦赴歐洲開會。因此，在這幾日間，我祇與美國財長史耐德，代理國務卿羅維特又美國前駐蘇大使蒲立德三氏，各作一度之長談。美財長談約一小時，美代理國務卿談約一小時有半，蒲立德氏則於寓所中晚餐，由蒲氏和我及貝祖貽氏長談竟夕。史羅兩氏所談，皆關於我國財政，特別是關於改革幣制之進展。兩氏均極關心此次之改革，表示倘初期的成功能繼續下去，當可獲得此部之同情，而予以支持。蒲氏則表示對我和翁院長之驚人的奇蹟，極度欽佩，但強調由於我國軍事之繼續進行，非有大量美援，恐難持久。彼建議我國須作有計畫的大量外援請求，並謂共和黨競選成功，則我國此次行動的表示與長期的計畫，定可獲得慷慨而切實的援助。

我對於國際會議之出席，卻是破題兒第一遭，而且我不僅擔任大會的主席，同時還是程序委員會的當然主席。大會開會閉會兩次的主席致詞，均可預為準備；但程序委員會則臨時發生的問題不少，當主席的不能不臨機應變，我向持臨事而懼的態度，事前有充分的研究，臨時縱有問題，也還可以運用常識來應付。我在國內主持許多大會，也都是如此；相信在國外主持國際會議，除了語言不同和一些開會慣例不盡相同外，其餘實在沒有什麼區別。在二十七日下午舉行大會開會式之前，上午應先召集程序委員會。在這個委員會中，各主要國家的理事大都參加。我在這生平第一次主持的國際會議時，總算應付得宜，不僅程式一點沒有錯，而且對於問題較複雜之處，都很像老手的主席，運用主席的權威而解決了。下午三時大會，出席者含代表及來賓約四百人。首先是我以主席資格致開會辭，為時約三十分鐘；內容針對兩機構過去的工作，一方酌予解釋，一方期望改進。因我固然是中華民國一國的代表，同時也是四十七會員國的總代表，故措辭的內容不得不雙方兼顧。為著代表四十七會員國所組成的兩機構，我不能不維持兩機構過去的立場，而代為解釋；為著代表中華民國及與中華民國同樣需要兩機構今後多予注意的會員國，又不能不期望兩機構今後的方針應有修正，與其工作之應有改進。以國際銀行而論，其任務原包括復興戰時破壞的國家經濟與開發向來落後的國家經濟，故其正式名稱為國際復興開發銀行。過去兩年間，該銀行的貸款政策，側重於遭遇戰事，破壞其經濟的西歐國家。我此次致詞則強調今後以性質言，應兼重經濟落後而未經戰事破壞之國家，以地域言，則應兼重遠東近東南美及東歐諸國，庶幾名實相副。我這種措詞，固可博得向未獲有貸款機會之各國同情，卻也不致有傷美英法比等國的感情。因此，每一段落都博得各代表的熱烈鼓掌。致辭畢，鼓掌聲繼續至數分鐘之久。我致詞後，美國首席代表財長史耐德氏，芬蘭首席代表瓜覃馬勒首席代表及英國首席代表克里斯浦爵士相繼致詞。隨後由主席指定吉隆坡代表某氏報告上午程序委員會之決議案，經我徵詢各代表有無意見，旋即以無異議通過。開會式即於此結束。散會後，許多代表，尤其是美國財長史耐德氏，極力頌揚我的措詞得體。

是日旁晚，兩機構以我的名義舉行雞尾酒會，招待全體代表與其家屬及美國朝野人士與駐華盛頓外交團。到者千餘人。由我和國際貨幣基金會總經理谷特氏及國際銀行總經理麥克費氏夫婦親自招待。

以後數日，迭次大會之主持，依照向來慣例，輪流以美英法印諸國的首席代表，依次代我主席一次，而於各該次開會時由我說明請某某理事代我主席。而最後一次的大會，以及還有兩次的程序委員會均由我親自主席。至各項分組委員會之主席，即於第一次程序委員會中分別推定各國理事或代理理事擔任。大抵國際會議中，尤其是關於此類專門性質之會議，其重要工作均於程序委員會中預為布置，而各種議案一律先交分組委員會審查；大會僅就大體討論，分別通過，或復議，或保留而已。最後一次大會後，接著便是閉會式，均由我主席。此次大會除就各委員會提出之審查案一一處理決定外，即由若干理事分別致詞，最後再由我致閉會詞，詞畢，即宣布散會。我的閉會詞，係將本屆大會議程之結果加以分析，並表示對其執行的期望。為時約二十分鐘。

大會閉會日之晚間，由國際基金會及國際銀行兩機構總經理舉行盛大宴會，邀約四五百人。宴會中，除主人致詞外，各重要代表均有演說；我和美英法三國首席代表均被邀演說。在這樣的際會中演說，必須稍帶詼諧，以增興趣。許多人照例總是講些笑話或故事，我則就中文「和平」二字的構造和意義加以闡述，謂「和」字左旁為「禾」，右旁為「口」，要和則人人口中須能得食；「平」字係兩「一」與一「丨」所構成，而「丨」之左右各有一「、」，彼此對稱，徵象一天秤，意謂惟均始能平。聽者咸大動容，掌聲不絕；蓋以寓莊於諧，最為得體也。席中美國財長史耐德氏，對我特別恭維，謂以一來自東方之人，即以所說英語，已較其本人之為美國人者遠勝。至於此次大會得我主持，於和諧空氣之中，表現權威，尤為不可多得云云。

事後，據我方各代表及我國駐美人員所獲得之輿論，均認為我此次主持大會，其成功實遠較上一次為大，且出乎一般人意料之外。聞開會以前，兩機構秘書長與我國駐各該機構之執行委員談及，大會皆用英語，第一二次大會主席為英美人，當然無問題，今次輪到我國，彼等知我向未留學英美，對我之主持會議，初時似有懷疑，而思作種種之特別協助，以期順利進行。經我方執委說明我當能應付後，仍將信將疑。及見我主持會議一二次以後，無不驚訝，尤其是對我處理代表間之爭議時，能以敏捷的手段，發揮主席之權能，簡直是國際會議中一位老手主席。至許多出席代表，由於利害關係之不同，尤其感覺實際主持兩機構之美英二國側重西歐諸國之利益，對於其他地區之國家多未能兼顧；而我在主席開會詞中，強調普遍注意，咸認為持平之論；因而表示好感者極多。

會後接觸

開會後，我因與兩機構之主持人約期，交換關於我國的意見，同時還須為中國問題單獨舉行一次記者招待會；所以須在華盛頓續留二三日；此外紐約方面遠東工商協會於十月六日舉行年會，在我出國前已來電邀約講演，還有華爾街的兩家大銀行主持人，也電請於我來紐約時約期晤談。因此，我便決定於十月四日乘車赴紐約，留兩三日，改乘汎美航機經檀香山返國，預計抵上海時當在十月十日。次日即可返京。大會後第一日我約同國際貨幣基金會總經理谷特氏 Camille Gutt 及基金會研究部主任班士坦恩氏 Benstein，交換關於我國改革幣制的意見。谷特氏曾任比國財政部長及國務總理，比國改革幣制，即彼所主持；班氏係著名貨幣學專家，有貨幣醫師之綽號。經我將我國改革幣制方案及與其配合之各種辦法詳為說明後，兩氏相繼舉其懷疑之點發問，並即由我詳為答覆。谷氏認為原則與辦法均甚妥當。班氏則謂在辦法上無可疵議，惟當注意者，在執行是否切實及有無變質。苟能切實執行而戰局復不至惡化，深信定能成功，最後谷氏表示，明春擬赴遠東一行，甚願順道訪問中國，並觀察執行至彼時有無變動云。次日復與國際銀行總經理及放款研究兩部主任洽談該銀行能否對我國建設事業投資事；因我瀕行承資源委員會及交通部各以建設計畫一二種託我順便與國際銀行一談原則。該行總經理表示，在比較安全地區之建設可以考慮，惟銀行資本有限，放款業已不少，對於建設投資大部分須向美國投資者募集，在目前中國軍事局勢未定，恐投資者不免觀望，故較大數量之貸款，或須俟中國局勢明朗化，目前恐祇能先從較小數之貸款入手，並允酌派專家來我國視察，再行定奪。在此數日間，除於大使館中舉行新聞記者招待會，答覆數十記者關於中國之問題外，臨時增出一項節目，就是旅居華盛頓的華僑歡迎會，會中我將改革幣制與僑匯的關係詳為說明，大家才恍然；蓋前此尚不甚明白，可見國內僑匯之一時不能充分增進固在意料中也。

我於十月四日下午乘火車赴紐約，抵該地車站時，領館僑領及我國駐紐約各機構代表在站迎迓者約百人，情形至熱烈，殊可感人。五日午晚分別應僑領及我國國營工商業團體之招待，均有演說。在晚間宴會中，主人方面公推孔祥熙氏致詞。余演詞對於孔氏之酬應語，謂孔氏之老祖宗為孔子，孔子為聖之時者，其子孫當能恪遵祖訓，有所舉措定能適應時勢。孔氏為我國法幣之創意及執行者；法幣在戰時八年間確有其重大之貢獻；但彼一時此一時，時至今日已不能無所改革，余之力主改革幣制，即以此故，想孔氏目前如仍主持財政，本適應時勢之旨，亦必主張改革幣制也。蓋余事前聞孔氏對改革幣制頗不贊成，而其在國內之機關報時事新報，則如上文所述，於八月二十日之社論中，強調孔氏燭照機先，早有改革幣制之意，究竟真相如何，於筵席間藉此酬應之詞，一探其真意。余詞畢，孔氏續起表示，強調此時確有改革幣制之必要，與深信改革幣制之成功。余之演詞中，除報告改幣大意及四十日來執行實況外，對於國人存放國外外匯資產登記一事，力請在座諸人率先贊助，當然對於孔氏厲有深切之期望也。

六日上午應遠東工商協會之邀，對其年會演講我國改革幣制對於國外貿易之關係。余強調任何國家必須有平衡其國際收支之辦法，始能維持或擴展其對外之輸入；而最可靠之平衡國際收支辦法，莫如以對外輸出應付對外輸入，苟輸出不能擴展，輸入斷難長久維持。輸出與輸入事業之發展，端賴有穩定之幣值。此次我國改革，除應付其他種種必要的局勢外，對於輸出入貿易亦至有關係云。同日下午應華美協進會之招待，臨時被邀講演，事前毫未準備，乃就我國改革幣制之經過闡述約半小時，並歡迎質問。余詞畢，詢問者五六人，經一一答覆，均極表滿意。

七日午前與大通銀行董事長阿爾特列治氏，晤談中國財政情況。此君係共和黨財政要員，為該黨總統候選人杜威州長之左右手。阿氏認為我國改革幣制已走上自助之路，共和黨如執政，必對我國予以大量之援助，使財政金融益臻穩固云。下午視察我國半官性質之世界貿易公司。該公司在戰時為我政府買購物資，成績甚著。晚間乘汎美機離紐約，八日晨抵舊金山，易機後，即飛向檀香山，晚七時到達。余在彼親戚甚多，咸偕總領事唐榴來迓，檀香山市長因有會議，由其夫人代表來迓。次日余在檀島休息一天，受親戚及總領事僑領等數次之招待。晚赴機場，乘機返國。次日在關島及東京各停時許，即於是晚九時許抵上海，適為我國之雙十節。

二十、突變局勢之挽救

突變之因

次日上午與財部來訪同人晤談，午間復承中央銀行俞總裁招待，始知余出國兩旬中，最初十日，一切均能繼續以往一月之成績，而一入十月，漸漸變質，旬日之間，情勢愈趨惡化，且惡化甚速。余焦心如焚，即日下午乘火車返京。十一早訪翁院長長談，嗣復與徐次長等詳加商討。余發見此次物價波動，係與搶購物資並行，而搶購之風實起於上海，開其端者為十月四日對於南京路四大公司之搶購，而其他各地區在同日及其以前均無搶購之跡象，是則此次搶購風潮，至少在上海方面係有組織的舉動。但無風不能起浪，苟無可資搶購之因素，則搶購不致發生，即發生亦斷不致廣泛傳布於各地。本來經濟政策之推行，固不能不兼用政治力量，但政治壓力，如過分行使或行使過久，勢必引起反抗。我在出國以前，迭次主張合理調整物價，調整後再予凍結，就是深知八一九的物價不盡合理，以政治力量強其凍結，在短時期內固不成問題；但持續過久，難免不引起反抗。此種反抗，在政府強有力之時，還不致過分強烈，或逾越範圍，但政府威信如有喪失，則政治力量式微，在式微的政治力量下，而欲強施重大的壓力，則人民之反抗力勢必逾越範圍，一發而不可收拾。在我出國前，政府因改革幣制初期之成功，咸信甚好，同時戰事亦未惡化，對於政治的惡影響還未發生，但我仍欲先事預防，堅主對於不盡合理之凍結物價，必須由政府自動調整，以防反抗力於未然。可惜到了十月一日，政府因一部分人堅信政治力量之恆久有效，又有一部分人鑑於濟南之陷落，人心已有動搖，如於此時調整物價，將致物價益波動；因此，在我行前業與總統及翁院長商定，從十月一日起按照我預擬的辦法各條，分別調整物價薪資及稅收，屆時卻未予實施，僅將少數貨物之稅收先予調整，而不知調整方案應整個執行，始能收連帶之效果，至若局部執行，不僅無益，且不免發生惡影響也。又增加稅收，與取消貼補，同為平衡國庫收支之要著，乃案經決定，遲遲未予實施，甚至十月一日以後仍未實施，以致收支差額益鉅，發行數字加大，亦為影響人心與物價之一原因。總之，十月一日已屆全盤調整不可再緩之日，而由上述兩種人之不同意見，遂未實施。彼時我尚在國外，不克在場力爭。十月三日接到徐次長來電，僅報告九月底兌換金銀外幣之總數，並言收兌金鈔延期一月，稅收局部調整，語焉不詳，正深疑慮，以一星期內即可抵國境，初不知情勢一變至此。我返京後，經過一日之研討，認定㈠此次物價波動之內在原因為一方面未能適時調整物價，他方面未能及早調整稅收與取消貼補；㈡此次物價波動之外在原因，就是軍事之失敗，減弱了人民對於政府之信任，而政府偏不量力，還要繼續使用政治的壓力，而且此種政治壓力之使用，又不是全國一致；於是不使用壓力的地方，物價已自由高漲，而使用壓力的地方，表面上仍釘住八一九的舊價，以致弄成僵局；㈢此次物價波動的旁因，就是執行經濟的制裁，寬嚴不一，如果一律皆嚴，人民還不會反抗，及至對於若干人放寬了，自然會惹起不平的反抗；㈣自開始搶購物資之日起，經過多日，政府還沒有適當的措施，於是物資愈搶購，幣信愈低落，幣信愈低落，物資愈搶購，彼此循環不已。對於上述各種因果，要謀挽救，必須把握要點，趕緊再使人心作重大的轉變。所謂要點，便是幣信。如果人民深知其手上所持有的金圓券，價值絲毫沒有低落，則對於物價波動與物資搶購之風，自然會終止。查政府原有之發行準備，本可供二十億圓發行額之準備；截至九月底為止，發行額為九億餘圓，到了十月十日，充其量不過十四億圓，而其中用於兌換金銀外幣者約六億圓，中央銀行各種短期墊款二億餘圓，收兌舊法幣等數千萬圓；三者合計約九億圓，其用於彌補國庫收支差額者不過五億圓。固然中央銀行墊款中，亦有重要部分將由國庫負擔，充其量迄於雙十節後，政府藉發行而彌補國庫支出者，至多不過六億圓，在原方案二十億圓發行限額中，可供彌補國庫支出之十八億圓，僅用去三分之一。在我籌擬改革幣制之初，原期限額內之發行可支持至三十八年六月底。茲以五十日而耗費發行限額三分之一，其原因係應增之稅收，其主要部分尚未開徵，應減之貼補，不僅未減，且聽其大增，同時季節性的收入如營利事業所得稅及公債等尚未屆收入之時；以上各項倘能將即可實行者立即施行，其餘亦從速推行，祇要幣信可以維持，物價不再波動，則對於平衡國庫收支之原預算，仍可於大努力之下予以維持。故關鍵所在，厥為如何維持幣值。維持幣值之道不外三者，一是緊縮發行，二是收回一部分之發行，三是保障已發行金圓券之幣值。關於第一項，無疑地就是要切實執行開源節流之原則，具體言之，至少要立即按照整理財政及加強管制經濟辦法之規定。關於第二項，則政府發行之金圓券中有一重要部分，係為收兌金銀外幣而支出；此項兌得之金銀外幣依然存在，自可利用此項金銀外幣，使大宗之金圓券回籠。關於第三項，則金圓券既非可以兌現之金本位，又非可以無限量兌取外匯之金匯兌本位；但如作有限度之兌取外匯，暫以此次收兌所得之金銀外幣總額為限，以取之於人民者換一方式而還之於人民；人民前此以每一美元兌得金圓券四元，或每兩黃金兌得金圓券二百圓，今如能以金圓券四圓向政府兌回美幣一元，雖其用途仍受政府之合理管制，應不悖管理金本位之原意，然人民因此一舉措已獲得政府對其所持金圓券之原值，予以不折不扣之保障，幣信自可由此而恢復，而日來輕幣重貨之狂瀾不遏而自遏。況此法一行，則一轉移間可以收回大量之金圓券，而由於通貨之驟然緊縮，物價亦可不抑而自平。查彼時美幣之黑市每元不過等於金圓券十圓，黃金每兩亦不過等於金圓券四五百圓，較之法定匯兌率，僅貶值一倍有半。趁此而急謀恢復幣值，猶可為也。於是我在十月十三十四兩日，先後提出調整物價工資及公務員待遇辦法與預結外匯維持幣信辦法。前一辦法係就我出國前提請於十月一日實施之調整辦法，而針對此時現實酌為修正；後一辦法係以向人民兌得之金銀外幣大部分，用結匯方式還諸人民，藉以收縮通貨並維幣信。茲將兩辦法開列於左：

我的挽救辦法

調整物價工資及公務員待遇辦法

第一條　本年八月十九日財政經濟緊急處分令公布時各種物價未盡合理，且由於外匯率之調整，若干種物價不免受有影響；茲決定自十月二十日起，將物價工資勞務收費及公教人員待遇通盤考慮，作一次合理調整。

第二條　各種物品按取締違反限價議價條例，分為限價及議價兩類。

第三條　限價物品括有米麵食油糧鹽煤汽油棉花及紗布各種，准自十月二十日起，除汽油按外匯率調整外，均按各該地八月十九日價格增加百分之五十以下，由各該地方政府長官擬定後，電呈行政院核准施行，其設有經管督導員之地方，由督導員擬定，電呈行政院核准施行。

第四條　議價物品括有前條列舉以外之國家總動員物資及民生日用品及勞務，准由各地物價評議會議定後，呈由地方政府長官核准施行。

第五條　限價議價之標準，除按實際成本及合法利潤外，並得參照外匯率稅率及運費調整之。

第六條　國營公用交通事業之收費不及戰前二分之一，而無法維持成本者，得酌量調整，由主管機關擬定呈由行政院核准，於十月二十日施行。其須經立法程序者，由行政院咨請立法院完成立法程序後施行之。

第七條　民營公用交通事業之收費過低者，得按實際成本及外匯率稅率各因素酌予調整，呈由主管官署核定後施行。

第八條　六大都市配售糧食價格自十一月起，改按各該地糧食限價百分之九十調整之。

第九條　貨物稅改定稅率尚未實施之部分，自十月二十日起一律實施。

第十條　文武公教人員之待遇，自十月起改定，其支給標準以原薪額六十元為基數，超過六十元至四百元之部分，按十分之二發給，超過四百元之部分按十分之一發給。士兵及工役各加給副食費若干元。

第十一條　民營事業員工薪資得酌予增加，但京滬兩地所增不得超過九月分應得待遇百分之五十，其他各地所增不得超過九月分應得待遇百分之百。

第十二條　本辦法各項之調整，除實施日期已明定者外，均限於十一月五日以前完成。此後非有特殊原因經行政院之決議，不再調整。

預結外匯維持幣信辦法

第一條　政府就收兌所得之外匯撥出美滙一億二千萬元，供工廠進口商及其他需要外匯之人聲請預結外匯。

前項聲請向中央銀行提出之。

第二條　預結外匯分為左列之四期：

(甲)在三十七年十二月底以前使用者為第一期；

(乙)在三十八年一月一日至三月底使用者為第二期；
(丙)在三十八年四月一日至六月底使用者為第三期；
(丁)在三十八年七月一日至九月底使用者為第四期。

第三條　每期預結之外匯各以美金三千萬元為限，依聲請人之志願，分別編入各使用時期，其同一期聲請之數超過限額者，依序編入次一期。

第四條　預結外匯之聲請，限於三十七年十一月二十一日以前向中央銀行提出之。

第五條　預結外匯聲請人於聲請核准後，按照法定匯率美金每元繳付金圓券四圓。聲請第一期者如數繳足，聲請第二期者每百元扣繳利息一元，聲請第三期者每百元扣繳利息二元，聲請第四期者每百元扣繳利息三元。

第六條　預結外匯聲請人於繳款後由中央銀行給以預結外匯憑單。
前項憑單分為記名及無記名兩種，由聲請人自行擇定。

第七條　預結外匯之用途如左：
(甲)進出口貿易辦法附表一各類機器及生產器材，附表二各類工業原料，附表三甲各類貨品及附表三乙各類貨品；但中央銀行外幣外匯存款支付辦法附表規定暫仍停止輸入者除外。
(乙)支付本人或配偶或子女出國求學經教育部核准者之費用。
(丙)支付工商業或工商社團因業務上需要派員出國接洽或考察，經工商部核准者之費用。
(丁)支付本人或配偶或直系親屬繼續留居國外之費用。
(戊)支付本人或配偶或直系親屬患病須出國治療，經衛生部核准者之費用。
(己)支付經財政部核准其他必要之正當用途。

第八條　自第八季起輸入許可證之聲請人，除有特殊情形者外，應以提供預結外匯憑單者為限。自三十七年十一月一日起聲請出國護照者，除有特殊情形外，應提供適量之預結外匯憑單。

第九條　預結外匯憑單，於本期使用後，尚有餘額者，得留供次一期使用。其持有人於每期終止後，並得隨時持向中央銀行按法定匯率兌取金圓券。

蹉跎與惡化

以上兩種辦法中，關於調整物價一種，我的原意是第一次想在八月底實行，第二次經商定在九月二十日實行，第三次再決定在十月一日實行，蹉跎蹉跎，以至今日，原可採行主動的調整者，目前已陷於被動調整之地位。我認為十月二十日之調整，實已過遲，萬萬不宜再緩，否則將來縱想調整，則局勢已不可收拾，任何措置，均難收效。此項主張翁院長亦極贊同，並深以十月一日未能按照原議調整為憾。惟以調整之前該使執行管制者徹底認識其必要，俾執行上不致發生困難，原因是上海在改幣之初期實施管制，成效卓著，很受各方面的恭維。主持者認為天下無難事，貫徹管制下去，當無不可；前此輿論中頗多主張「嚴守限價之壁壘」者，即至目前，鑑於搶購風潮之烈，輿論界雖已變更其論調，而認為非作合理的調整不可，但過分慎重者卻仍以為久經限價之後，一旦自決隄防，事前不可不有嚴密準備，故雖一致主張調整，而如何調整，及調整後如何再度管制，與應否繼續管制，均成為問題。我的意見則很單純，且與財經緊急處分令原規定並無差別，僅注意如何解決執行的問題。因為整理財政及加強管制經濟辦法，本已明白規定，遇有特殊情形，可以調整物價，調整以後，仍予凍結，俟再有特殊情形，始作再度之調整；至於調整稅收及國營公用交通事業收費，更為原方案所明定，於八一九後早應實行者；所以我認為調整並非一種新辦法，而是切實執行原辦法。但翁院長為使各方面合作起見，認為事前須作必要之疏導工夫。遂於十月十六日召集一個經管會議。那時候因俞總裁患病在家，為便利俞氏參加討論，特在俞氏官舍開會。但俞氏屆時仍以病不能出席，委員王世杰氏則出國未返，亦未出席。又關於預結外匯之辦法，在我確認為挽回幣信之惟一有效辦法，同時與財經緊急處分令原意並無衝突，蓋按原方案，外匯是由政府對於核准之用途，按照法定匯率供給也。以輸入品所需結匯而言，過去每月平均二千萬美元，目前極度緊縮，亦需一千萬美元，縱不採行此項預結辦法，實際上每月仍須結匯一千萬美元左右。當輸出品踴躍的時候，政府得以收購輸出者之外匯，而供輸入者所需外匯之全部或其大部分。但輸出外匯之能否全部由政府收購，視乎政府給予輸出者之匯率是否切合實際。今政府如能以維持法定外匯率，准許人民大量預結外匯，則金圓券之幣值自可維持，輸出者因其所有外匯易得之金圓券不致貶值，亦必樂將所有外匯交由政府收購，如此則表面上政府雖似須放出大量之外匯，以供人民預結，實即祇要幣值能穩定，將來用以供給預結之外匯，大部分仍可取自輸出者，政府無異成為一居間交易者，藉此大量預結之方法，立時收回不下五億之金圓券，而將來逐月支付者，或為政府前此收購所得外匯十五分之一（因政府在過去四十日間收購所得之外幣及金銀約值美金一億五千萬元），或為藉預結外匯而回籠之金圓券十二分之一，以易取輸出者所得之外匯而供輸入者之所需。與我此種主張不謀而合者，則有十月十五日上海大美晚報所刊署名 Merchant 者之一篇論文，該文主張即由政府以一億美元，按照法定匯率售與輸入商人，則立時可收回金圓券四億圓，將來並可獲得關稅一億餘圓；並強調挽回幣值之有效辦法無逾於此，此時採行尚不為遲，再遲將無可救藥。其人之具體主張雖與我不盡相同，緣彼建議以一億美元立時出售，我則主張以一億二千萬美元發售預約，而分十二個月兌付，但原則上彼此所見正相同也。

十六日之會議中，我的兩方案同時提出討論。對於調整物價的方案，原則上大家皆認為有必要，惟對具體辦法意見未能一致，同時仍有懷疑嚴格管制後之上海，一旦開放管制後果如何者，因此未得結果。對於預結外匯辦法，竟有人大加反對，以為好容易收購所得之金銀外匯，在金圓券業已貶值之後，而強按原定匯率結售於一部分之人，難免不為立監兩院所攻擊，謂為有便利豪門之嫌；同時極力主張保留此項金銀外匯，以供購買糧食及軍火之用。其他與議者雖不盡贊同以此項金銀外幣專購糧食軍火，但總覺金圓券幣值已大落，黑市美元已值金圓券十二元左右，如仍以四對一之法定匯率無限制讓人民申請預結外匯，則取之於甲，還之於乙，終不免輿論之抨擊。經我詳為解釋，以所謂取之於人民還之於人民，當就整個而言，無須對各別而言，因為國家的政策為求供需適應，儘可取之於無必須之人，去供給於有必須之人。況此項措施如能實現，幣值如能因此恢復八一九之原狀，則持有金圓券者，由目前之貶值至三分之一，回復至原值百分之百，人民均因此得到好處，不一定要收回其原已兌出之金銀外幣。至謂美元黑市已漲至一對十二金圓券，如政府仍以一對四之匯率結售於人民，未免吃虧，則為政不應計較小利，況挽回幣值後，於國家於人民均有大利；反之，如幣值日落，國家人民交受其害，縱擁有此低價收兌之金銀外幣，對於國家亦無好處。經我反覆申說以後，有人主張對預結外匯之人或予以限制，並先經審查，似可減少流弊和批評。我為著求這大量預結外匯，藉以維持幣信之目的，不惜酌量變更原有主張。即於次晨另擬修正預結外匯維持幣信辦法各條如左：

第一條　政府為統籌對外貿易並加強工業器材原料之輸入，特撥美匯一億元，供工廠及進口商聲請預結外匯。

前項聲請向中央銀行提出之。

第二條　預結外匯之用途及其比例如左：

(甲)輸入進出口貿易辦法附表一各類機器及生產器材占百分之二十；

(乙)輸入進出口貿易辦法附表二各類工業原料占百分之七十；

(丙)輸入進出口貿易辦法附表三甲各類貨品占百分之十。

第三條　預結外匯分為左列之三期：

(甲)在三十七年十二月底以前使用者為第一期；

(乙)在三十八年一月一日至三月底使用者為第二期；

(丙)在三十八年四月一日至六月底使用者為第三期。

第四條　第一期預結之外匯以美金四千萬元為限，第二三期預結之外匯各以美金三千萬元為限。依聲

第五條　請人之志願分別編入各使用時期。其同一期聲請之數超過限額者依聲請先後編入次一期。

第六條　預結外匯之聲請人應為曾經依法登記之工廠或進口商。

第七條　預結外匯之聲請限於三十七年十一月十五日以前提出。

第八條　預結外匯聲請人於提出聲請書時，應按法定匯率繳付聲請外匯數量三成之等值金圓券，作為保證。

第九條　中央銀行應與行政院輸入管理委員會合組審查委員會，對聲請人資格及聲請數量加以審查，於收到聲請書一星期內，分別准駁或核減，通知聲請人。

第十條　預結外匯聲請人於接到核准通知書後，應於一星期內按照法定匯率，對核准額美匯每元繳付金圓券四圓，隨收所繳保證金扣抵，其接到批駁通知書者，即將所繳保證金如數收回。

前項核准預結外匯屬於第二期者，美匯每百元扣利息一元，實繳九十九元。屬於第三期者，美匯百元扣利息二元，實繳九十八元。

第十一條　預結外匯聲請人繳款後，由中央銀行給以預結外匯憑單。

前項憑單一律記名，不得轉讓。

第十二條　第八季輸入許可證一律改憑預結外匯憑單發給，第九季及第十季輸入許可證應儘先發給於持有已到期預結外匯憑單之聲請人；如有輸入餘額始得就其他聲請人考慮。

預結外匯憑單於各該期使用後，尚有餘額時，得留供次一期使用；其持有人於每期終了後，並得隨時持向中央銀行按法定匯率兌取金圓券。

這一個修正辦法，和我日前提出的原辦法，主要的差別就是(1)撥充預結外匯之款不說明是從民間收兌得來之金銀外幣，以免有取之於甲還之於乙的誤會；⑵將用途限於工業器材原料等之輸入，並規定其比率，凡不屬於規定輸入之範圍者均不許預結外匯；⑶聲請人及聲請數量皆予限制，並須經過嚴格之審查；⑷預結外匯總額略減。我所以作此修正，係遷就十六日會議若干人的反對意見，期藉以減少反對，而獲得通過。其實依我初次所擬的辦法，聲請人及聲請額不予限制，僅將用途限制，則有餘資可供儲蓄者亦得請求預結外匯，故響應者必更多，甚至前以金銀外幣兌得金圓券者，倘對金圓券之信用稍有動搖，亦可藉此辦法兌回外匯，以保幣值，而不至藉搶購物資，以保幣值。較之後來修正之辦法，收效當更大。但我為謀預結外匯辦法之順利通過，不惜曲予遷就，以求妥協，因無論採取原辦法或修正辦法，對於收縮通貨與維持幣值均能收效也。此辦法提出後，翁院長、蔣總統業已赴平，一時不克返京，為著事關重大，擬親自飛往北平請示；同時並因各方面對於開放限價之要求，而具體辦法雖已由我提出，惟眾意紛紜，亦有取決於總統之必要。於是遷延了幾日，大約在十月二十二三日才飛往北平，逗留兩日，才回來。據說總統對於開放限價認為可即實施，囑由翁院長召集有關人員詳為研討決定，至於以大量外匯准由人民預結，則鑑於彼時外匯黑市又較日前討論時高漲甚多，大約美金每元已值金圓券二十元左右，如仍以四元對一預結外匯，與實際相距過遠，不擬採行。我得了這個消息，正如冷水澆頭，且以旬日以來，物價波動益甚，搶購停售之風更烈，此種情勢有如火患，星星不滅，已成燎原之狀；自我返抵首都，迄今已將半月，當時認為挽救此種局勢有如救火，故認為十月二十日全盤調整與事前或同時宣布大量預結外匯，兩者並行，幣值既有保障，物價自不致再漲，加以合理調整物價，自不難起死回生。今調整案擱置半月，仍須再行討論，預計非下月初旬不克實施，未來之一星期間，敢信局勢必益惡化，而維持幣值之措施又不蒙核准，瞻此前途，一切已無希望，本來可以成功且業已初步成功之改幣方案，一因未能照原案切實執行，再因軍事突趨惡化，而最後挽救之策亦未能實現，以致大好金圓券將一敗塗地，不禁痛心萬分。我之出任財長，在固辭不獲之後，本想為推行挽救財經崩潰之政策，而作大膽之嘗試，乃自實施以後，我的政策多次未能貫徹，眼見挽救之策又將幻滅，實無戀棧之必要。因即決計辭職，祇以物價解凍辦法，翁院長決於二三日內接連切實討論，不再延遲，我因解凍方式關係國計民生至巨，願以決去之身，稍留數日，就此一方面為最後之努力，或可稍補萬一，一俟物價解凍方案決定，即當正式請辭也。

二十一、大轉變與負責辭職

上述關於物價解凍方案之會議，於十月二十六二十七二十八三日下午繼續舉行。出席者有全體經管會委員（除王委員世杰出國未返，俞委員鴻鈞因病均未出席外）及主計部徐主計長堪，糧食部關部長吉玉，社會部谷部長正剛，交通部俞部長大維，由翁院長主席。會議所得的決議多與我的主張不合，尤其是我主張分別限價議價兩類，經一度調整後，新限價仍然凍結，而議價範圍則主從寬。但此次會議的結果，實際等於完全取消限價和議價，把過去的經管政策作了一百八十度的轉變。其中最可慮的，就是對於其他物品表面上還採取議價，而對於糧食卻完全恢復自由市場。委員中也有若干人和我同樣的反對此決議，因為一切物價均以糧食為尺度，如糧價完全放任，則其他物品之議價實多此一舉。但糧食部部長關吉玉氏則強調該部目前毫無糧食可以控制，不僅民食可虞，尤以軍糧無法供應為最大威脅，遂認為無論如何合理的調整糧價，糧食仍不能恢復供應，祇有聽其自由言價，始可恢復糧源。糧食部過去所司何事，何以造成此種危險局面，姑不置論，但主管糧食之當局如此危言聳聽，而久任糧食部長之徐堪氏亦極力贊同關氏之主張，大家祇好照此通過。我認為此一道重要防線放棄了，一切將不堪設想，大勢已去，力爭無效，惟有立即對過去引咎，而對未來不再與聞而已。

散會後，我即回寓，親自寫一辭職書，於次日（二十九日）清早派人送往翁院長公館，原書錄後：

「院長賜鑒。敬啟者，最近金圓券價值突變，雖有種種外在原因，然雲五未能提前返國，堅持適時適當之措置，在責任制之政府中，自屬不能辭責。且旬日以來，苦思焦慮，計議多沮，竟夕失眠，精神恍惚，不足以當艱鉅。故就過去責任言與將來負責計，均不敢尸位誤國。謹此辭職，務懇轉呈總統賜准。幸甚幸甚（下略）。

次日即十月三十日，翁院長親筆復我如左之一函：

「岫廬吾兄大鑒。當此國步艱難之會，中央重要地位，惟有依序進行，慎重辦理。財長關係特為重要。兄遽請辭卸，弟萬難同意。所有請辭原函，敬以奉趙。乞暫勿堅持，至深紉感（下略）。

十一月一日上午，我續作第二次請准辭職函，如左：

「詠霓院長賜鑒。昨上辭函，猥蒙退還，並加慰勉，敢不遵命。惟雲五考慮再三，仍不得不辭。此次幣值突變，原因雖多，然雲五為建議與主持改幣之人，無論由於計畫未周，或議而未行，責任所在，實不能不辭，一也。今後應付局勢，似非就財經緊急處分原案作重大轉變不為功，雲五以主張原案最力之人，信用既失，從事轉變，斷不能取信於國人，不如易人主持，面目一新，事半或可功倍，二也。財長職責，首在平衡預算，就目前情勢言，行將提出之三十八年度國家總預算，支出如此龐大，收入之責端在財部。雲五既乏點金之術，自難為接近平衡之計；按憲政先例，財長苟不能平衡預算，實不容須臾戀棧，三也。其他理由尚多，不勝枚舉。除仍將昨函奉上外，務祈鑒允轉呈總統迅賜令准，公私同感。又雲五連日失眠加甚，精神疲乏，不克治事。在奉准卸職以前，自即日起，務懇給假休息。所有財政部部務暫由政務次長徐柏園代理，合併陳明（下略）。

同日下午我又致翁院長第三次請准辭職函，如左：

「詠霓院長賜鑒。今晨一緘，計先達覽。頃閱報載立委劉不同君談話一則（隨函剪來），可見輿論一斑。弟如不立時辭職，等於戀棧而不肯負責，以戀棧而不肯負責之人，於此艱難之時，膺此艱鉅之責，個人名譽縱不足惜，其如誤國何？且此次幣值突變，人民確受有重大苦難。實際責任誰屬，固不必問；弟竊願代表政府負其責任，使人民能得小小安慰（用劉君語）。千乞原情俯允，迅請總統准予辭職，另選賢能接替。國家幸甚，個人幸甚。天下興亡，匹夫有責；見危授命，弟不敢辭。惟留任財部，於國家實有損無益，解職以後，仍當以在野之身，隨時貢其一得之愚。公晤總統，並乞婉為代陳，並請鑒原為感（下略）。

次日午前接翁院長十一月一日復函，如左：

「岫廬吾兄大鑒。今日兩次奉函，堅請辭職。情詞懇摯，讀之至為感動。弟上月杪請辭院長職務，奉總統堅諭慰留。弟已再上辭呈，請其迅為照准。頃奉大函，弟復專呈上聞，請其察核。惟當此時事多艱，財政關係特為重大。在正式辦法經總統明令決定之前，仍盼兄勉仍任事，續為支持，以重公務，實所切盼（下略）。

我接此函後，即日復翁院長一函，如左：

「詠霓院長賜鑒。今晨得讀十一月一日函復，知弟辭職事已荷同情，並為專呈上聞，感極……。在准辭明令頒布以前，弟雖因病不能照常到部，然職責所在，一日未解除，部務不敢須臾廢弛。惟是新政策之籌擬推行，端賴賢能，自非待新任主持不為功。尤以三十八年度總預算之收支平衡，弟既點金乏術，具詳昨函，此案即須提出立法院，故新任之發表，萬不宜緩，以免有誤大計。附剪呈昨日上海申新兩報社論，無不以弟當負責辭職相督責，辭嚴義正，吾人易地而處，恐亦同此論調。弟之堅決求去，與兄之一再請辭，實亦以此為主要原因也（下略）。

過了兩日，翁院長面告我，我的辭職已不成問題；因為總統見我態度如此堅決，業已物色替人，勸我勉留一星期，當有分曉。翁氏去志亦甚堅決，深以未能與我同時擺脫為憾，但他說總統已允許他，一俟替人找到，定即准他辭職云云。再過四五日，我獲悉繼任人選已定，並已商定金圓券貶值之政策，因於十一月九日第四次去函翁院長，請求立准辭職，內容如左：

「院長賜鑒。敬啟者雲五前因金圓券價值突變，負責呈請辭職，雖迭承總統及我公慰留，終不敢戀棧。再三陳請，幸荷鑒原。上星期承面命暫仍維持部務一星期。茲以財政經濟緊急處分令不得不作重大之修正，雲五為對原案應行負責之人，務請即日轉呈總統准予辭職，不僅明示責任所在，並可使修正案之執行益加順利，則雲五雖去職，轉於國家為有利也。懇切陳詞，不勝屏營待命之至（下略）

此函去後，果於十一月十一日總統以命令發表，准我辭職，同時命令以主計部主計長徐堪繼任財長。我早已準備交代，既見明令，立即往訪新任徐氏，請其即日到部接任，以重公務。嗣經商定於十五日接事。通常部會長官交替，少不了為自己所用之人打點一下。我則正如上文所說，到部以後，只用了兩三位自己人。現在稍有問題的，祇有兩人，且均係翁院長舊部，那便是主任秘書趙冠及總務司司長吳培均二氏。因即去函翁院長，請其於行政院中酌予位置。次日十三即得復函如左：

「岫廬吾兄大鑒。自兄辭職獲准後，徐次長柏園辭職，擬提院會照准。李次長倜君請辭，已復函慰留。趙冠已派為本院簡任秘書，吳培均聘為參議，均當分別公文送達。此次金融改革及經濟管制工作，始則兄特任其勞，今復多負其責，中外同深欽佩。弟原決定求去，徒以後繼未定，以致遷延。當此時事多艱，勉為過渡，仍當堅辭求退，以明寸心也（下略）。

十五日我到部親自對新任徐部長辦理交代後，同日接翁院長送來一函，並聘書一紙，聘我為行政院顧問，經於次日十六作復一函，如左：

「詠霓院長勛鑒。昨奉聘書，承聘雲五為行政院顧問，如係名譽之職，則雲五始終贊助政府，無論在朝在野，此志不渝；對此名義，自亦不敢固辭，但如附有報酬，則萬萬不敢領受，且併此名義亦不敢接受也。謹此陳明（下略）。

十九日翁院長復我一函如左：

「岫廬吾兄大鑒。十六日手書奉查。承允擔任本院顧問職務，至感。關於報酬一節，吾兄既堅不領受，自當勉從尊意，作為名譽職。專此奉復（下略）」。

以上便是我兩年有半的從政經過。現在把我辭職照准的總統府命令公布後，南京中央日報於十一月十二日以『王財長去職』為題所撰之短評，附錄於後，作為這兩年半回憶之結束：

「財政部長王雲五氏為財政經濟緊急措施之突變，引咎去職。今日政務官有政策者幾人？以政策為進退者幾人？能進而不能退者又有幾人？大家心裡都很明白；不待我們贅述。王雲五氏來得光明，去得磊落，開責任政治的風氣。我們真是衷心讚許。

這次經濟改革的挫折，原因很多。東北的軍事失利，共黨的滲透破壞，投機壟斷者的反攻，都有重大的影響。在我們的看法，經濟改革不能徹底進行，而中途全面退卻，乃使挫折益加嚴重……

政策談何容易。政務官以政策為進退，更須具民主政治的風度，尤須其人的生活能任其進退自如。在二千五百年前，曹劌已曾慨乎其言之：『肉食者鄙，未能遠謀。』我們今日可以說：一個人日久慣於肉食，就只能進而不能退了。總統倡導勤儉建國運動的時候，早已指出王雲五氏是一個勤儉的楷模。今日王氏去位之瀟灑，正足以說明他勤儉的美德，亦即為他政治的風度之內在支持力。」

（完）

生活篇

我的生活片段

一、我的學校生活

可憐得很，我的學校生活，一共不滿五年，比諸中華民國憲法規定兒童一律受基本教育的六年還有不足。

我出生之年，在前清光緒十四年，在民國前二十四年，當公元一八八八年。那時候科舉還未廢，新的學校剛要萌芽，但是讀英文的風氣卻頗盛行。假使我是生於屢代書香之家，至少還來得及考幾場童試，要是夠得上幸運，或者還獲得小小的「功名」。假使我是生在那時候所謂「洋務」之家，我或者會入各級的教會學校肄業，要是夠得上幸運，或者還會出洋留學幾年，撈得一個學位，回國後還趕上一條捷徑，獵取洋翰林洋進士的榮銜。可是我家自從記憶所及的遠代以來，沒有一位祖宗不是種田的，祇有我的父親童年隨親戚長輩遠赴上海學生意，畢生置身於商界。甚至從近人所編的香山（我的原籍廣東中山縣，舊名香山）詩選，其中所選宋代以來邑人的詩，我的本族人士作品膺選者祇有一首，是明代我的一位遠族祖所作，他祇是一名歲貢生。總算到了清光緒間同族產生了兩位秀才，一是我的一個叔祖，一是我的大哥。我家居然出了一個秀才，真是破天荒的奇事；但正因我的大哥破天荒成為秀才，卻又不幸於二十一歲的青年早逝，使我父親受了風水之說所影響，尤其是愛子情深，不願我蹈覆轍，因此縱然不必強我沿襲屢代的田間生活，至少要我跟他走入商業之途。其次，我的父親雖久居於洋務中心的上海，卻不是當時之所謂洋務人物，也不是基督教或天主教信徒，便沒有想到使我入教會學校。

此外還有一個使我早年失學的重大原因，就是由於我的幼年多病。記得在我九歲的時候，不知是否患了百日咳之故，因久咳而一度吐了幾口血。那時候西醫藥還未盛行於我國，縱然在我中年曾經一度的肺部檢查，並未發見舊疤，足見我的早年病患不是由於肺結核；但在那時候一種所謂「童子癆」的病象可把愛子情深之父母嚇壞了。我有了這樣的一種病象，更兼在我十歲的時候，我的大哥不幸去世，所以遲至十一歲春間我才開始入私塾讀書。

然在入私塾以前，我並非完全沒有讀書。因為經我的大哥在家裏教讀，我曾讀過三字經，千字文和四書之一部分。我的大哥是一位典型的舊式讀書人，治學很用功，一舉一動無不循規蹈矩。他和我們的表兄陸皓東（名中桂）烈士同學。陸烈士思想新，時吐露革命言論；我的大哥深為恐懼。及陸烈士於光緒二十一年因隨　孫中山先生發動第一次革命，就義於廣州；那時候我才七歲，大哥是十八九歲，他常為我道及陸烈士之年少英俊，竟不幸因革命而犧牲生命。在我聽到大哥敘述此事的口氣，一方面固佩服其就義前的英勇，他方面卻似痛惜他走錯了路。後來有一日當他教我讀孟子，讀到「君之視臣如土芥，則臣視君如寇仇」一段話，我經他解說以後，不禁高興萬分。那時候我對於民族意識還沒有印象，祇是由於中日戰爭，我國大敗，社會傳說都痛恨西太后信任太監，亂花國帑供自己的浪費，把人民看不在眼裏，這一次打了敗仗，我國人民不僅要給西洋人欺負，甚至東洋鬼也欺負了。我聽了這些話，此時又讀到這兩句話，便忍不住對大哥說：「那個西太后正是把我們當做土芥，我們為什麼不把她視同寇仇？陸表兄的造反，祇是要殺死寇仇，怎算得是造反？將來我長大起來，定也不肯把她放過。」大哥聽了這番話，大吃一驚，除力戒我不要胡言外，後來還對父親說過：「四弟讀書還不差，祇是防他長大後要走錯路。」

大哥去世的次年，我已經十一歲，才開始在上海入一家私塾讀書。我的老師姓蕭，是我的鄰居，也就是我父親的一位朋友的內弟。他設帳在親戚的家裏，收了一共不上二十名的學生。我在那裏祇讀了一年零二三個月，因為次年是一九〇〇年，也就是世人注意的庚子年，拳亂在其上半年便醞釀，大家傳說義和團要殺盡外國人和焚燬外國人所住的地方。我們所居的上海有許多外國人，父親因恐殃及池魚，決定趁早把家眷送回原籍。由於我們的故里離縣城頗遠，離省城更遠，本著大亂居鄉的原則，故有此舉。大約在那年的春末夏初，我便隨著母親二哥和兩位姊妹離開上海，乘船返廣東；也就離開了蕭老師的私塾。

我從蕭老師攻讀的時期內，不知怎樣總覺得沒有大哥教得好。我讀的還是四書，但蕭老師不像大哥那樣每章每節都講解大意，而且聽我隨時發問，有問必答。蕭老師的教法注重背誦，背誦不出或是背錯的，便打手心。我對這樣不加講解的課文毫無興趣。同時又怕打手心，不敢不像鸚鵡那樣背誦人言。在這樣壓迫的情形中讀書，我雖然僥倖在一年零幾個月間沒有捱過一次打手心，可是我對於讀書的興趣殊不濃厚，祇求敷衍塞責，因此，我自問成績並不很好。加以蕭老師還注重兩項科目都是我不很歡喜的：一是做對聯，由五言七言以至十餘言不等，務求其對仗工，使我覺得毫無意義；二是寫楷書和臨帖，這也與我個性不合。我的大哥雖然寫得一手好字，但他教我讀書時，卻不勉我寫楷書和臨帖，一任我自由塗鴉，有了這樣先入為主的教學，我對於蕭老師的教法，卻是衷心不很悅服；在戒方壓迫之下，勉強從事，自然不會有很好的成績。所以蕭老師偶然對我父親說起我，縱然沒有什麼惡評，卻認為我不一定是會讀書成名之人，和我的大哥所期許於我者相差很遠。

十二歲的下半年我住在鄉間，沒有讀書。到了次年春間，因為拳亂已息，父親又把我們接回上海。那時候因為遷居了，離開蕭老師的私塾太遠，而且我對於蕭老師的教法不很滿意，不願再跟他讀書，便在新居附近一位李老師的私塾就學。這位李老師的作風完全和蕭老師不同。奇怪得很，他所處的時代還不易接受新式的教育方法，卻主張把要讀的書彷彿和現在一般，分為精讀和略讀兩類。對於精讀的講解不厭求詳，不僅對於字句的意義絲毫不肯放鬆，而且對於章法句法一一闡述分明。《東萊博議》的調子，在今日許多人視為陳腐者，在當時看起來，對於初學做策論的學生不能認為無補。李老師常常用此書來教我。其闡述引申之勤在我今日回憶起來也還敬佩。他又教我讀《史記菁華錄》，也是選讀而精讀的。此外，他要我準備了《古文評注》、《孟子》、《左傳》、《唐詩三百首》、《曾文正公家書》、《閱微草堂筆記》、《三國演義》各一部，後三種聽我自己閱讀，等於現今所謂略讀；前幾種由他隨時選擇講授，但不講授時如果我自己看得懂，儘管自己閱看，不很明白的也可向他請教。

李老師的字寫得非常好，因為常常有人請他寫對聯和名片（那時候的名片字體是方寸左右，木刻後印在紅紙上；刻名片的店多請善於書法之人代寫，視寫字者的聲望和程度定其酬金的高低，與現在用鉛字排印的小名片不同），聽說每年由此收入的報酬不比教書所得的修金為少。對於習字一項，他看了我所寫的字，說我寫得太壞；但他不主張寫小楷，也不強迫我臨帖。他除了矯正我執筆和座位的姿勢以外，對我解釋字的結構，怎樣才算自然，怎的太不像樣。初時要我們寫方寸左右的字，還要我和兩三個程度相等的同學互相批評所寫的那一筆不像樣，各用墨筆加上一個叉，再把互相批評過的習字冊給他覆閱，應加叉號而漏加的，他用紅筆補上一個叉號，不應加叉號而加上的，他用紅筆取消那個墨筆的叉號；而且常叫我們互相批評的幾個同學立在他的書桌前，由他一一指正。這樣一來，我的確覺得所寫的字比從前像樣得多，縱然我因為不很喜歡臨帖，始終不曾寫得一手好字，祇是對於字的好壞還算能夠判別。他常對我們說，字是文字的衣冠，衣冠不一定要美，但不可不整潔。字寫得好是書家的事，但字寫得像樣是人人的事，因此，他自己雖長於書法，卻不勉強他的學生都學他的榜樣。

關於作文一項，我那時候是學作策論。他除了照例出題給我們作文外，有時也要我們對於所讀的書盡量發表自己的議論。有一次我因為閱讀《孟子》「舜為天子，臯陶為士，瞽瞍殺人……執之而已」一段，我發表了約近千字的長篇議論，認為臯陶與舜的處置都合分際。我的意見是天子以法治天下，如果自己的家人犯法而縱容，焉能強人民以守法。古時有太子犯法刑其師傅者，表面似乎重法，實則人民犯法既不能以他人代其受刑，何以太子犯法卻可刑其師傅為代？這顯然仍是重人而不重法。法既因人而別，則法不免失其效用。古時所謂議親議貴，便是重人而不重法。我以為能夠免受法所懲罰的至多祇限於天子一人；因為天子是法的最高主持者，用自己主持的法來懲罰自己，事實上是辦不到的；而且天子犯法漸多，將另有一種有效的懲罰，那就是湯武對於桀紂的革命，所以順乎天而應乎人。但是瞽瞍是舜的父；父子有天倫關係，聖人又以孝治天下；父犯法，子為天子而不許執法，固有違法徇私之嫌，父犯法子為天子而執法，則又有破毀天倫戕賊人性之弊；「其父攘羊而子證之」之不合中庸之道，正是此理；因之舜能「竊負而逃，遵海濱而處」實在是兩全辦法。我這番議論，在目前提出來，殊平淡無奇，然在那時候由年甫十三歲之我提出來，便不免使老師大大驚訝。但他的驚訝不似我的大哥聽了我就孟子「君之視臣如土芥，則臣視君如寇仇」所發的議論時那樣情形；他是以驚訝的態度來讚許我的。李老師本來對我有好感，讀了此文以後尤對我另眼相看。

有一次李老師的弟弟遠道來探望他，住在李老師的私塾裏約莫一月。我稱他為師叔；這位師叔聽說是一位舉人，在某地方做候補官，究竟他是什麼官我那時候全不懂。據李老師介紹我和師叔初見面時，他似乎說了關於我的許多好話，同時又對我說師叔的文章學問比他好得多，尤其是寫的字人人稱讚。師叔對我也很好；在這一個月內，每當我來塾早了一些，同學還未到齊時，師叔常常走出來和我單獨閒談。從他口中我聽到了不少關於做官的惡習。辛苦讀書和很有學問的人簡直無法和有錢而僥倖考試中式，或請「槍手」（就是冒名替考的人）而中式者比儗；尤其是近來公開捐官，有錢的人不論是否草包都可做大官，而有學問的寒士卻久久坐冷板凳候補。他對我說，他年紀相當老了，朝氣幾乎全消，早年壯志不復存在。國家前途惟寄託在後起之秀；他對我很有希望，除聽了李老師稱許我能用功而有思想外，他說還懂得看相，認為我將來或不是一個平凡的人，要我好自為之，但望我第一不要畏難，第二不要自滿。我聽了這位師叔的話，很為感動；也就不自揣，很想將來有機會能為國家盡一點力。到了師叔要離開上海重返其候補的地點時，他彷彿要對我留一點紀念。我的小名，本用「日祥」二字，入私塾讀書時也沒有改名。師叔卻自動為我取了一個別字，就是我現在所用的「雲五」二字。他說這意義是本於「日下現五色祥雲」的故實。他問我是否贊同。在我同意之後，他立即替我寫了方寸大小的「王雲五」三字，說將來找一個好的刻字人刻出來，便可用為名片。其實一個十三歲的兒童，那裏用得著名片。不過這位師叔的美意，我不忍忘懷，不僅至今仍使用這一時作為別字，現在作為名字的兩字外，他給我寫的三個字保存到我十七歲開始用名片的時候，真個應用起來，許多人見了都說這個名片的字頂出色。

我在李老師那裏受業的時期內，還有一件使我至今記憶猶新的小事。上文已經說過，當我從游蕭老師的時候，由於蕭老師注重做對聯，我認為無何意義不感興趣，但因被迫不能不學，也就懂得一些。在李老師那裏，他偶然也叫我們做對聯，但不很注重，更不強迫；因此偶然做起來倒也有些興趣。李老師私塾所在地的虹口青雲里一帶的里弄，都為廣東人聚居處，由廣東人所設的私塾聽說有十幾家。不知怎樣常有些稱為某某文社的出了上聯懸賞徵求最佳的下聯，所有應徵的對聯都由出題的文社聘旅居上海的廣東籍科第人物評定優劣，對於高列前幾名的分別給獎。發榜時張貼於青雲里總弄的入口處，並燃放爆竹誌慶。這樣的每隔兩三個月舉行一次。在我隨李老師讀書一年有半的時期內，已經見了不少次。應徵者什麼人都有，私塾中的高材生，附近里弄中通文墨的居民，甚至私塾的老師也有應徵的。有一次，當我在十四歲的上半年，所出的上聯為「菊放最宜邀友賞」。這個上聯太平凡，因之下聯要得獎必須有其特點，否則以平凡對平凡，人云亦云，將無法判別高下。李老師看了這個上聯後，一日對我說，做對聯本不是什麼學問，我平時並不注重；不過這一次徵文的冠軍獎品是一套袍褂料，不能不算優，聽說應徵者特別多。他以為這樣一個上聯人人都能對得相當工整，冠軍是不易斷定的；因此，要想高列前茅，惟有心思的人能別出心裁，才有制勝之望。他說我和另一位同學均有相當細密的心思；他問我是否願一嘗試，但他說為著他生平最恨考試時的「槍替」，他斷不能為我們的作品潤飾，祇是我們定稿後不妨給他一看，認為是否值得應徵。我們兩人都遵照他的指示，費了幾日工夫，我提出我的下聯為「蘇來奚後慰民思」，是本著孟子「后來其蘇」與「奚為後我」之意，把「蘇」字照其最初的意義為芥草，與「菊」字趁合，而其用法卻不作為草類。李老師看了這個下聯幾乎要跳起來，連說：「好極！好極！難得你有這樣心思和氣魄，我的眼光真不錯；祇要評閱的人真有眼光，保你高列三名以內。」而對於那位同學所作的下聯，李老師似嫌其平凡，不很鼓勵他應徵。後來他有沒有應徵我卻記不清楚了。我得了李老師這番鼓勵，固然不敢自信，卻也不甘自餒。在靜候發榜的時期內，心裏不免患得患失。可是像這樣近乎投考方式而靜候發榜之事項，在我過去六十五年的生涯中固然是第一次，也就是第末次；今後餘生恐未必有類似的遭遇，因為在我生平無論入學與就業從來沒有經過考試而候榜的。

真是巧得很，在爆竹齊鳴，文榜高張時候，我的名字竟列冠軍；在數百名應徵之人當中，想不到第一錦標竟被一個未滿十四歲的私塾學生奪取了。這不僅使老師和我的父母都很歡喜，我自己內心也竊竊私喜，後來聽說還有人打算替這個小孩子做媒呢！

但是高興的最高峰往往叢生著不少的荊棘；人生的遭遇固往往如此，我生平的遭遇尤有如定律。由於家庭的特殊關係，使我不得不於十四歲的下半年開始半工半讀，就是白日裏充當學徒，晚上入一所英文夜校讀英文，於是我便永久脫離了中文的學校生活，而轉向另一種生活了。

我開始讀英文，是在一所夜校。那個夜校的校長而兼惟一教員的吳先生是廣東人。據說他日間在一個英國律師事務所當翻譯，晚間辦這所學校。校址在英租界南京路附近一家酒莊的樓上，把連接三幢的房屋拆通了，成為一間很大的講堂，同時可容學生約兩百人，實際上他的學生幾乎滿了這個講堂。在這些學生中，以程度言，從初學英文字母的以至讀到第五六冊讀本的都有；以年齡計，從十三四歲的兒童以至四五十歲的中年與半老年不等；而這些形形式式與程度不齊的許多人都擠在同一講堂內。學生到校可在一排排的長桌和長凳上自己選擇座位，但是接近講臺和黑板第一排座位必須空著，原來是留給輪到授課的一班學生所用的，至於上課的順序，大致是程度最淺的最先，最深的最後。尚未輪到授課的學生都在自己選定的座位上準備功課；已授課後或即離校，或仍退回原選定的座位上繼續準備功課，或旁聽他班學生的功課。在這樣像茶館式的一間講堂，擠滿了約莫二百人，在教師未開始授課時，固然是讀書聲和談話聲混在一起，嘈雜不堪。即在開始授課後，照章除在授課的一班學生得依教師吩咐朗誦所讀功課及答覆考問外，其他各班學生是不許發出讀書之聲音，尤其是不許談話的；但由於學生人數之多，流品之雜，授課時不許讀書和談話的標語雖然遍貼講堂的四壁，事實上讀書聲或會降低一些，喁喁細語仍時有聚蚊成雷的狀態。因此，除了坐在第一排的學生，因接近教師的席位能夠聽清楚講讀的聲音外，其坐在較後幾排的祇能看見教師的嘴和手在動著，簡直沒有聽見他說什麼。較能用功的學生，想在本班的功課以外還聽到比自己高一班或低一班的功課者，便祇好搶先坐在第二三排的凳子上，因為那裏還勉強聽得到授課的聲音。反之，有些歡喜談話的學生卻爭取最後幾排座位，可以和幾個知好的同學實行茶館式的消遣。吳先生雖坐在或站在講臺上，可以居高臨下，對於後排學生的舉動看得清楚，但所能看到的祇是他們沒有張嘴附耳或動手，卻無法聽到他們的聲音，正如他們無法聽到吳先生教書的聲音一般。因此，同學間對於前面第二三排和後面第二三排的座位共同起了兩個雅稱，前面第二三排稱為「前包廂」，後面第一二三排則稱為「後包廂」；簡直把戲院的名稱搬到學校的講堂上了。我初入那個學校時，不知就裏，祇揀空位而坐，既不擇前後，也不願意找同伴；因為我認為來此既以讀書為目的，橫豎在授課時都有輪流移坐第一排的機會，而在自己準備功課時，更用不著和同伴坐在一起，以免閒談分心。後來得了一些經驗，便儘可能趕早到校，在「前包廂」內爭取一個座位，藉此兼聽比我高一班的功課。

初時我對於同班的學生都不認識，但同班畢竟較易相稔。我雖然不願和他們於未授課時坐在一起，以免如上文所說的談話分心；可是有好幾位同班的學生因我對於功課還能用功，在教師考問功課之時都答得出，而他們或因事忙，或因授課時候沒有聽得明白，往往在下次上課要受考問的時候不得不臨時抱佛腳；所以在自由選擇座位之際，自動要和我坐在一起，把不很明白的功課向我請教。因此，我雖想避開他們，他們卻使我無法避開。經過了相當時期，我們便由同班同學而漸漸相稔起來。其中幾位年紀都比我大得多。他們不僅在校內對我很好，散學後也偕我一起出校，偶然還請我在附近的點心店吃些小食。我因好意難卻，吃了他們幾頓後，覺得禮尚往來，專要人家會鈔是不合情理的，也就有一二次由我爭做主人，搶著會鈔。有一次情形可就不同了！一位年紀近三十歲的同班同學，說是一家商店的管帳，中國書讀得還不差，薪水收入聽說還好；可是英文讀得太不成，特別是發音錯誤很多。他幾乎每日都要我把功課重教他幾遍，因此對我特別親切，請我吃點心的次數最多。某晚下課稍早，出校後他帶我和另一位約廿歲的同學逛馬路，走了一些時，他忽然對那位同學低聲說了幾句，便對我說要請我們到一家道地蘇州點心店吃點心。我推說時間已不早，我要回家。他和那個同學左右把我夾著，硬說已將到該店，何必過門而不入呢。我畢竟年事太輕，不懂世故；而且我那時雖沒有其他嗜好，但口饞好吃，在所不免，因此便隨他們擺佈，給他們領進一條很熱鬧的弄內。此時我方有些懷疑，質問他們為什麼這家點心店設在弄內。他們說，這是人家所做的道地蘇州點心，因為做得很好，遠近馳名，不必設在馬路上也不怕無人過問的。在我將信將疑之際，他們把我帶到一家門口點著一個大玻璃燈，用紅漆寫上幾個字，一瞥眼我祇看見「書寓」兩字的。他們把我一擁入門，隨著還把我擁進一個房間，裏面有兩個打扮得很妖嬈的女子笑面相迎。我一看這情形，縱然對於「書寓」的意義不很明白，直覺上總認為這不是一個正當的地方；便正式質問這兩位同學，帶我來此做什麼。他們和房內的兩個女子都哈哈大笑起來。其中一個同學說：「你是最歡喜讀書的，所以我們帶你到這所「書寓」來，好讓你揀些心愛的書讀一讀。」我聽了這話，深知上了當，但一來是比較要好的同學，二來事已至此，和他們翻臉，徒然供他們談笑資料；於是乘機把臉孔一變，落得隨和一下，笑著對他們說：「我不是傻子，不過你們不應該騙我啊！」經過了我這一句話，局勢馬上輕鬆起來。兩名妓女和我的同學盡情調笑一番，其中夾著多次對我的取笑。最後，他們真個叫了一些點心回來，讓我吃了一頓，才讓我先回家。

抵家時，已在十一時後；這是我有生以來獨自出外回家最遲的一夜。我的父親晚飯後出外訪友早已回來，我的母親平時總是在我上課回家後即上床，這一夜因我回家遲了兩小時以上，兩老不免擔心我會遭遇什麼意外，幸而那時候上海還沒有汽車和電車，路上的意外慘禍還不多。但在倚閭而望的老人心中，一分鐘簡直像一點鐘那樣久，不僅因此使我母親遲睡了兩小時以上，而且累她焦慮萬分；我的父親向來雖睡得稍遲，也是同樣的關心。等我抵家門之時，用不著自己掏出鑰匙開門，父親已在大門半開之下朝外張望了。我一入門又見著平時早睡的母親坐在門內不遠。這時候我在精神上所受打擊，真是活到十四五歲最大的一次，用不著父母盤問或責備，我立即想「自首」；但又覺得在夜校讀英文雖沒有多大進步，畢竟比不入校讀書為好，深恐「自首」以後，父母不能諒我此次舉動並非出於自願，仍不免顧慮到匪友的誘惑，而終止我的學業。我在那個窮急的剎那間，面紅耳赤，已表示了不打自招的徵象。但我總算有一點急智，立即對父母說，我是給巡捕（外國租界警察的稱謂）捉到巡捕房（警察所）了；因為放學後走路回家，途中尿急，遂在馬路僻靜處小便，想不到後面走來一個巡捕，把我捉到捕房去。本來罰了一塊銀元，就可立時放出來；但因巡捕頭沒工夫問話，我在捕房候了一小時以上，才得到問話的機會，結果因我年紀輕，減半罰了五角錢，還詰誡一番，然後被釋放。我這一番謊話，說來有聲有色，而且一個十幾歲的少年初次犯了違警罪而受罰，面紅耳赤，逡巡不敢直言，後來知道瞞不過，才直說出來，按諸當時我的神色狀態，卻甚合情理。因此，我的父母都給我瞞過，不僅不責我當街小便以致被罰，而且還對我很同情，怕我受驚，又問我有無給巡捕打耳光，和捕房裏的情形，問長問短的說個不休。幸虧我一扯謊就扯到底，尚能自圓其說。也幸虧舊日安分守己的人，以一生不入衙門為好人。我的父親那時候雖年近五十，在上海住了三十幾年，從來沒有因案入過捕房，此中情形自然一無所知，對於我的謊話也就深信不疑，我母親更不必說了。最後，由兩老安慰我一番，大家才就寢。在我上床時，已是午夜十二時後；按照我家當時的生活情形，一年當中衹有陰曆除夕守歲才睡得這樣遲，此外真是一年中不會有第二次的。但我上床後，因受了這樣的刺激，特別是向來不敢而且不願在父母面前扯謊的，這一次竟然破天荒鑄成這樣的大錯，愈想愈受良心的譴責，深覺還是把真相明告父母為好；因為到妓院不是我的本意，於心無愧，在父母之前直認了，於心尚安。至於父母是否因此生疑，那是另一問題，至少是我自己的良心可不負責。記得曾見過人家一副對聯寫著：「豈能盡如人意，但求無愧我心。」我頗服膺此語。在他人的意見或不易取得諒解者，尚可置諸不計，況親愛如父母，祇要我能說實話，他們終會諒解的。我自問年紀雖小，平素做事尚有些決斷；為什麼這次卻如此胡塗，對父母說謊呢。於是自怨自艾，輾轉反側不能成寐；而於妓院之事雖頗痛恨該兩同學，卻認為不是自己之錯，用不著難過。次日特別早起，一等到我的父母起來，便把昨晚遲歸的實情與說謊的動機都向兩老「自首」。兩老聽了這番話，倒很高興，他們都深信我不會冶遊，而對於說謊的動機也深為原諒，惟要我今後交友加意審慎而已。一場風波也就寧息。

我在這所夜校讀書的時期一共七個月。依我說過的該校環境下，讀書是不會有了不起的成績的。我總算跳了一班，就是在英文讀本第一冊講讀了一半左右，升到較高的一班，改讀英文讀本第二冊，還加上一本納氏文法第一冊。但我對於未正式讀過的功課並不生疏，因為幾個月以來，我除在第一排座位聽講本班的功課外，還在退返「前包廂」時，兼讀比我高一班的功課呢。我為什麼要離開這個學校呢？這絕不是由於上文的插曲，致使父親不放心讓我繼續下去。其實他聽了我自首以後，毫不介意；而且那兩位同學也沒有什麼惡意，祇是對我尋開心，到了那個插曲演奏後的次晚，我把那一夜回家後的經過和次晨的「自首」情形一五一十對他們說明，請他們尊重我，不要拉我下水；而且我還板起面孔，裝出少年老成的態度，勸他們好好讀書，不要再到那些地方胡混。那位商店管帳很受感動，他鄭重地說：「你這位小弟弟不僅在英文功課上做了我的先生，而且在做人處世上也能做我的先生了。」他還說，以我的志願和勤學，能夠改入一所正式學校，全日讀書，前途定不可限量，因此他力勸我放棄日間的學徒生活，改入日校。真想不到，這樣一位可做「損友」的人，竟一變而為「益友」；我後來擺脫夜校，改入日校，也多少受了他的鼓勵。一有機會我便對父親提起要入日校讀書。後來因為我的二姊回廣東出嫁，父親和二哥都在上海任職，不能偕同回里。那時候我已是十五歲，處事還帶幾分老練；父親要我陪同母親和二姊乘船經香港返我們的家鄉。這樣我便和那個夜校脫離，並向習業的所在請了半年假。

在我十六歲的春間，我跟母親和二姊的丈夫同來上海。我的姊夫家境頗好，他在讀書歷程上比我幸運得多，他比我大四歲，在鄉裏的經館讀書到十七歲，考過一場縣試，沒有考中，後來到香港讀了兩年多的英文。十九歲回家結婚，次年春他的母親留著我的姊姊在家中相伴，卻使他跟我母親來上海，住在我家中，和我一起讀英文。我心裏非常歡喜，因為有了這樣一個機會，我至少有辭可藉，請求父親准許我和姊夫一起在日校讀書。果然到了上海後，由於我的請求，和母親的贊同，父親便滿口答應了。記得在這年四月間，我和姊夫同入虹口的守真書館讀英文。這是美國教會所辦的一所英文專修學校。主持校務而兼教最高班功課的是一位美國牧師的太太，而牧師先生除講道外卻不擔任功課。此外還有兩位教員，一是牧師先生的女兒，是跛腳的，扶著一支手杖行走；另一位是中國人王醫生，他在北洋醫學堂畢業後曾留學美國一些時。該校分設八級，第八級程度最淺。四五六七八級的功課以由王醫生擔任為主；一二三級功課則由牧師太太與其女擔任為主。聽說牧師太太的學問很好，其女也是美國大學畢業的。我初入該校時插入第六級；我的姊夫則入第五級。該校的升級不限時期，每月經過一次的考試，如果成績特優都可以升級。我在第一次月考後，由王醫生把我提升到第五級，和我的姊夫同級。到是年七月暑期前，我已經升到第四級。下半年繼續入學，記得經過十月底的考試我又升到第三級；而年終大考後，決定下年度開學時我可以升到第二級。第二級的功課是美國波爾文讀本第七冊，還有英文的世界史和世界地理；算學則有初等代數和平面幾何。這一段的讀書時期，算得是我的學校生活的黃金時期，因為三位教師都待我很好，特別是王醫生給我的鼓勵真是不少。在第四級以下的功課，除一門美國史外，全由王醫生教授；而由第四級升至第三級，因大部分功課改由美國教師講授，本來是不容易跳級的，王醫生卻特別為我推薦；同時我於是年十月升至第三級，聽講還算合格，不能不歸功於我對是年暑假兩個月時間之善為利用。英文比較上還容易躐等，但算學可不能如此，而史地的知識也不能欠缺，須經過考試及格才能升級。我在上半年得了王醫生的鼓勵，連升兩級，打算在下半年至少也跳一級，但因功課愈深則愈難，絕不敢妄想連升幾級。在暑假中，我購齊了第三級所用的各科課本，把最難自修的代數前半部和平面幾何的一部分，靠自己的摸索，來學習和演算。在第二個月考的十月底，經過了考試後，我幸列全級第一，因此王醫生向牧師太太建議把我提升到第三級。當經牧師太太親自出題把第三級正在攻讀的課程給我考試，據說除世界地理一科成績稍差外，其他均在第三級一般水準之上，算學尤為特優。因此我便獲得此次破格的升級了。到了陽曆一月間舉行的年終考試，我也僥倖名列前茅，牧師太太認為在下一學期我可升入第二級。

在這短短的一學期有半，實際上，上課不滿八個月，我從第六級升到第三級，最後又有升至第二級之可能，固然是那時候那所學校的升級制度給我莫大的鼓勵，但我對於讀書機會之難得而盡力利用，也是重大原因。加以我的求知欲很濃厚，無論入了那一種學問之門，總覺得很有興趣，不止希望能夠一步步深入，還想探訪其鄰近的蘊藏。當然好勝之心人皆有之，少年時代之我怎能成為例外。雖然我絕不敢有驕色，嫉忌我的同學也不很多；卻有一位我的世交，當我入校時他本在第五級，高我一級，後來我升到和他同級。記得在一次月考中，考驗英文讀本的成績時，各學生都站在教師面前，排列成行，各人背後有一張座椅，由教師依序提出一個生字，給輪到的學生拼字和解釋意義；答案滿意的仍然站著，答不出或答錯的便須坐下，最後仍站著的一個人就成為這一科考驗的第一名，而最後坐下之一人為第二名。我在那次考驗該科時，和那位世交是最後站著的兩人，因為祇剩下兩人，教師的發問便對兩人輪流而發，競爭頗熱烈。我卻滿不在乎，因為我是初次升入本級的，縱然考個第二名也無關係，但那位世交向來很用功，成績為全級冠，給一個新升級的人壓倒未免有些難堪，情緒也就異常緊張。倒是那些坐下來觀戰的同學們優閑而感覺有趣；這次競爭的結果，我是勝利了。這位世交精神很沮喪，王醫生真是一位好教師，一面安慰他，一面還教我和他握握手，好像是比賽足球後，勝利方面的隊長對失敗方面致意一般。但其後加上算術及英文法兩門的成績，他畢竟居第一，我居第二。我倒因此安心一些，藉此免招他的嫉忌。可是暑假後我們二人均升入第四級，又作了一次相類的競賽，結果我列第一，他卻退居第三。下半年我續由第四級升第三級，他留第四級，而且當我離開第四級後，他不僅未能考列第一，卻轉而落後。據說他的天才本不差，平時又肯用功；但受上次挫折後，心理突然變態，遠不如前此之用功，同時對我痛恨有如仇敵。因此，我常常覺得任何競爭過烈的考試制度，使人刺激過深者，皆有修正之必要。我那位世交，聽說後來很潦倒，我偶一回憶，殊覺不安。

好景不常，世事本來如此；我的一生，甚至在少年求學當中仍不能免此，這似乎是冥冥中注定一般。上文說過，我已於十六歲的陰曆年底考升了第二級，滿擬過年後便入該級上課，假使我的努力結果不致落空，下半年當可升第一級，在該校便算登峰造極，將來有沒有再深造的機會縱然不敢預必，可是在這一個學校的學業總不難完成了。但在春季開學前我又遭遇一個波折。原因是我的父親所經營的商業不時有與外國人往來及通信情事，最近幾年間由二哥助理此種工作。此時二哥在外間獲得一個相當優美的位置；父親為著他的前途，祇好讓他離開，一時間找不到適當的人代任其職。同時父親知我年來英文頗進步，雖然年紀小一點，能力卻還勝任，因此便要我從十七歲開始的年頭，停了學業幫助他。他徵詢我的意見，我心裏雖捨不得離開該校，更不願從事商業，但事實擺在面前，我如不來相助，要父親另行物色適當而可靠的人恐怕也不易辦到。為了這樣，寧讓自己內心難過，不願使老人家不歡，我就答應下來，祇說我對於讀書頗有興趣，商業卻不很適宜，將來父親隨時另行覓人，最好在半年以後仍讓我去讀書。父親也就應允了。在此半年之間，我白天協助父親，晚間，甚至日間稍有暇，總是一書在手，努力自修。這時候我已漸養成對環境苦鬬的習性，認為小時候由於多病不能早讀書，童年在私塾讀中文，剛有進境，又輟學改為半功半讀；好容易在最近大半年內入守真書館讀英文，成績尚不差，忽又輟學；這或者是我的命運使然，但我不甘屈服於命運，決藉自修而補缺憾，加以在守真書館讀書的一個暑假內藉自修而獲致相當成績，此項成績得之艱難，彌覺珍貴，故毫不自餒。到了那年五六月間，因想在暑假後再入校讀書，暗中徵得我的姊夫同意，由他代替我為父親助理，好讓我入學校。但是學費一項，我既不能替父親出力，更何忍要父親出錢；於是決計另謀自給。幸而有人介紹我在一家英文夜校當助教，每月有二三十元收入，自計足敷日間入學之需。我對這些事項都已布置妥當，便先與母親商量，得她同意，並允向父親疏通，果然一說便成。於是是年暑假後，我便入上海的同文館修業。

同文館是一位英國老教師布茂林 Charles Budd 先生所設立。他來中國多年，在北京的同文館當教員，後來該館停辦，他便來上海，自己創辦這個學校，沿用同文館的名稱。其所設學科固以英文為主，但是歷史、地理、普通科學以及經濟學、論理學無所不教，甚至願學拉丁文的學生，他也能教。據說各科目的程度係按照英國中學校，以能投考英國劍橋或牛津大學為準，按程度分為五班。我初入該校時，插第二班讀了三個月後，布先生說我的程度可入第一班，問我願升班否，我當然認為是求之不得的機會。該校雖分五班之多，而除了布先生一人唱獨角戲外，祇有一位助教，實即是英國式的教生 Monitor。教生的任務是每星期以六日的上午替布先生教第三班以下學生的一部分功課，還可在每日下午布先生教第一班學生時隨班聽講。我升入第一班的四個月以後，由於原任教生某君應某省高等學堂之聘，擔任英文教員，我幸而被布先生拔充教生，以承其乏。我擔任教生時期內，因有了薪水，而且免繳學費，便把英文夜校的助教一席辭掉，俾能利用晚間的時間多多自修。我在同文館做了七個月的學生和十個月的教生，可說是我的學校生活中第二個黃金時期，尤其是任教生的時期讀書的機會最多，在學問上的收穫也最廣，具詳我所另寫「我的圖書館生活」一文，茲不複述。總計我以學生資格讀英文的實際時日，有吳先生的夜校七個月，守真書館八個月，同文館也是七個月，合計為二十二個月，此後我便不能有入學讀書的機會了。但是我對於有形的學校生活雖已終止於彼時，而無形的學校生活則繼續不斷，以迄於相距半世紀的今日。

二、我的圖書館生活

我在學校的時期很短；我在圖書館的時期卻很長。我不是職業的圖書館館員；但我大半生消磨於圖書館的時間恐怕比一般職業的圖書館館員尤多；一個職業的圖書館館員至多與一二十所圖書館發生過關係，而與我有關係的圖書館至少有幾千所。這究竟是怎樣一回事，且聽我敘述一下。

與我最先發生關係的圖書館，是英國布茂林先生的私人圖書館。他是我在少年時的英文教師。我在十七歲（民國前七年，當公元一九〇五年）的上半年開始跟他讀書，經過實際上七個月的工夫幸而被布先生拔充教生。每月領薪水二十四元，還可於每日下午布先生教授第一班學生的功課時隨班聽講，而且隨時可以作文請布先生評定改正，自己讀書有問題時也可向布先生請教。我任教生約一年；在這期內我確實獲得不少的進步，特別是由於開始利用布先生的私人圖書館。它所藏的當然都是英文書籍，為數約六七百冊，範圍卻很廣，各科各類無所不包，其中還有一些外國人所著關於中國的書籍。我的家庭並不是書香門第，縱然我的大哥破天荒中了一名秀才，卻不幸早逝。他縱然有幾部舊書，也都存在廣東的老家裏。在上海的家裏祇有我父親購藏的一部同文書局版二十四史算得是有些價值，此外簡直沒有什麼對我有用的書籍。我自己從十四五歲以來雖也零零星星買了一些書，可是都以中等程度各科目的自修參考者為限。現在有了這樣的便利，彷彿是鄉下人進城，見著什麼都心喜；又彷彿是過屠門之人，都想大嚼一頓。因此，我就常在他的書室裏盤桓，把每一本書都翻閱一下。得了他的同意，每隔幾日必借一本書回家閱讀；又為著怕他自己要用，所有借出的書都不敢耽擱過久，遂養成一種趕快讀書的習慣。好在每天下午是我自由隨班聽講的時候，第一班的功課我或已讀過，或覺得自己閱讀比聽講快得多，倒不如利用這些時間自己補讀，可以騰出較多的時間，去讀每次向布先生借取範圍遠較廣汎與程度高深的書籍。因此，在每日下午布先生獨自上課的時候，我不是躲在他的書室裡，把用不著借回家去或者不便借回家去的書籍作閃電式的閱讀，便是在家裏把借回來的書細細閱讀，夜以繼日，有時還開夜車讀至十一二時才睡，而其中一部分的讀書時間卻是躺在床上，漸漸也就養成上床後，不讀書不能入睡的習慣。

這時期內，我讀的英文名著，第一部是遵照布先生指示的馬可萊氏英國史；這是兩厚冊的巨籍。布先生對我說，縱然不注意這書的內容，其文章也是最值得一讀的。的確，這部書讀完後，對於我的英文著實有很大幫助。此外的書大都是由我自己隨好奇心與興趣而選擇，偶然也請教一下布先生。舉其類別和重要書名來說，在經濟學方面有亞丹斯密的《國富論》（嚴又陵氏譯本稱為《原富》）；在社會學方面有斯賓塞爾的《社會學原理》（嚴譯名為《社會通詮》）；在法學方面有孟德斯鳩的《法意》；在自然科學方面有達爾文的《物種原始》；在哲學方面有埃兒曼的哲學史，有柏拉圖的對話，有休謨的人類理解；在政治學方面有穆勒約翰的《代議政府及自由論》（後者嚴譯稱為《群己權界論》）與盧騷的《社約論》；在教育方面有斯賓塞爾的《教育論》；在歷史方面有克萊爾的《法國革命史》及英人某氏的《中國》。但對於文學方面，我除了培根的論文集，馬可萊的論文集，佛蘭克林的自傳，布恩的天國歷程與阿拉伯之夜（即《天方夜談》）幾種名著外，其他頗不感興趣，特別是對於莎士比亞的戲劇和米爾頓等的詩，雖然布先生很勸我一讀，我總覺得不如其他之有興趣，勉強一讀，也就放下。這或者是我不能成為英文學家之一原因。

還有一件很奇怪的事。我自從離開了不滿三年的中文私塾生活，對於國學既沒有根底，對於國文也還不很通順；卻因開始念英文，這幾年間在校中所讀與在校外自修都限於英文及新的基本學科，致把中國文史簡直置諸腦後。自從得讀英文的《中國》，使我感覺對中國史的興趣，於是把家中所藏之一部二十四史隨便翻閱。由於我國的正史都是紀傳體，一時摸不著頭腦，遂買了《通鑑紀事本末》與從日文漢譯的《支那通史》各一部，讀過後得了一些線索。又因《史記》不祇是第一部的正史，而且聽說其文章最好，便從對《史記》的閱讀，而開始涉獵中國的史籍。同時，在讀英文的《國富論》、《法意》等社會科學名著之時，獲悉有嚴又陵氏的譯本，取而對照，覺嚴氏的譯文典雅頗有為我所不盡了解，轉不如英文原本之易讀；因思中國人讀中文不能如外國文之容易，實屬可恥，遂決意多讀中國古籍，以雪此恥。這是後來的事，不關本題；然其動機竟為此一時期的外國圖書所激發，殊值得畢生的回味。

在我十八歲的下半年，因有一個機會接受上海一英文專修學校之聘，代替那位別有高就的校主擔任一切的功課，每月有將近二百元的收入。雖然因此失去了布先生的指導和對他的私人圖書館的利用，但我卻從新的圖書資源，就我的臥室開始建立自己的一所圖書館。我每月驟增了一百多元的收入；那時候每一元的效用比戰前不知增加幾多倍，比諸現在更不必說。當我在同文館任教生時每月所得的二十四元，除以半數獻給我的母親零用外，自己支配的十二元已經綽有餘裕。此際每月所得也是照樣處理。一個年甫十八的少年，除了偶然和幾位少年朋友吃些點心外，別無其他嗜好可以花費這許多錢。於是我自己支配的半數每月剩餘約七八十元便都變為書籍。那時候的英文專修學校，除星期日休息外，星期三和星期六的下午也停課；而這兩個下午我總是消遣於北京路一帶的舊西書店和河南路福州路一帶的中文書店。這些舊西書店多從拍賣行把外國人回國者的家具什物和書籍一起買回來。它們對於家具什物都還識貨，自能待價而沽；但對於西書既不知其內容，便祇憑外表裝訂之優劣與書籍的新舊，胡亂定價出售。我在布先生那裏當教生的一年自動閱讀的書頗多，對於西學已略窺門徑，於是某書有用，某書無用，便不致隨其外表而定；因此，在那裏搜購西書往往獲得很有價值的名著，而代價之低往往在原定價十分之一以下。至對於中文書籍既由讀英文書而引起興趣，也常常向掃葉山房等購石印古書，廣智書局等購日文翻譯書，文明書局、商務書館等購新編各種書；所以不到一年我便積聚了中外新舊的書籍好幾百冊。我個人獨居的小小臥室居然堆滿了三壁圖書，奠立了在大陸淪陷前總計不下八萬冊的私人圖書館之基礎。

在此時期，我的私人圖書館中突然增加了一部三十多巨冊的大英百科全書，那是由商務印書館的西書部代理，而可以先行取書分期付款的。記得每月付款為十二元，約於兩年內付清。我得了這部裝潢華美，印刷精良的大部書，不僅為我那時候的私人圖書館大大生色，而且對我個人以後至少二十年間的讀書興趣影響了不少。本來我之讀書沒有一定目的，又除在同文館任教生之一段時期外，並沒有得人指導；因此便隨一己的興趣與求知欲之濃厚，而且個人由於自修的磨練，理解力也頗強，對於任何一項新的科目在入門之始都不感什麼困難；而這部大英百科全書得來並不容易，且係按月付款，無時不使我重視其代價；於是我從那時起接連約二年之內，幾乎每日都把這部書翻讀二三小時，除按各冊順序翻閱一下外，對於前後相關的條文更就索引所指示，依類閱讀無誤。結果，除了許多人名地名無關重要者略而不讀外，所有重要條文幾乎都曾涉獵。這樣的讀書方法，博而不專，原是很愚拙的，在那時候有些知好和學生獲知此事，頗加讚許，認為難能可貴，我那時聽了這樣的批評也不以為忤，可是現在回想一下，不僅把這兩三年間自己讀書時間的一個重要部分占據了，而且由於博而不專的習慣養成，使我以後約莫二十年的自己讀書常常變更其興趣與學科，結果成為一個四不像的學者，否則以我對於讀書的興趣，自問理解與記憶均不差，縱然沒機會進大學之門，至少也可以靠自己專攻一科，而獲廁於專家之列呢！

我在十九歲秋季後，改就中國新公學英文教席，嗣因中國新公學仍併入中國公學，轉就該校任教，迄於辛亥革命上海光復之時，其間四年，月薪較優，任課之鐘點也較少；在較後的兩年間又兼他校功課與報館撰譯，月入更多。因之，聚書之能力更強，讀書之需要也更殷。及民國初元我先任職於南京臨時政府，繼隨政府北遷；那時候上海寓所的藏書已達六七千冊。除把必須之一部分隨帶至北平外，我在留北平服務之五六年間，退食之餘仍不輟讀，仍繼續聚書，並開始收集木版書，與法政經濟社會之英日文著作。及民國五年南返，合平滬兩地的藏書，計已在萬冊以上。從此時起，迄於加入商務印書館之時，其間四年，由於第一次歐戰後外匯匯價大跌，美金一元僅當我國國幣七八角，於是向外國購買新出版書籍的價格至廉；同時我對各科學術都有了門徑，也就得以極廉之價選購最精要之作。加以最近數年漸能讀法文及德文書籍，故於中英日文的藏書外，還參入若干法文及德文著作。

像這樣憑藉私人圖書館而讀書，到了民國十年我開始擔任商務印書館編譯所所長以後，便有所改變。由於該館原有的涵芬樓所藏舊書二三十萬冊，英日德法文書籍五六萬冊，隸屬於編譯所而由我主持；於是我對於圖書館之利用，不僅範圍大大加廣，而且可以按需要而大量增購。未幾商務印書館董事會議決撥款新建館屋，將涵芬樓藏書公開閱覽，更名為東方圖書館，而由我主持籌備。我認為圖書館之公開，首須作合理的圖書分類，以便檢取書籍。我國舊日的四部分類法失諸粗疏，專供舊書的分類，尚覺不適於用，況現代圖書館皆兼收西方新籍與其譯本，及近人對新學術的著述，其不能以舊分類法為之統馭，更屬顯明。涵芬樓之所藏固以舊籍為多，新書與各國文字之圖書亦復不少；要採用何種分類法始能統馭中外新舊之圖書，實有亟予研究之必要。

我平素不自量力，對於主管工作的當前問題，尤不肯放棄。經過相當研究之後，遂作成「中外圖書統一分類法」。這方法不是一種發明，而是建築在美國杜威氏的十進分類法的基礎上，加上若干點綴，使更適於中國圖書館的應用而已。美國是圖書館學最發達的國家，其各種分類法多為世界各國所採行。據其圖書館學專家卡特氏說：「圖書分類至少須符合兩個條件：㈠需要按著性質相同的分類，換句話說，就是按照圖書內容在科學上所占的地位而分類；㈡須把所有圖書按照它的種類分別陳列起來，務使同類的書不要分開，不同類的書不要攙入。」這的確是很適當的定義；對於一種圖書分類法之是否完善儘可按此義而加以鑑衡。

我國的圖書分類，最古者當推漢朝劉歆的七略，就是把圖書分為輯略、六藝略、諸子略、詩賦略、兵書略、術數略、方技略七大類。其後歷代均稍有損益；直至唐代才有所謂四部分類法，就是把圖書分為經史子集四大類。自唐以來，這分類法也時有變動；至清初修四庫全書，雖把細目增訂了不少，根本上仍不脫經史子集的分類法。從表面上觀察，這雖似按性質的分類法，但細加研究，多少還是傾向於形式的分類法。例如經部的書經本是一部古史，詩經本是文學，春秋也是歷史，三禮都是社會科學，論、孟也可說是哲學，若嚴格按照性質分類，當然是不能歸入同一類的。但舊法分類的原則，因為這些都是很古的著作，而且是儒家所認為正宗的著作，便按著著作的時期和著者的身分，不問性質如何，勉強混合為一類。關於子部呢，也是同樣的情形，把哲學、宗教、自然科學、社會科學各類的書籍併在一起。關於集部，尤其是複雜，表面上雖皆偏於文學方面，其實無論內部屬那一類的書籍，祇要是不能歸入經、史、子三部的都視為集部。所以四部之中祇有史部還合乎按性質的分類；不過目錄學因沒有相當的部可入，也就歸入史部，這一點似又與依性質分類的宗旨不符了。

外國圖書按性質的分類，可說是發源於希臘的亞里士多德。他主張把學問分為歷史、哲學、文學三大類，後來英國哲學家培根再把這三大類各分為若干小類，就成為西方圖書分類法的濫觴。演進至今，由於學術的發展日益精細，圖書分類法也日益詳密。雖國別不同，專家不一，其分類的大原則總是按照各種圖書在科學上所占的地位而定。至於分類的形式就是用以代表類別的符號，大概有三種：第一種是以字母作符號；第二種是以字母和數目作符號；第三種是完全以數目作符號。用數目作符號之典型分類法便是美國杜威氏的十進分類法，各國採用之者頗多，即在我國也頗流行。一因十進具有最自然的順序，由千而百而十而單位而小數，秩序井然；二因字母所代表者為一種學科的西文名詞的簡寫，對於不諳西文之人自不便利用。但是杜威氏的分類法雖有種種便利，卻因其對於中國特有的圖書不易容納，而且由於他以西方為主體，對於有關中國的事物祇留給一個很微小的地位，在以中國書籍為主的我國圖書館是不很適用的。因此，國內圖書館專家採用杜威氏方法者往往加以多少的改變；或於十大類之外，增加若干大類以位置我國的經史子集等，或合併杜威氏原有的若干大類，騰出其地位，以容納中國特有的圖書；或者外國書照杜威氏分類法，中國書則另按一個系統而分類。這些雖也是補救的方法，但是中外的學術本有可溝通之處，卻因分類法之作梗，硬把性質相關或相同的書籍排列於距離很遠的地位，這不祇是在參考上很不方便，而且強於中西學術間劃一鴻溝，尤為不當。此外，由於中外圖書分別排列之故，甚至一本西文書譯成中文者也不能不與西文原本遠離，另按中國書籍來分類，並且陳列在距離原本很遠的書架上。為了這種種的理由，我一心一意以中外圖書統一分類為大原則，而認為祇要在科學上的類別相同即須歸在一起；不僅原本與譯本絕對並列，即我國古籍的內容在科學的類別上與西文某些著作性質相同者也當並列。同時，凡已按杜威氏分類法編號排列的外國文書籍，亦不因中國特有書籍之插入而有變更其地位之必要。

我很僥倖，在數月來念茲在茲的心境中，偶然得著一個補救的方法，能夠增加無量數的新類號，卻絲毫不變動杜威氏原定的類號。我因為幻想怎樣創造新類號的方法，有一天偶然看見鄰近新造的房屋釘上門牌；這所房屋是介於一百八十三號和一百八十四號之間，因此它的門牌便作為一八三號Ａ。我從這裏忽然得著一點啟示，以為房屋的號數既可用ＡＢＣＤ等來創造新號碼，那末圖書館的分類法也何嘗不可仿照這意思。因此，對於為中國特有書籍所增加的類號，我一律冠以一個「十」號以別於杜威氏的原類號，同時杜威氏的原類號還是一點沒有變動；例如杜威氏分類法中用以表示國別的小數，美國為·一，英國為·二，法國為·三，中國向被列於東方各國之下作為·九一。現在依我偶然發見的方法，便可將表示中國的小數·九一改為「十一」，因此本來置於最末位者即可移於最前，而對於杜威氏用以表示其他各國之小數仍保持不變。此外，關於中國的書籍，除與西方學術相同者仍歸入於杜威氏原定的類號外，其大同小異者概仿上述的原則，分別以「十」，「廿」，「士」三個符號冠於與杜威氏原類號相同者之上，而分別置於與其大同小異之西方圖書之最近距離處（詳見我所著的中外圖書統一分類法）；於是不僅譯本與原本絕對放在一起，而中國古籍與西方圖書性質盡同或大同小異者，無不分別置於相同或接近之地位。這便是我所稱為中外圖書統一分類法的大旨。

有了這樣新補充的（我不敢冒稱為發明）分類法，我遂開始督同涵芬樓各同人，把原藏及新增的中外圖書，彼時合計不下五十萬冊者，除了善本孤本向不公開閱覽者照原狀保管外，所有準備公開者一律依中外圖書統一分類法實行分類編目，結果證明依此分類法每書各有一定地位，無論從分類的卡片上或在書架上檢閱均甚便利；加以那時候我先有四角號碼檢字法的發明，對於圖書館索引片的編制排列，可使檢查極為迅速便利。該館籌備經年，卒於民國十五年三月正式以東方圖書館名稱公開閱覽，而由我以兼任東方圖書館館長之地位繼續主持。以其藏書之富，在當時全國幾首屈一指，並為我國公開的私人圖書館樹立楷模；於是好學之士每日來館閱覽者至為踴躍；而國內圖書館界人士遠道來上海參觀，以資取法者亦絡繹不絕。直至民國二十一年一月二十八日中日閘北之戰，該館館屋與全部藏書盡燬於炮火，其服務乃中絕。這是後事，茲不贅述。

我在過去二十餘年間深感圖書館的重要，現在既有此機緣親自將東方圖書館整理公開，於是次一步驟仍是推己及人，想把整個的大規模東方圖書館化成無量數的小圖書館，使散在於全國各地方，各學校，各機關，而且在可能時還散在於許多家庭。我的理想便是協助各地方，各學校，各機關，甚至許多家庭，以極低的代價，創辦具體而微的圖書館，並使這些圖書館之分類索引及其他管理工作極度簡單化，因而以微小的開辦費成立了一個小規模的圖書館後，其管理費用可以降至於零。這一事經過了一年有半的籌備，遂於民國十八年四月間具體化，而開始供應於全國，這便是「萬有文庫」的印行。茲將我為印行「萬有文庫」所揭櫫緣起摘述於左：

「圖書館之有裨文化，夫人而知。比者國內圖書館運動盛起，而成績不多遘。究其故，一由於經費支絀，一由於人材缺乏；而相當圖書之難致，亦其一端也。以言舊籍，則精刻本為值綦昂，縮印本或竟模糊不可卒讀。以言新書，則種類既駁雜不純，系統亦殘闕難完備。因是，以數千元巨費設置一小規模之圖書館，而基本圖籍往往猶多未備。抑圖書館目的在使圖書發生最大之效用，故分類與索引之工作洵為必要，當此圖書館人材缺乏之時，得人已非易易；幸而得之，然因是不免增加經常費用，或使經常費消耗於管理方面者，反在添置圖書之上。凡斯種種皆圖書館發達之障礙，亦即文化發達之障礙也。不佞近主商務印書館編譯所……數載以還，廣延專家，選世界名著多種而譯之；並編印各種治學門徑之書，如百科小叢書，國學小叢書，學生國學叢書，新時代史地叢書，與夫農工商師範算學醫學體育各科小叢書，陸續刊行者既三四百種，今擬廣其組織，謀為更有系統之貢獻，除就漢譯世界名著及上述各叢書整理擴充外，並括入國學基本叢書及種種重要圖籍，成為萬有文庫，冀以兩年有半之期間，刊行第一集一千有十種，都一萬一千五百萬言，訂為二千冊，另附十鉅冊；後此且繼續刊行，迄於五千種，則四庫舊藏，百科新著，或將咸備於是。本文庫之目的，一方在以整個的普通圖書館用書貢獻於社會，一方則採用最經濟之排印方法，俾前此一二千元不能致之圖書，今可以三四百元致之，更按拙作中外圖書統一分類法，刊類號於書脊，每種復附書名片，依拙作《四角號碼檢字法》注明號碼。故由本文庫而成立之小圖書館，祇須以認識號碼之一人管理之，已覺措置裕如，其節省管理之費不下十之七八；前述二種之障礙，或可由是解除乎？……」

該文庫第一集先後售出約八千部，其中由各省政府備款大批訂購，分發各縣，使向無圖書館者，以此為基礎而成立之，其已有圖書館者，亦藉此充實之。公私團體仿此辦理者亦不少。統計藉該文庫第一集而成立之新圖書館，至少在一千五百所以上。

其後，在民國二十三年九月，我又編印「萬有文庫第二集」二千冊。第一集所由組成之叢書為數十有三；第二集所由組成者為數僅四，其重要區別，則在一方面加重「國學基本叢書」與「漢譯世界名著」之分量；前者由百種增至三百種，後者由百種增至一百五十種；又一方面以「自然科學小叢書」及「現代問題叢書」二種，而代第一集之農工商醫等小叢書十一種。總之，第二集之分量遠較第一集為多，程度亦較第一集為深。這個第二集先後售出約六千部，對於藉萬有文庫而成立之新圖書館給予很大的新力量；而對於向已成立之其他圖書館及私人藏書，皆為極有價值的補充。

自從民國二十一年一月東方圖書館被燬以來，我無時不以恢復該館為己任。因此，在是年八月商務印書館整理復業，景象頗為樂觀以後，我便逐漸為復興中的東方圖書館搜羅中外新舊書籍，迄於二十六年八月中日戰事蔓延至上海之時，總計已收得書籍三十餘萬冊。舊書方面以所收叢書為多，因於二十四年三月刊行叢書集成初編百種，計四千冊，與萬有文庫一二兩集合得八千冊。我打算俟萬有文庫二集完成後，續印萬有文庫三集二千冊，湊成萬冊之數，而我的初志也就可以達成。不料文庫二集與叢書集成初編尚未出齊，中日戰爭已發生；在戰爭初期，雖仍小規模繼續印行，惟完成之功卻遲至民國三十五年戰後，此則由於戰爭阻礙無可如何者也。

按我國所謂叢書，由來頗古。錢竹汀說：「薈蕞古人之書，併為一部，而以己意名之者，始於左禹錫之百川學海。」按學海之輯，在宋咸淳癸酉；而俞鼎孫之儒學警悟則刻於宋代嘉泰間，在學海之前又數十年，真是叢書之祖；但二者雖有叢書之實，尚無叢書之名。其更前之笠澤叢書，則為唐代陸天隨個人的筆記，其自序稱為叢脞細碎之書，雖有叢書之名，實非叢書。至於名實兼備者實始於明代程榮之漢魏叢書，而繼以格致叢書，唐宋叢書等。降及清代，叢書之刻，愈多而愈精。有仿刻宋元舊槧者，如黃氏之「士禮居叢書」，孫氏之「岱南閣叢書」是；有搜羅甚廣，子目逾百，卷數逾千者，如鮑氏之「知不足齋叢書」，伍氏之「粵雅堂叢書」是；有由官府刊刻者，如「武英殿聚珍版叢書」是；有專收郡邑著作者，如「鹽邑志林」，「金華叢書」是。張之洞曾經說過：「人自問功德著作不足以傳世，則莫如刊刻叢書以垂不朽」；可見學者之重視其事。迄於最近，就各家的叢書目錄所載，叢書已多至數千種；但一察其內容，則名實不符者十居五六，刪改瑣雜，比比皆然。張之洞又說：「叢書最便學者，為其一部之中可該群籍，欲多讀古書，非買叢書不可。」但是叢書種類如是紛繁，內容如是龐雜；苟不抉擇，多購既糜金錢，濫讀尤耗精力。我於復興東方圖書館時期內，先後搜羅優良之叢書數百種，益以涵芬樓舊藏善本孤本的燼餘叢書數十種，綜合起來，尚稱完備；乃就此中更為精選，去取之際以實用與罕見二者為準，而以各類具備為範圍，分為普通叢書、專科叢書、地方叢書三類，每類各區為若干目。普通叢書中，宋代占二部，明代二十一部，清代五十七部；專科叢書中，經學、小學、史地、目錄、醫學、藝術、軍事諸目合十二部；地方叢書中，省區郡邑二目各四部。總計所選叢書百部中，原來含有子目約六千種；但因一書往往為二以上之叢書所收，今綜合刊印，遂去其重出者約二千種，實存四千一百餘種；又原來所含卷數共二萬七千餘，刪去重出後，實存不滿二萬卷。經此刪汰，縱使版式絕無變更，對於購讀者已省其資力與精力三分之一；況改按經濟的方式重排，並一一增加句逗，其所節省的資力精力尤多。此百部叢書所含子目四千一百餘種，因名稱生僻者甚多，舊分類法失諸粗疏，亦不能示其正確的類別。我費了幾個月的工夫，將這四千一百餘種書籍悉按其內容，依中外圖書統一分類法作正確的分類，其足以助閱讀者之按圖索驥，迥非模糊不清的分類可比。試舉一例以明之，如《鏡鏡詅癡》一書，舊分類法入子部雜家類，實為清初醉心西學者所著關於光學之書，故依新分類法改列於自然科學類物理門光學之下，則性質顯然。

以上所述，不外說明我以一己對於圖書館之熱烈需求，一旦有了機會，主持彼時全國最大的出版家，與最大的圖書館，因而推己及人，而有上述的貢獻。現在於結束本文以前，擬補述兩事，都是我與圖書館的關係。

其一，是關於我在美國國會圖書館讀書的一段故事。那是在民國十九年夏初，當我第一次出國之時。我於十八年秋間一度向商務書館辭去編譯所所長之職，改任中央研究院研究員；旋因商務總經理鮑君去世，董事會推我繼任，固辭不獲，乃以就職後立即出國研究管理方法為條件。此行為期半年，歷日美英法德比荷義八國，沿途參觀工廠，訪問專家，自係應有之事；但到了美國國會圖書館，因其藏書豐富為世界之冠，乃以十一日的全時間接連在該館閱讀一切有關科學管理之書刊。承該館東方部主任 Dr. Hummee 竭誠招待，為我覓得一臨時研究室，專供個人之用。我在此十一日之間竟得涉獵約九百種有關科學管理之書刊，乍聽起來，似不為人所信，但一經解說，則在他處絕不可能者，在該館實有其可能。第一，該館之書刊目錄片對於內容皆有握要的記述，依類別或其他而檢得某書或某期刊所載的論文後，立時可從各卡片上的提要，發覺其是否與我所欲研究者符合。經此初步之檢閱而剔除者當占半數以上；假定尚有四百種書刊必須借到研究室中閱讀，則於借書單上填明書號及簽名後交與借書管理員，在很短的時間內所借書刊便陸續輸送至我的研究室。假定書籍與期刊各占半數；其中所借的期刊因每段多有顯明的標題，一望而知某段不合需要，可以不讀；又假使平均剔除其二分之一，則必須閱讀者，姑定為等於期刊一百篇之論著；每篇平均以五千字計，一百篇等於五十萬字，三日工夫當可讀畢。至於書籍二百種中，假定小冊子占三分之一約七十種，平均每種四十面；其他一百三十種的書籍平均每種二百面；兩者合計為二萬八千餘面。查歐美新刊書籍多有詳盡的索引，除必須全部畢讀之書籍或小冊占極少數外，其他皆可先檢索引，獲悉某某章節當讀，假定當讀者占五分之一，則衹有五千餘面當讀，讀時又可按其性質與關係，分別為略讀與精讀。假定精讀者占五分之一約一千面，略讀者占五分之四約四千餘面，則當精讀者與當略讀者各占四日，連同閱讀期刊之三日，恰為十一日，這樣的計算，是否符合當時實在情形，因歷時久已難記憶清楚，祇能作合理的估計；假使此項估計不差，則以十一日而涉獵九百種書刊，固非不可能。又國會圖書館備有自助餐室，入館閱覽者得以清晨八時到館，晚間十時離館，中間不必出館一步；且每一研究室皆設有電話，可利用以與外間交通。因此，我在這十一日之間，幾乎以全部時間在館讀書，在緊張時往往以一日作二日之用。至於借書還書亦極便捷；借書除在卡片室寫具借單，自行辦理外，亦得在研究室中寫填借單，由服役者代為借取。借到之書均附有一端紅色及一端藍色的卡片，如將紅色一端露出書外，則館中服役者見之，必為取去還庫，而索回原借書條置諸桌上。一切簡直無需自理，真是方便。

其二是我的藏書幾盡為共匪抄沒之事。我自民國五年由北平返上海，迄二十六年八月中日全面戰事發生時，其間二十年繼續收集之書籍，連同前此已有者，計有木版書約三萬冊，鉛印及景印書約四萬冊，各國文字書籍約七千冊，合起來將達八萬冊。鉛印及景印之書所以大增，其重要理由則為我自主持商務書館編譯所以來，所有商務出版書籍照例都送我一部，祇此一項便不下二萬冊。木版書則自居留北平之時開始收集以來，返滬後時有增益，但增益最速者莫如在民國二十二年迄二十六年夏之一段時期。在那時期我為復興中的東方圖書館，作有計畫的大量收購圖書。關於舊書之收購方法，因商務書館的分館遍設於全國各地，遂令其就地索取各舊書店書目，寄到上海後，我即使人逐項剪開，分貼於卡片之上，再按四角號碼排列，於是某書在某地某店有何版本，定價幾何，皆一目了然，於比較優劣後，再屬各該分館索取樣本寄來覆核。那時候我對於舊目錄學已有相當研究，更因對東方圖書館所藏善本之觀摩，益以由各地索到樣本的比較，於是對於版本之學也日有進步。在為復興中的東方圖書館收購古書之際，由於我在十年來養成愛書之癖，間亦為自己趁便添購一些。彼時由於商務書館在我一手主持之下，復興甚速，除恢復損失外，獲利頗厚，我個人照章獲得的分紅也不少，而這樣額外的收入也都變成書籍。及中日戰事發生，我分赴香港長沙及重慶，主持商務書館業務，其初期在香港停留之時日較多，遂以一部分藏書運來香港，計先後運達者約六千冊，尚不及全部藏書十分之一。及太平洋戰事突發，我幸而赴重慶出席國民參政會未回香港，得免於難；然而藏書在滬與在港者，存亡皆在不可知之數。在重慶時期，我首先向商務書館的西南各分館徵集歷年出版的圖書全分，運渝保存，供編輯參考與翻印之用；又為避免空襲損失，特別保存在南岸汪山上之疏散房屋，後來我的家眷由香港脫險抵渝，也住在那裏。每週末我上山居休假，全副精神便使用於這些書籍上；初時把它們整理分類插架，使成為圖書館式，後來便盡量利用以供閱讀。為著有了這樣一個圖書館，我一有暇時便常上山；又為著頻頻上山之故，遂利用兩腳步行登山。我們的山居，在汪山之最高峰，由南岸至此為程約十五里，攀登的石級不下三千步，其中有張家坡者，須一氣攀登三百八十餘級。我從南岸步行上山歷時約七十分，下山祇需五十分；往往上午上山，下午下山，一日之間行山路三十里，絲毫不覺其苦，因而對於爬山一事頗贏得小小名譽。我常對人說，我自己備有一輛十一號的汽車，不用汽油，只消費一些汗；這確係事實。我前往上海時，因為商務書館供給我一輛汽車，也算是有車階級，今竟不花錢而獲得自備的汽車，不能不拜圖書館之賜。而且此舉還有一個極可貴的副作用，就是二十六年春初在商務書館同人的一個聚餐會後，有人發起大家稱一下體重。我高列第三名，為一百七十八磅；在重慶住了幾年，體重降至一百四十磅以下。這樣的減了約莫四十磅的體重，卻使我的精神和身體更為強健；反之，在二十六年那次聚餐的同人中，體重高列第一名的張君，計二百十餘磅，第二名鮑君，計二百零幾磅，他們的年紀都比我小，但是不幸都在勝利復員以前，先後去世，而且第四名體重之李君，約一百七十磅，後來因我的體重大減，竟拔號而占取第三名的地位，不幸也於前年先我而逝。由這樣看起來，我的體重大減，得力於爬山運動，而爬山運動主要是圖書館生活所促成，若果體重確與壽命長短有關，則我今日之餘生也應拜圖書館之賜了。我在重慶居留的四年內，要讀的書，在中文方面幸而有上述的一個圖書館，還不成問題；最苦者乃是西文書籍，既無從購買，祇有向人借用。我所借書的地方有兩處，一是美國新聞處的圖書館，又一是汪山鄰居的張公權君；但張君上山的時候往往和我不同，前往借書也不免往往落空；美國新聞處借書較易，但限期頗促，我一到城裏，便忙於館務和其他事務，借書還書也就不很方便。後來有一個機會，於民國三十二年冬參加訪英團，前往英國。那時候的行程是飛越駝峰，先至印度之加爾吉大，在那裏暫住幾日，準備行裝。我所領得的治裝費便大半消費於購買新出版的英文書籍。說也笑話，這些書籍都可以在英國購得，但我卻不肯放過這一個儘先的機會；除了把所購的書大部分寄回重慶外，還捨不得暫時離開其中若干種，以之加入長途飛行的行李中，以便沿途閱讀，並準備於抵英初期無暇購書之時可供早晚閱讀。到了英國以後，一有暇便往各書店訪購書籍。團員中溫君與我有同癖；遂常與我結伴以書店為暇時消遣之處。溫君係劍橋老學生，在英朋友很多，他的餘暇至少有一部分用於私人朋友的往還上。我則除偕溫君共同行動外，還有許多獨自的行動；因此，我之訪求書籍的消息漸漸傳入英國當局的耳朵。那時候，今外相艾登氏也任外相，當他為我們餞別的時候，致詞中對於我們訪英團每一人都帶些幽默性的頌揚語。其提及我的時候，便以在倫敦徘徊於各新舊書店，搜羅豐富，深信我此行所得，不僅於回國後可供一己的消遣，而且他深信英國人也沾了光，因為從這些搜羅所得的新著作中可以看見英國在戰時的艱苦和努力，以我在著作及出版界的老資格，定能為英國作不待請求的有力宣傳。艾登氏這一番話果然不錯。在我返國後不滿四個月便先後出版了訪英日記及戰時英國兩書。訪英日記的內容至少有十分之一是有關於書籍的記載。後來我又寫了一本英文的訪英日記，由那時候英國駐華大使薛穆氏為我作序，其中也強調提及我的嗜書癖。在這短短的訪英期內，我總共收集了六七百冊的新舊著作，把我節省下來的旅費完全消費於此。後來這些書籍得英國宣傳部之助，陸續為我運至重慶，於是我便有了一個不大不小的英文圖書館了。

寫到這裏，我不得不一述我從十八歲以來迄於六十二歲離開南京和上海之時，我的私藏圖書的命運。這些圖書除了事前借存於某學校約二萬冊以外，南行隨身攜帶僅占極少數，其他都分別託人保管，俾得便擇要轉運南來；卻因局勢轉變太快，而所託之人或由於畏禍，或由於其他原因，似乎都沒有盡其受託的責任。及京滬相繼淪陷，由於共匪宣布我為戰犯之一，便實行抄家，於是我留在京滬的藏書，除借存某校及戰事初期移至香港者外，悉數遭共匪掠奪，至於借存某校者，終久亦定被掠奪；故實際上的損失當占我的藏書全部百分之九十以上。此在私人固屬莫大之損失，然比諸國家的損失，與我國文化的損失，那又微不足道了。

三、我怎樣自修

許多人因為我沒有受過正式的學校教育，卻也略窺學術之門，認為我定有什麼自修的妙法，所以往往要求我發表怎樣自修的經過，特別是有關自修的方法。其實自修對於我祇是一種家常便飯，不僅沒有什麼驚人妙法，甚至經過也很平凡。最近被迫到彷彿無可逃債一般，祇好坦率報告一下。

我首先要說明，就是**自修必先有動機**；如果沒有強烈的動機，縱然肯自修，也難免一曝十寒，未必能夠持久。我以為——而且是我親自體會的——**自修的動機不外兩種。其一是求知欲；其二是由於不能順利發展求知欲的反應**。求知欲是人類有生以來無不具有的。兒童之喜歡玩具，喜歡聽故事，便是求知欲的初期表現。稍長，喜歡看電影，喜歡讀怪誕小說，以及喜歡聞見任何新奇的事物；也就是求知欲進一步的表現。求知欲既出於人性，稟諸天賦，本來用不著怎樣提撕，祇要不加以壓抑便自然而然會發展不已。但是凡百學科無不含有新奇的內容，毫無疑義適應於求知欲，其興趣本來不減於看電影，或讀怪誕小說，或見聞任何新奇事物者，為什麼讀歷史者對於上接古人的興趣，讀地理者對於縱觀大地的興趣，讀自然科學者，對於探索宇宙祕奧的興趣，讀社會科學者對於研究人群關係的興趣，以及攻讀其他種種學科者對於訴諸想像感情理智種種的興趣，多不能如看電影或讀怪誕小說等同樣深切，甚至有時還會感覺厭惡呢？無他，這並不是由於求知欲的缺乏，祇是由於求知欲受到壓抑罷了。究竟誰壓抑求知欲呢？

說也奇怪，壓抑求知欲最力者不是別人，卻正是提撕求知欲最力之人。這些提撕求知欲最力之人，無疑是學校的教師；他們的目的是要學生們多識多知，其動機原甚純良，可惜他們所採用的方法未必是同樣純良，甚至還會引起不良的結果。這些動機純良而方法不免錯誤的負責人多半是小學校的教師，其次便是中等學校的教師和教育行政當局；大學校的教師可說是負此責任最少者，但教育行政當局不免也要負部分的責任。

小學校是求知欲發展的初基，而在這裏受壓抑也最易，其壓抑的影響也最遠大。小學校的功課不能算是太繁重，如果施教的方法配合得當，則兒童的求知欲在這階段能夠健全發展，祇要升入中等學校後不致遭遇特殊壓抑，那真是一生受用不盡。可惜有不少的小學教師，由於對他們的學生期望過殷，督責課業往往不免過嚴。固然體罰現已不適用，但辭色之嚴，誥誡之切，往往使小學生誤認讀書不是自己的樂趣，而是他人的好處一般。善良而安分的學生雖或能遵從督責，認真攻讀，但其心目中已漸視讀書不在滿足求知欲，而以盡其應盡的責任為主。至其他學生對於督責的反感，將由不感興趣而進至厭惡的程度，視其反抗性的弱與強而差別。

到了中學，則除施教方法的關係外，還有課程的繁重，往往使中材的學生顧此失彼，望而生畏。如果教師不嚴，則不少的功課讀了等於不讀；特別是外國語文，結果不是養成有名無實的習慣，便是經過了若干次的期考後，由於成績低劣而感覺灰心，當然更說不上興趣了。但如教師督責過嚴，強中材學生以其所難，則求知樂定必變為盡責苦。於是許多極饒興趣的中學課程而有合於求知欲者，卻因過分繁重以致喪失興趣。因此在中等學校階段內求知欲所遭遇的壓抑，由於課程繁重者，殆較教師之督責過嚴尤甚，而教育當局，對於課程標準之訂定也就不免要負一些責任。

大學校設教之有礙於求知欲者，當然以課程繁重為主因。然而學生經過了小學校與中學校兩階段對於求知欲的壓抑，到了大學校，除極少數人外，習於求學為盡責之感者比比皆是。

假使求知欲轉變為責任感，則在學校以內能夠百分之百盡責之人，在其畢業離校以後，既不再負有繼續研究的責任，自然而然會把研究鬆懈，或竟放棄了。這本來是不足怪的。反之，如果求知欲能在各階段的學校中一貫維持與發展，則不僅畢業後，甚至畢生將繼續發展不已，正如飢思食，渴思飲，一息尚存，不會中止。

求知欲既然與自動研究，換句話說就是自修，有如此的重大關係；因此一方面固絕對不宜壓抑，他方面還要加以培養。培養之道莫如順其性而導之以自動。教育之道有如領導兒童走一條新路，尤其是曲折崎嶇的路徑。如果每次走這條路都由領導者在前走，或由領導者與兒童並肩而行，使兒童亦步亦趨，那就雖經多次的領導，一旦失卻領導恐仍不易認識路徑。反之在領導了一次以後，即使兒童在前走，領導者尾隨於後，到了三叉路口，讓兒童就其記憶與常識自行抉擇，如有錯誤始予矯正；或者對於年事較長，於所走的路已有多少經驗者，甚至一次的領導也可以省卻，衹於出發之前予以一紙地圖，或臨時草一簡圖，經指示後，讓其逕自按圖探索；如此則一次之領導，甚至不加領導，亦可使不致迷途，較諸使兒童依賴成性，不作自動抉擇與探索者，其認識途徑之難易，誠不可並論。本此原則，以實施教育，則教者費力小而學者得益多，蓋人性無不願為自我的表現，若強令像盲從一般，事事依賴他人，定然不感興趣，也就不會努力；反之，如能鼓勵自動，則由於自力之結果，苟有所得，當然高興萬分；縱然不免有錯誤，然一經矯正，互為比較，則差別的印象加深，理性的判斷亦顯。

此一原則若採用於學校教育上，則教師對於學生的任務不外幾項。一是提示範式，使之觸類旁通，舉一反三；二是說明原則，使之循此原則而走向於具體；三是解釋疑惑，有疑問者予以啟發；四是觀察自動作業，隨時加以矯正。至於灌注知識之傳統方法，如非必要，當以儘量少用為宜。

以上所說皆有關於自修之第一動機，至於第二動機，即由於不能順利發展求知欲而起的反應，我親自體會特多。我在學校內修業一共不滿五年，而且這五年的學業是斷斷續續的，大致分為五個片段，其中最長者不超過一年半，最短者祇七八個月，而片段之間相隔都在半年以上。在這樣的修業情形中，上一段之所學到了下一段續學時難免不被荒疏；但我在事實上並不如是。我在這五片段的學校課業中，除第一二兩段之間沒有什麼進步外，每次輟學不僅沒有荒疏學業，而且獲有相當進步。因此到了下一片段，我的程度轉較上一片段輟學時提高一些。僥倖得很，我那時候所進的學校，並不是正式學校，沒有受現在我國學校不許躐等升級的拘束，不致因中斷學業而大吃虧。這固然是那時不正式學校給我不少的便利，但如我在輟學時期中拋下書本，不肯自動進修，則縱然有此便利，我也無從利用。

我在輟學期間能夠自修，實在是對於不能順利發展求知欲的反應。我的反應有二。一是自己的求知欲頗強烈，而在各片段的學校生活中總算僥倖沒有遭遇教師的壓抑。然於修業興趣正濃之際，突然失學自非所願，故輟學中無時不作再入學校的準備。二是我平素頗好勝，認為他人所能者我亦未嘗不能；在學校中我的成績向不下於同學，一旦不能繼續學業，遂努力對逆境奮鬥。這便是我對於自修的出發點，及經一二度的自修而收效，得了鼓勵，信心益增，久而久之，更養成一種牢不可破的習慣。但我究竟用什麼方法而獲得自修的效果呢？

我對於**自修的方法**，由於乏人指導，實際上所經過者多是試驗與錯誤的階段。假使要我提出我所習用的一些方法，祇好作如左的概述。

一是時時利用字典詞典——我對於自修外國文，稍有懷疑，總不肯輕輕放過，必取字典詞典檢查一下，方才放心。這樣，在初時不免多費一些時間，但為長久打算，不僅沒有多費時間，反而節省不少時間。在開始時多翻字典詞典，把向來不認識的某些單字詞語認識清楚了，下次見著同樣的單字詞語便不再有懷疑，在閱讀上定然快得多。而且同樣的單字詞語屢見不一見，祇有第一次翻閱字典詞典時略費工夫，以後每次便都節省時間。但在中國文字方面，則因舊日按部首法排列的字典詞典，檢查上費時頗多，且有不易檢得者。我在自修時，對於意義不明瞭者雖也不肯輕輕放過，然對於形聲字的讀音，認為大致可以推想而得，往往為節省時間，不向字典檢查，後來發覺我的讀音不免因此偶有錯誤。由於自己深感中國文字之檢查困難，故推己及人，後來在民國十四五年間有四角號碼檢字法之發明，其目的，即在使檢查中文字典詞典能如檢查西文字典詞典同樣便捷。

二是自己設法修改作文——我讀外國文名著時，認為某一段有精讀而仿作之必要者，於熟讀數次以後，往往將該段文字譯為中文，經過了一星期左右，則就所譯中文重譯英文，譯時絕對不閱英文原文，譯畢始與原文比對，於文法有錯誤者即查照原文修正，於文法無誤而用字遣辭不如原文精練者亦參酌修正。這樣一來，我對於英作文便無異獲得一位無形的良教師。後來我自修中文，除了認為必須熟讀背誦者外，對於某些用不著背誦的，我間亦把它譯為英文，放置了若干日，再從英文重譯為中文，然後仿照英作文的方法，持與原文比對修正。又那時候白話文還未盛行，但我偶然也仿中英對譯的原則，把若干篇古文譯為接近白話的淺近文言，過了些時，再重譯為古文辭，以資比較。

三是讀英文時特別注重文法——在我初讀英文時即已對文法甚感興趣，後來輟學自修，也極注重文法。我認為中國人學外國文之目的，首在閱讀其名著。由於中外文體與結構之差別很大，如果不注重文法的研究，則閱讀時將不易徹底了解文義。在我的少年時期，所謂直接教學法尚未流行，但到了現在我仍覺得直接法雖較便於會話與寫作，然若漠視文法，結果不免使人知其然而不知所以然。我靠著文法的研究，對於冗長而曲折的句讀頗能剖析清楚，不致有何誤解；反之，我雖然沒有機會接受直接教學法，但也不致妨礙我對於會話和寫作的運用。

四是用比較的方法來讀外國文書籍——我初讀英文的學術名著，如赫斯黎的《天演論》，孟德斯鳩的《法意》，斯賓塞爾的《社會通詮》，穆勒約翰的《群己權界論》，都曾取嚴又陵氏的漢譯本，對照閱讀其中之若干部分。這樣一來，對於原意更能深切認識。又我讀英文之目的，早就懷有繙譯介紹的志願，故取他人所譯以與原文比較，自為應有的舉措。但我對於國文開始自修，卻由讀了典雅的嚴氏讀本而激發，已另詳「我的圖書館生活」一文，茲不贅。後來我研究法文和德文，從略能閱讀之時起，便設法購取已有英譯本的法文及德文名著，初時係比較閱讀，稍後則先閱法文或德文原本，遇有不很明白的文義才取英語本比較。記得我按這方法比較閱讀的第一本法文名著便是嚣俄氏所著的 *Les Miserables*，由於法文與英文近似處頗多，這本法文名著在很短時期內我便讀完了。至於第一部德文名著與其英譯本比較閱讀者記得是席拉氏的 *Die Jungfrau Von Orleans*。

五是閱讀科學書籍自編表式，以明系統——在我自修各種科學時，輒就課本內容，隨讀隨編表式，使極繁雜的內容得藉此而簡化與系統化。這些表式無異全書的提要。全書讀畢，全份表式亦構成。不僅在事後翻閱，全書鳥瞰復現於眼前，其尤關重大者即在自編表式之時，對全書內容既可加深印象，又能綱舉目張。

六是自修數理，特別注重演算與解答——在我購讀這一類書籍時，首先以習題最多而附有答案者為準。由於數理的定義簡括，自修較難明瞭，故往往同一科目同時並用兩種同程度的課本，以期互相發明。書中所附習題不僅逐一演算作答，甚至兩種課本的習題我也不因其程度相同而稍忽略。我還有一種習慣，就是在明瞭課本中所示的原則後，對其演算的方法，並不過分注重，卻喜歡按此原則，就自己認為適當的方法，而逐題演算解答；最後持與書末所附的答案比對，如果不符，再從課本所示方法，以找出我所用方法的錯誤。在我自修解析幾何的時候，記得所用課本是美國溫德華氏的英文原本。某日在無意中在舊書店購得一本該書的演算詳草，這原是專供教員用的，不知怎樣會流入舊書店裏。我獲得此書，固如獲至寶，但我在演算時，絕對不先參閱，縱然自修者能先參閱當然會更易了解的。反之，我在演算後查對課本所附答案，而發見有何錯誤，仍不立即檢閱詳草，必須經過數次演算仍與答案不符，才不得已而利用詳草。我常常認為凡事非經過自己最大的努力，是不應遽行借助於外力的。這可以說是我對於自修的一個重大原則。

七是充分利用索引——我讀畢一書，其書末附有索引者，我無不逐項檢閱。對於特別重要的題材，常按索引所示複檢一遍。如此則某一題材分見於若干處者，可藉索引的指示而獲得前後貫串。

八是時時編制資料卡片——我平時讀書所得要點，輒就其原有標題或自擬標題，一一分記於小卡片上，附注書名與其所見頁數。這些卡片各按標題的順序排列，如此則許多書籍中同標題的資料，都藉卡片的作用而連串起來。以後隨時有需參考，祇須一檢卡片，則凡經涉獵過的資料毫無遺漏。日積月累，這些卡片多至數萬張，無異構成一種最完備而切於實用的百科全書。可惜這副卡片現已隨我的藏書而陷於不可知的命運了。

此外我用過的方法，一時也記不清楚，姑舉此數者為例。但在結束本文以前，我不能不一提**函授學校對於我的自修的幫助**。我在二十至三十歲之間，曾經先後加入兩所美國的函授學校。一是萬國函授學校，又一是喇沙爾函授學校。在前者我所研究的是土木工程全科。我對於普通以上程度的物理學與算學知識多半是從此一種的函授課程而獲得，關於工程方面的課程，特別是屬於基本方面的，我也修習了不少。但進至實用方面，該校因我仍在教書，力勸我改業，向鐵路或其他工程機構找一個可供實習的職位。那時候我教書頗孚學生之望，既然不能離開教席，也不願自己託人找事，祇好在讀了全課程約三分之二後便放棄了。因為已付過的學費還有三分之一可利用，我便藉此改選了關於應用化學的幾個學程。在後一學校我所讀的是法律全科，總算讀完了，而各科的成績分數都很高，本來我已具有應考該校所給法學士學位的資格，但按照規定須得美國駐華兩名法官或律師監考，而由該校把最後試驗的題目寄給他們。我因那時候居住北平，找美國法官或律師不很容易，而且花費不少。又此種學位獲得後，在我國固不能發生任何作用；而我之為學，係以滿足求知欲為出發點，既不為名，也不為利，經過考慮以後，便自動放棄此項權利。但此一全科的課程對於我以後的為學與治事，確實發生不少的作用；並且藉此基礎，自己進而閱讀了不少關於法理學與政治學的名著。

我向來對於自己所遭遇的困難與獲得解決困難的方法，往往會聯想到與我處境相同的無量數他人，因此，一有機會輒推己及人，想助他人解決與我同樣遭遇的困難。舉例來說，由於自己在少年自修時檢查中文字典的困難，後來便花了幾年工夫發明四角號碼檢字法；由於自己在青年時期不易獲得圖書館的便利，祇好靠自己辛苦所得，日積月累地建立一所私人圖書館，於是後來用種種方法助人廣設圖書館，有如「我的圖書館生活」文中所述；由於自己從前不認識古體字，後來也費了好幾年工夫，創作一種新法，編成一部古體大字典，正擬問世而原稿與製版皆毀於礮火，資料亦多散佚，雖幸存景印清樣全份，而戰後六七年間尚未獲得出版的機會；由於自己曾受函授學校之益，後來主持商務印書館編譯所時，因該所原已開辦一英文函授科，乃擴而充之，增設國文、算學及商業函授各種，最後更利用我所主編的大學叢書數百種，增設大學程度的許多函授學科，以開辦未久，對日戰事發生，致不能有相當發展，戰後我即脫離商務印書館，也就無從重整舊業了。

四、我的修養

修養這個名詞，範圍頗廣，定義不一。我認為似可作修身養性的複合語，姑且就此根據談談。

什麼是修身？大學經文「古之欲明明德於天下者，先治其國；欲治其國者，先齊其家；欲齊其家者，先修其身；欲修其身者，先正其心；欲正其心者，先誠其意；欲誠其意者，先致其知；致知在格物。」就這段話觀察一下，修身介於大學八條目之間；從致用方面說，它是齊家治國明明德於天下的起點；從工作過程說，它是格物致知誠意正心的終點。無怪乎大學經文又說「自天子以至於庶人，壹是皆以修身為本」了。

什麼是養性?孟子盡心章「存其心，養其性；所以事天也」；據程子的解釋，所謂心、性、天三者原是一物。從理而言謂之天，從稟受而言謂之性，從存在於人者而言謂之心；正如孟子所說「盡其心者知其性也，知其性則知天矣」；因此，我們對養性一辭所下的定義，似可說是：「順著天賦的自然性，使作正當的發展，而不使有悖於天理。」

假使以上所下的定義尚不大謬，則無論何人都要以修身為本，都要無悖於天理；故修養當是人人應有之舉。

但是修養之目的怎樣才能達到，換句話說，應該採取何種修養的方法，才能達到修養之目的呢？

古今中外學者名人，對於修養的方法都有很好的主張；一因時間所限，一因被指定以我的修養經驗為範圍，所以我就專從一己的經驗談談。

我的修養方法是很簡單；綜合說來，**祇有四個字**；分別提出，祇有兩名詞；**這就是「讀書；習勞。」**

讀書有益於修養，那是沒有人否認的。一卷在手，彷彿面對數千年前的古人，或是面對萬千里外的學者，向他請教，和他商榷。前人辛辛苦苦獲得的精神財產，和遠方的同時代人辛辛苦苦開闢的文化資源，都可藉書本的媒介，供我利用，絲毫沒有吝惜。對於修身方面，許多成功的大路，和失敗的曲徑，都由書本上很明白地啟示於我們。對於養性方面，許多做人的正則，應變的良法，以及悅性怡情安心立命的因素，都由書本上很慷慨地賜給我們。有了這許多的好處，本來人人都應該歡喜讀書。就是退一步，專從興趣方面講，因為讀書可以滿足人類的好奇性，而且引人到許多的奇境；有了這些新闢的奇境，更增加人類的好奇性；所以愈讀書也愈有興趣。可是從實際觀察，人們並不像上面所說都喜歡讀書，對於讀書都有興趣。反之，許多人還以讀書為苦，大多數人至少沒有感到讀書之樂。因此，讀書人和喜歡讀書的人便不多。舉一個具體的例子，前幾年我曾統計過，全國出版家一年的營業總數量，和英美烟公司在我國一年中的營業數量相比，結果還夠不上他們三分之一；這究竟是什麼緣故呢？就我數十年對於教育的直接和間接關係，敢大膽地斷言，是由於教育方法的失當所致。我國舊式的書塾教育，憑著打手心的強迫方法，固使本來很歡喜讀書的兒童，對於讀書發生厭惡；即現今的新式學校，表面上一洗舊日書塾的弊，然而功課的呆板，平時不能循循善誘，鼓勵學生的自動讀書，到了考試時期，頓然嚴格起來，偶不及格，便予留級或開除，其處置之嚴，有如法官之對犯人，無形之中，已於一般學生心中至少種下了讀書祇不過是履行義務之一種觀念；因此，縱然是所謂好學生，祇不過肯盡其讀書的責任，而不知享讀書的樂處，其他更不必說了。等到一出校門，讀書的責任已盡，那裏還有許多人自願繼續讀書，尤其是在鎮日職業上的工作疲勞之後，還肯抽空自動讀書呢？我常說一句似乎荒謬的話，就是說曾經受過正式學校教育的人，其能自動讀書的，在比例上遠不及沒有機會完成正式的學校教育，或是簡直沒有機會進學校的人們。為什麼這些不幸的人們較為喜歡讀書呢？照我的推測，第一是因為人類有一種反抗不平等的本能，凡未能完成正式學校的教育者，或是沒有機會進學校者，大都由於處境之不良，對於有機會進學校者或能完成正式學校教育者，不免因豔羨而感覺自己處境之不如人，往往起不平之感；這種反抗不平等的本能，便成為努力自學的一種動機。第二是在學校時期愈短的人，其求知欲的本性所受不良的影響也愈少；因此，求知欲的發展也愈順著自然的軌道。就我個人的經驗而論，我今年雖已五十多歲，自從離開那很短時期的學校教育以迄現在，不下四十年，這四十年間，我無論處著什麼樣的環境，儘管一二日不吃飯，卻不能一日不讀書。我現在學問雖然很淺，未能成為一個專家；可是我所涉獵過的專門學問至少有三四科，我所略讀過的書至少有二三萬本；雖然因為四十歲以前，濫讀各科的書籍，沒有一定的目標，以致成就無多，可是讀書興趣之濃厚，自信超過百分之百。最近十幾年，自從發明四角號碼檢字法以來，覺得一個人的精力有限，無目的地濫讀書，縱然在修養方面還算有益，而於致用效率方面，實在是大大的吃虧，所以一反前此讀書的方法，往往以幾年的長時期，研究一個很小的題目。在許多人或以為由博而約是治學自然的結果，但在我則總覺今是而昨非，深悔我若能在過去四十年間勤學不厭而全賴自力的讀書，集中於一專科，到了今日至少也可成為一個有相當地位的專家，何至像目前這樣不名一家呢？在我個人之喜歡讀書既完全由於上述的兩種原因，就是反抗不平等的本能和沒有受到不良影響的求知欲；我深信許許多多和我一樣的人，在少年時期所受正式的學校教育極少，或是完全沒有機會受學校教育，祇要他們不為其他的惡環境所影響，他們斷沒有不喜歡讀書的。照這樣看來，彷彿學校教育所給與於人的，還不足抵償其所剝奪於人的，這話固然說得有些過火，但是學校教育未能引導學生自動讀書，總是不可否認的事實，實有從速糾正之必要。糾正之道固然多端，但原則上不外鼓舞並鞏固學生讀書的興趣。要達到這目的，消極上當盡量掃除學生以讀書為苦或認讀書係由強迫的觀念；積極上當因勢利導，使學生漸漸養成自動讀書的習慣。試舉一個積極的例子。我以為各級學校中現行制度最足以養成自動讀書之習慣者，莫如大學校高年生所做的畢業論文，可惜許多學校還不能切實注重，僅僅敷衍門面，所以效力還不很大。十年前我曾發表過一種似乎奇特的意見，主張初級中學和高級中學的學生在他們畢業以前，都應各選一個專題，寫一本有系統的書稿或是長篇論文。因為寫這書稿或長篇論文，在教員指導之下訂定大綱，便須靠自己向各種書刊中選取材料，間或更作實地的調查和研究，照此辦法，一來可以多讀書，二來可以組織思想，三來可以練習文字。從前讀書人主張做箚記，固然也是很好的方法，但箚記的性質是雜亂的，雖可幫助記憶和練習作文，卻因沒有中心的問題，又缺乏系統的組織，未能養成自動的搜羅資料和組織其資料的習慣。反之，如能擇定一個中心題目寫一篇有系統的論文，則讀書選材既有目標，自然而然的會翻檢有關係的圖書雜誌，如果得到相當材料，正如淘沙得金，其快樂可想而知；如果得不到相當材料，正如飢思食渴思飲，其慾望之濃厚又可想而知。經過這一次或幾次的認真訓練，則讀書的興趣必油然而生。

現在談談**習勞**的問題。近來通行的名詞，把「勞」與「動」兩字聯合起來，實則勞是動的結果，動即是勞的原因，要談勞，當先談動。試看一個初生的嬰兒，兩手兩腳無不亂動，加以時時啼哭，也就是聲帶的動。年紀稍大一點的兒童，多喜歡東奔西跑，手舞足蹈，這也是動。當他們得到一個玩具的時候，總喜歡把它拆毀，不肯好好地放著，這也是動。因此，動原是人類的本能，其不願動的，不是由於患病不能動，便是受了特別的壓制，不使其動，以致習慣漸成自然。年紀長大的成人，不大喜歡動的，原不是他們的本性如此，不過因人為的習慣甚久，以致變易本性罷了。但是許多有車階級的人們，平素很少機會動他們的兩腳，然仍往往在安坐的時候，自然而然的會把一條或兩條腳脛輕輕地動盪起來；這是動的本能之復現。一個人能有天賦的頭腦手腳，都應該充分地利用，使各有適當的活動。可是習慣上有許多人不常利用其手腳，又有許多人不常利用其頭腦，甚至有些人對於頭腦手腳全不利用。社會上向稱常常動用頭腦者為勞心，常常動用手腳者為勞力；古人有勞心者治人，勞力者治於人之語，彷彿勞心勞力應劃分為二，這是不對的。勞心勞力兩者原分不開，應使之平行發展。一味勞力，絕不用腦，腦固因運用少而失其效用。一味勞心，絕不運用手腳，手腳也要因運用少而呆笨，將來汽車多了，大家以之代步，恐怕天然的腿腳也要變樣的。所以我認為所謂勞心階級仍須儘量多用手腳。

關於我的習勞經驗，幾十年來，每日除了睡覺和吃飯的時間以外，工作和讀書便占了其餘的全部時間，近來在工作和讀書之外，還喜歡步行，在重慶往往一日之間，上山下坡走上幾十里的路，一點不覺辛苦。

現在因時間所限，不能多說，總結一句話，我近來作了一個標語，就是「人要有文明的頭腦，卻不可無野蠻的身體」（千萬不要聽錯了，變成野蠻的頭腦，文明的身體）；前一句代表讀書的結果，後一句代表習勞的結果。生當現今的中華民國，人人都應該多讀書，能習勞；一個理想的公民是要腦部和臂腿同等發達的；中華民國的前途，也就寄託在這個基礎上。

我以為多讀書的人，精神一定愉快，心境也就鎮靜；當興趣濃厚，精神有所寄託時，雖臨大難關頭，都可忘懷，所謂泰山崩於前而色不變者是也。身體強健的人，意志堅定，就不怕困難，且可克服困難。去年十二月八日，我剛要動身回香港，臨時因戰事終止，然而三分之二的家屬和十分之七八的事業，都陷於港滬，人孰無情，當然有些難過，但我卻於片刻以後鎮靜起來，對於無可為力者聽之於天，而於力所能及者，即在後方復興商務印書館之責，盡我最大的努力。我主張「聽天而不靠天」；這就是說，在人力無可為之時，應聽之於天，但對於人力有可為之事，卻不可稍微放棄職責。耶穌對撒旦說「不可試探上帝」，就是這意義；換句話說，縱應極端信賴上帝，卻不可放棄人力，以試探上帝之能否救助。

修養的結果，也就是「事前有備，臨時無懼。」

五、兩年的苦鬥

本文是以我個人的立場，敘述商務印書館自民國二十一年一月二十九日遭日軍炸毀，以迄現在約莫兩個年頭的經過情形。這時期中，商務書館的經歷最苦，而其奮鬥也最力；結果便從一堆餘燼中，造成一個新的局面。我個人在這時期的商務書館中總算是一個極有關係的人；因此商務書館所受的苦，我也一一嘗過；而且因為自然人是有情緒的，其所感覺的苦，當然遠在法人之上；又因為自然人是活動的，在奮鬥過程中所出的氣力也比法人更為具體化。即如去年三月至七八月間，我為著解決商務書館的人事糾紛，受了舊同人方面很劇烈的攻擊；後來又因為有些股東不很明白真相，以為我對於舊同人既能以公司的鉅款接濟，而於股東的利益卻未能兼顧；因此也有對我深表不滿的。我記得在那時期中胡適之先生從北平寄給我一封信，其中有一段說：「南中人來，言先生鬚髮皆白，而仍不見諒于人。」這真可以表現當時的景象。現在商務書館表面上漸復舊觀，而且有許多事件反較遭難以前有進步。從前攻擊我最烈的一部分舊同人，也不分畛域，重新進用，與我攜手同為商務書館致力；而一般股東對於我的舉措，似乎也較能諒解。甚至本年三月間，商務書館股東會中，並承主席提議，在場股東贊成，向我表示謝意。這真是使我受寵若驚。同時有許多關心和同情於商務書館的人士，見其復興很速，往往過度的歸功於我，也使我受之有愧。總之，我從前種種捱罵，不見得因為該罵；後來受人恭維，也未必值得恭維。或者從前罵得過分些，後來也就不免恭維得過分些。依同一理由，現在如果受著過分的恭維，將來或者還不免過分的捱罵，這都是意中事。我以為一個人要想做事，不獨要吃得苦，還需要臉皮厚；不過那副臉皮以外，須有一個良心和它陪襯纔好。

我在這敘述中，因為要適應東方雜誌社的要求，作為我的自傳之一片段，便不免夾著許多主觀的話。又因為在百忙中隨意寫下去，措詞未能謹嚴；往往把公司的事，過份的加重個人的色彩；又有時把個人的意見，過分的作為公家的決定。這是要商務書館的前輩和一般讀者加以原諒的。

接著我便要揭開這兩年苦鬥記的幕了。幕的背後表現著散布在將及百畝地方的工廠和貨棧，完全付諸一炬；數千職工都感著失所和失業的痛苦，千數百股東都憂慮著血本的無著；千百萬等待著供給讀物的人們，都太息著喪失了供給之源，其中一部分的人從前不甚滿意於這個被燬的機關，現在卻都變更態度，一致表示同情。這時候上海四馬路一間事務室內，擠滿了無數喧嚷和哀泣的人們，或要求救濟，或詢問將來辦法。但是這種喧嚷和哀泣的聲音，總掩不住十里外傳來的槍砲聲，尤其是炸彈聲。室內有一個終夜未曾合眼的人，一方面應付這許多人的要求和呼籲，一方面傾聽外間的槍炮和炸彈聲，一方面內心正在打算，趁此擺脫一切，以謀一己的安逸和一家的安全呢？或是負起一切責任，不顧艱苦危險，不計成敗利鈍，和惡劣的環境奮鬬，以謀打出一條生路呢？結果他竟然下了最大的決心，他雖然在這個機關祇是一個極小的股東，他和這個機關的關係也不過十年，比諸許多同事們畢竟還是後進。他如果趁此卸責，或者尚不至有人責備他，同時他還有八十多歲的老父，將及八十歲的老母，以及尚在提抱的幼兒；他明知肩負這種責任，可以陷他於極度的危險，使其全家老幼失所倚賴。但是他一轉念，敵人把我打倒，我不力圖再起，這是一個怯弱者。他又念，一倒便不會翻身，適足以暴露民族的弱點，自命為文化事業的機關尚且如此，更足為民族之恥。此外他又想起，這個機關三十幾年來對於文化教育的貢獻不為不大；如果一旦消滅，而且繼起者無人，將陷讀書界於饑饉。凡此種種想念，都使他的決心益加鞏固。他明知前途很危險，但是他被戰場的血興奮了，而不覺其危險。他明知前途很困難，但是他平昔認為應付困難便是最大的興趣；解決困難也就是最優的獎勵。

以上一段話，恰好代表民國二十一年一月二十九日商務書館遭難後第一日的情形，和我個人的心境。這種心境，經過二十九那天通夜的繼續思考而益堅決。於是我個人兩年來的苦鬭史便由此一念而起。

在這約莫兩年的時期，假使我能夠養成做日記的習慣，可記的事真是太多。現在事後追憶，而且在百忙之中，自然是掛一漏萬的了。姑就記憶所及，概括為下列的幾項：

㈠人事糾紛的解除；
㈡復興的籌備；
㈢復興後的人事問題；
㈣復興後的生產問題；
㈤復興後的編輯計畫。

第一，人事糾紛的解除　商務書館上海各機構原有職工三千七百餘人，其中一大部分住居閘北，戰事發生時，不獨多年倚為生活的商務書館總廠完全被燬，甚至室家財物也多同罹此劫。除少數向來住在租界的安全地帶者外，其餘都從閘北或閘北附近逃出來，有些還算把細軟的東西隨身帶著，有些簡直是身外無長物。他們除了少數有親友住在租界者外，大都靠當時寸金寸土的旅館做安身處；但是寸金寸土的安身處不是不名一文所能置身其間的。因此，他們都紛紛擁到商務書館設在安全地帶的發行所來要求救濟。但在這炮火連天的時候，所有銀行商店一律關門，金融盡行停頓，我和商務書館的其他當局者，雖然痛心於數十年基業一旦被燬，有亟謀挽救萬一的必要；但是眼前見到許多流離失所的同人，大家都認為救人是第一件大事，商務書館自身的救急和善後，都暫時丟在腦後。所以我們第一件工作便是分頭向各銀行的後門鑽入，去商量暫借若干現款，藉以救濟正在流離失所的同人。結果即於商務書館被第一炸彈而發火的一小時內，宣布發給各同人每人救濟費十元。這十元的數目似乎不多；但若把三千七百乘起來，便成為三萬七千元的鉅數現金，在那時候確比平時十倍此數尤為難得。許多同人得到此難得的十元救濟費，三數日內總算解決了食宿的問題。但是永久的問題又怎樣呢？在這寸金寸土的租界安全地帶中，開支至少當倍於平時，而來源又將斷絕，久留祇有增加消耗，故惟有從速各回鄉里是一條生路。因此，我們仍是一心一意把救濟舊同人作為第一件大事，結果於二月一日即商務書館被難的第三日，向董事會商定，各同人除已付清一月份薪水外，每人加發半個月，這數目差不多就是十萬元。又商定同人活期存款在五十元以下者全數發還，五十元以上者其超過五十元之部分先籌還四分之一。這樣一來，又是二十餘萬元，兩共三十萬元以上。我們在這萬分困難之中，籌付這般鉅款，原想使滯留上海每日耗費不貲的各同人，得以早日回到他們比較安全的鄉里；但是舊同人方面有些不明真相的，以為商務書館仍當繼續籌款救濟，因而觀望自誤者頗不乏其人。而人事的糾紛，也就隨之而起。其實商務書館當此巨劫之後，財產去其大半，不獨無救濟的餘力，即以清理債務而論，當時可以運用的資產僅足以償還全部債務三分之一。我當時所最注重的為舊同人在商務書館所存的款項，因為這是許多舊同人歷年辛苦所積聚，當此陷於失業恐慌的時候，為求免除同人不幸中的不幸，自須極力設法，把這些存款儘先全部償還。但這些存款總數，僅占商務書館全體債務之一小部分，如果商務書館一蹶不起，以致破產清算，則按照賸餘資產攤還債務，各同人不獨無從獲取救濟金，甚至存款或尚不能收回三分之一。我當時還有同樣注重的，就是商務書館的復興與舊同人的職業關係，假使商務書館不能復興，則不獨上海各機構原有的三千七百餘同人將不能有再行進用的機會，甚至那時候未受直接損失的分館分廠同人約二千人，不久也因公司之解散而同遭失業。但是巨劫之後，要圖恢復，非先清理不可。如果依照公司法規定，將所有債務同時清理，則誠如上文所認，舊同人一時的和永久的損失都很大。而且照這樣清理，以後縱能復興，也須重新組織公司，勢必遷延時日，對於教育界讀書界的供應也不能不長期停頓，固有的地位也就隨而喪失。我再四考慮之後，認為要使舊同人的存款得以全部償還，要使舊同人於領回全部存款之外還可得到相當的補助，要使舊同人將來有再為商務書館服務的機會，要使商務書館得以早日復興而保持其對於教育界讀書界的地位，不得已祇有採行一種應付非常局面的方策。這方策在當時的各同人看起來，都不免認為我的手段太辣，都認為這將致各同人於絕地。其中較為激烈的少數人，鋌而走險，都要和我個人過不去。這種的心理，就各同人的立場言，原不足怪。這種過程，我也早已料到；甚至當一月二十九日午前，商務書館剛被炸毀，我在發行所受著流離失所的同人所包圍的時候，我在內心的打算，也經預料到。但是我以為在打仗的時候，往往置諸絕地而後得生存；在房屋被燬以後，必須拆除，方能重新建造。而且在那時候，商務書館如果不自動的為局部的清理，恐怕還不免被動的全部的清理；因為商務書館經過這一次重大的損失，各方面的債權者原可隨時干涉其支付款項的自由；設不幸而有此事實，則同人的存款清還，和儘先進用，與商務書館復興的希望均成泡影。反之，如果一面藉解除糾紛為復興的準備，以維持其他債權者的信任；一面以同人關係解除為理由，先將同人存款全部清還，並酌加補助；這樣一來，商務書館當時可以運用的全部資產，便可完全支付於舊同人方面，而不受其他債權者的干涉。結果自去年一二九被難後，至同年八月一日復業前，商務書館先後發還舊同人的存款計八十餘萬元。與種種補助舊同人的款項六十餘萬元合計共一百五十餘萬元。而用以清償其他債務的款項，不及二十萬元。這種處置，在這種情勢之下，對於舊同人實至有利。但是我是就全體同人的總利益及永久利益著想，各同人則不免專就個人一時的利益著想，其立場不同，遂不免群起而集矢於我個人。計自去年三月十六日商務書館董事會議決總館業經停職各職工全體解雇之日起，至八月一日復業之前後，半年以內，我無時不受辱罵和威嚇。好幾次因為外間攻擊我太厲害，許多親友都力勸我擺脫商務書館，以免名譽掃地。我答以祇要良心過得去，臉皮儘管厚些。又有許多人勸我必須詳加駁復，以免社會誤會，我也因為同時須對付舊同人和其他債權者，如果根據全部的主張詳加駁復，縱有利我個人一時的名譽，轉有礙商務書館復興計畫的進行。所以除了一次簡單聲明立場外，對於任何攻擊我的文字，概置諸不復。到了四月初間，少數舊同人對我之攻擊益形惡化，致有種種不利於我的盛傳，而且實際上還接到了不少的恐嚇信。正當其時，不幸我的老父棄養，又有許多親友勸我趁此躲在家中守孝個把月，避過風頭，這是絕對沒有人怪我不負責任的。我以為臨難圖苟免，不是我們應做的事；而且常聽我父親教我盡職負責的話，如果藉父喪而避責任，不獨與平素主張不符，且無以對先父。因此，我便不惜短喪廢禮，於四月十一日在上海申新兩報刊有左列的啟事：

先父禮堂公於本月八日午後七時一刻晚膳中突患腦出血，越五分鐘即棄雲五而長逝，享年八十有一。雲五與內子兒女寡嫂姊妹等皆隨侍在側，奉母命於十日下午三時安葬於萬國公墓。先父交遊廣；雲五服務社會垂三十年，同事同學知交亦綦眾；理宜一一訃告。惟先父生平於善舉雖不惜傾家，於慶弔輒視為侈靡。去歲先父八秩大慶，雲五以高年難得，而椿萱並茂，尤為人生罕覯之事，亟宜稱慶，稍盡人子之職；顧先父以雲五任事商務印書館，同人多至數千，稍有舉措，勢將擾及多人，力戒不許。家母亦甚贊同。雲五始遵命而罷。今先父雖已棄養，遺教猶在，不敢稍違。況值茲國家多難，尤不宜耗物力。故葬前不敢告喪，葬後亦不開弔，所有賻贈概不敢領。雲五並稟承先父克勤尚實之旨，於安葬之次日，忍痛任事。凡我戚友幸矜諒焉。王雲五泣啟。

以上句句話都是事實，但其中還有一件事實，在當時卻不便明白表示。這就是當商務書館發表解雇辦法勞資問題緊張而一部分舊同人正在集矢於我個人的時候，我不願藉丁憂名義，躲在家裏推諉責任；後來糾紛稍平，有人告訴我，當這啟事登出之時，許多人覺得可異。也有些反對我的人，見我這種不漂亮的舉動，頗有轉念到我當時的主張未必是為著私利的；因此對於我的反感反而和緩了一點。這究竟是不是事實，我卻無從證明。

第二，復興的籌備　上文已經說過，為著各方面的利益起見，商務書館有從速復興的必要。故雖在種種糾紛之中，和希望極微之際，我無時不著手於復興的籌備。我們在遭難後第一種積極的工作，就是使各分館在緊縮下維持營業。因上海總棧房全燬，供給斷絕，故就上海發行所所存的少數書物和各分館所存的書物，從事合理化的調劑。即以各分館半年間的營業收入，作為復興用款的基礎。第二種的積極工作，就是利用香港和北平兩個平時生產力無多的分廠，暫時代替上海被燬的總廠，從事於大規模的生產，分別擬定精密的生產計畫，使這兩廠於增加極少的設備後，可有六七倍於向來的生產力，俾秋季開學時學校教科用書及較重要的參考書不致斷缺。自去年三月即開始實行此計畫，經過種種的困難，卒能於秋季開學時將此項書籍大致補充齊備。這與商務書館的復興關係極為重大。假使這件事沒有辦到，則去年八月上海發行所復業將無書可以發售，各分館雖繼續營業，實際上亦將無業可營。因為我們出版界一年中有兩個最重要的營業時期，就是春季和秋季開學的時期；商務書館出版物的範圍甚廣，其中教科書一項自初小以至高中無不齊備，大學校教科參考書籍也有多種；如果在總廠被燬之後不即就這兩分廠設法印書，則秋季開學時教育界固重感書籍供給的困難，商務書館也一蹶不振，其影響於前途極大。我所以在總廠被燬未久即計畫秋季用書的供給，就為著這個緣故。記得我開始作這個計畫的時候約在二月中旬，距商務書館總廠被燬不過半個月，其計畫之完成約在三月上旬，費時共約二十日。那時候商務書館的資財能力和時間都受著極緊縮的限制，故於秋季開學時各種用書的需要數量和各書館的存貨及可銷數量，都不能不作精密的統計。因為力量祇有如許，某一書的供給過剩，勢必致另一書的供給不足。若在平時有種種簿冊報告為根據，計畫自較容易，但在總務處及總廠被燬之後，歷年簿冊報告均不存在，憑空計畫，實感困難。後來無意中在我的大衣袋裏檢出一本手冊，其中載著些不甚完全的舊紀錄，從此推算起來，便漸漸的得到大概的統計。這本手冊，至今我還認為是一種無價的錦囊，因為許多被燬的舊統計資料都可直接或間接得自其中。可見平時的筆記實有很大的功用啊！我既然從此推算得秋季各種用書的約數，第二步便打算如何使那設備不全向來能力薄弱的香港北平兩廠，可以擔負此項臨時重大的使命。當其時好幾位同事都以為非多購機器不可，祇以款項支絀，不能隨意購置。適有英國某機器公司，為表同情於商務書館，願廉價售予大宗印刷機器，並允將其貨價分若干年攤付。同事中多以其條件特優，主張大宗購買。我以為生產增加不盡靠機器之多，祇要能盡物力和人力，即以香港北平兩分廠原有的機器，也未嘗不能擔負此項非常的工作。後來折衷諸說，略購少數機器，訂明分期付款。那時候我曾預言，總廠機器被燬後加以修理尚可使用者，或不在少數；將來戰事停止，如能著手修理，恐尚有多餘的機器可以出售。想不到這預言現在竟成事實。且說香港北平兩分廠的原有機器和臨時添購的幾部合併起來，比諸上海總廠原有者不過十分之一，而添購機器中也有運到較遲，秋季開學以前不及利用的，從表面看起來自然是無力擔負秋季用書的全部。但是我本著盡物力和盡人力的原則，並按其需要的先後緩急詳加計畫之後，似尚無力量不稱的弊。計畫既定，於是從三月中旬起委託重要職員，帶同計畫分駐香港北平兩廠，代表那時候的善後辦事處，督促所定生產計畫的實施。果然到了去年八月總館復業和各分館繼續秋季開學的營業時，那兩個小小分廠所印成的教科參考書籍數量，和我於半年以前在上海所擬的計畫簡直無大出入。這固然由於兩位代表和兩廠職工的努力工作，但在這種種隔膜和紛擾之中，我的計畫居然能有百分之九十以上的正確，至今回想起來，心裏還覺得很大的安慰。

第三，復興後的人事問題　商務書館前此為著萬分不得已的緣故，在善後期內將所有舊同人全體解雇；但其本意絕不願拋棄多年相依的舊同人，故於宣布解雇之時，曾自動向官廳及舊同人鄭重聲明，將來如能復業，當根據團體協約法的規定，按照需要酌量進用舊同人。查團體協約法對於雇主雇用工人所能加以最大的限制，就是於其所雇用之人數中有十分之八屬於與有協約的團體，但專門技術人員及學徒使役等均不受此限制。截至本年十一月底，商務書館先後進用的職工，除學生不計外，共一千三百七十八人，其中祇有六十九人在一二八以前未嘗服務於商務書館，其餘之一千三百零九人均係舊同人，占全部進用職工人數百分之九十五，較諸團體協約法所規定百分之八十的限制超出甚多。足見我在限制以外仍是盡量進用舊同人，也就可以證明從前之主張解雇，實無拋棄舊同人之意。

誰都知道商務書館在一二八以前勞資糾紛頗多。我常常以為這些糾紛的原因雖很複雜，但公司方面用人不當與賞罰不明，實亦不能辭一部分的責。故懲前毖後，於復業之前，對以後的人事問題考慮特為周詳，並因應現在的特殊局勢，立下了幾種特殊的規定，現在擇要說明如左：

㈠人事委員會　商務書館在復業的初期用人無多，而待用的舊同人極多，為免除瞻徇情面力求公允起見，我把進用職工的權委託於特別組織的人事委員會。這委員會的員額為七人，除主任的姓名公開，書記係由人事科長當然兼任外，其他各委員的姓名均不公開，俾得自由行使職權，不受任何影響。所以復業後進用的一切職工，除副科長及編譯員以上者由總經理直接決定聘請外，其他均先提交人事委員會核議，然後決定。依此辦法進用職工，我雖不敢說其盡能公允，但至少要比諸由各主管人員自由任用，較為慎重一點。

㈡迴避制度　一個國家機關，用了許多父子兄弟做職員，在前代本為制度所不許。到了民國，雖然制度上不加禁止，卻也不為輿論所贊同。但是一個工商業機構用了許多父子兄弟在一起辦事，則贊成和反對的都各有理由。贊成者以為可使在職的人增加其對於這個機構的感情，而且父子兄弟同在一起辦事，於公家的規律以外，還可多一種私人的約束。反對者則指摘其為引用私人，互相迴護，以致無能力者可以幸進，不稱職者也有人包庇。商務書館在一二八以前，父子兄弟同在一起辦事的很多，聞竟有一家五人同受雇用者；這自然有其好處，也有其不好處。去年八月商務書館復業時，我對於進用職工方面，定下一個原則，就是父子兄弟已有一人進用的，其他概不進用。我所以作此決定，除了一般人所指摘的理由外，還有另一重大理由：因為一家的人如占有兩個以上的進用機會，則他家的人勢必減了一個以上的進用機會；當此復業伊始，用人少而待用之舊同人極多，倘沒有這種規定，將更感用人之不公允。我這種迴避制度施行之始，同人中雖不免也感覺有些不便；但是十餘月來，習慣漸成自然，在此特殊情勢之下，其效用固很著明，即在平時想來也是利多害少的。

㈢女職工 商務書館在一二八以前，有女職工八九百人，去年八月復業時，所有女職工概從緩進用，直至本年三四月後始漸漸在某部分進用少數女工，而且以儘先進用寡婦或未嫁女子為原則。其理由是因女職工對於生計上的負擔不如男職工之重，尤其是商務書館舊日的女職工多係在職同人的妻女，為著使一般舊同人有較公允的進用機會，故有前述的辦法。至於寡婦或未嫁女子所以儘先進用，亦因他們對於生計的負擔較諸有夫婦女更為迫切的緣故。

㈣館外工作的舊同人 商務書館復業後的上海各工廠都係臨時租賃的房屋，地址很為迫狹，因此附屬的工作如裝訂一項初時並沒有舉辦，現雖在印刷廠中附設一個精裝課，其所擔任者大都為布面精裝的書籍。此外大都委託舊同人在外間所設的裝訂作場代為辦理。這也是維持舊同人生計的一種方法。現在舊同人倚此為生計者，不下四五百人。其他如中文排字的工作，上海製版廠對於這一項的生產力已較一二八以前更大，但是為著維持一部分未經進用的舊同人生計起見，我將鑄成的鉛字約二十副，以信用方法及特別低廉的價格，售給二十組的排字部分舊同人，並於相當時期內，供給他們充分的排字工作，然後分期就所得排字工價陸續將鉛字售價收回。期滿後各該組的排字工人便如耕者有其田一般，都成為排字者有其鉛字了。這一項也有一百多人，和裝訂作場合計，則在外間靠商務書館為生活的舊同人不下六七百人。

㈤同人待遇 我在商務書館復業時擬定了一種同人待遇的通則，就是最高級者薪水較前減少，辦事時間較前加長；中級者薪水較前不減，時間也加長；低級者在可能範圍內務使薪水有增無減，辦事時間不增不減。其理由，一因高級的同人當以身作則，首先犧牲，其他則依次遞減其犧牲程度；二因低級的同人須維持其最低的生活程度，故除不努力或技能不佳者外，其收入總以有增無減為原則；三因一二八以前各部分辦事時間長短不一，有短至六小時者，有長至八小時，現一律改為八小時；向來低級同人的工作時間最長，故不增不減，其他從前依次遞減者現在卻變為依次遞加了。

㈥同人心理的改革 商務書館復業之初，我們有當前的一個大問題，就是對於舊同人進用的程度，和用人的宜多或宜少。因為一二八以前商務書館的勞資糾紛是很著名的，所以往往有人認為商務書館的舊同人不好對付，此次劫後復興，雖曾由公司宣言，依團體協約法的規定進用職工，除學生使役外，須有百分之八十為舊同人；因之，頗有人建議復業後用人愈少愈好，俾舊同人的成份也隨而減少。也有人建議，暫時不設工廠，寧將生產工作委託外間代辦，以免再陷於一二八以前的工潮。我的主張卻與此相反，所以上海先後成立了三個工廠，凡是自己能辦的事，總以自己擔任為原則；其為自己所不便擔任的工作，如裝訂一項，亦如上所述先委託舊同人代辦。至於已經恢復的部分，如有需用職工的必要，也無不儘先復用舊同人。這種種辦法在有些人眼光裏，或者是一件很危險的事。但是迄今我常常得著很大的安慰，就是舊同人之再經進用者，大多數都能服從規律，熱心任事，無論生產營業或其他部分都是如此。或者以為這是由於進用時格外慎重選擇之故，其實也不盡然。當我們進用職工漸多的時候，如對於技能和性情兩項一律求全，這是不易辦到的。因此我們為著技能的緣故，往往對於平素認為性情不易指揮的人，也不憚進用；甚至從前和我過不去的人，如為公司所必需，我也絕無成見，准其進用。我有一種特性，我的朋友高夢旦先生稱之為「善忘」，換句話說，就是昨日是我的仇敵，今日可以即變為朋友。我既本著這種宗旨進用職工，自然對於其人過去的歷史也是善忘的。不過再行進用之後，有功固必賞，有過亦斷不寬容。結果那些最為一般人所不放心者，其認真工作與服從指揮，較諸他人且有過之。我認為這實在由於心理上的改革所致。這種心理上的改革，一部分固然是由於一二九巨劫的刺激，大部分還是由於制度的更新使人有努力自效的希望。大抵有能力的人，從前因為屈居下位，而且鑑於賞罰的不明，便自然而然的另謀出路。現在如果不顧舊嫌，予以自效的機會，其加倍努力自係意中事。故我以為賞罰不明，雖至馴善者不免起怨望；賞罰明，則任何人均不難就範圍。

第四，復興後的生產問題　商務書館劫後，所有總廠的存書存料全部被燬，機器祇有在第五廠的一部分幸存，不及原有機器總數十分之三；歷年出版各書的母版，事前搬運於安全地點賴以保全的不及原有母版總數十分之一；所以在復業以前和復業以後的最要問題，就是怎樣恢復生產。而且因為存貨罄盡，所需要的供給較前更多；故不僅要恢復生產能力，還須大大的增加生產能力。照常理說起來，增加生產能力當然要添置機器或是多用工人；但這兩件事均非錢不辦。商務書館被燬後，既沒有加招股本，也並未發行公司債；所賴以經營者祇有劫後賸下的小小資本，和社會人士對於商務書館的同情和信用。因此，機器之無力添置，自不待言。至於增加工人使失業的舊同人多有再進用的機會，這雖是我所主張，但是一部機器祇要二人工作的，如改用三人，便不合於經濟的條件；又設備上不應有某種工作的，如果勉強添辦，也不合於經濟的條件。在這種物力人力均受有限制的時候，本來祇要能恢復往日的生產能力已自不易；可是自從去年十月以後，上海各工廠陸續成立，迄今不過一年有零，商務書館現有的印刷力卻等於一二八以前兩倍有半。中文排字的力量，除委託外間代辦者不計外，也倍於從前；此外還有許多種工作的生產力，均較前有加無減。截至本年底為止，所有被燬重版的書籍多至三千餘種，而劫後新出版者不下一千四百冊。然而專就印刷一項而論，商務書館現有的機器僅當從前百分之五六十，工人亦不及從前之半；而生產能力卻當從前之二倍有半。印刷工人的平均取入，按照本年七月分和十一月分的平均統計，較一二八以前增加至百分之四十二。製造成本卻較前低減不少。這種種的事例，似乎是互相衝突的，現在卻並行不悖。不獨勞方資方兩受其利，而且可用較少的資本，較少的設備，而得較多的生產。推原其故，不外能盡物力與人力而已。所謂盡物力，就是使機器不要睡覺或躲懶，從前商務書館的機器雖多，但一天祇八小時工作，其餘十六小時都不做工，和睡覺無異，而且在那工作的八小時內，也沒有使各機器盡其應盡的力量。譬如某機器的構造，本來每小時能生產若干，但因機器的運用不得當，或因工作銜接上之不得當，便可使這機器在八小時工作期內失去其一部分的效用。現在我們一方面使各機器在可能範圍內都輪班工作，一晝夜二十四小時不停；這樣一來，一部機器便等於三部機器。此外又設法使其運用得宜，並使工作銜接，於是現在的一部機器便不難等於從前四部機器的功用。上文說我們現以等於從前百分之五六十的機器而生產等於從前百分之二百五十，就是這裏推算得來。所謂盡人力，譬如從前一部機器在原則上本來可以兩個人運用的，因為不肯盡人力的緣故，便用了三個人，甚至四個人來運用，那憑空添出兩個人的工資，不是使工廠多一種非必要的支出，以致製造成本加重，便是使其他兩人的應得工資給這憑空添出的兩人分去了一半，以致各人的收入減少。現在我們不過使每一機器都由必要的人數擔任工作，於是一轉手間，工廠的製造成本既已減輕，工人的收入也有增進。又從前因為賞罰不明，以致工人不願盡力工作，現在一面施行公允的按件計值制度，一面使特別努力者有受獎勵的機會，不努力者有受懲罰的可能，這也是盡人力的一種重要原因。照這樣說起來，物力和人力兩方面既都有進步，則以少數的設備得多量的生產，工廠成本減輕，工人收入加多，都是當然之事。商務書館在上海的三個工廠和北平香港兩個分廠一律辦理成本會計，其結果發見一種顯明的特例，就是公司製造成本愈輕的部分，工人的收入也就比例上愈有增加；反之，公司製造成本愈重的部分，工人的收入也就比例上愈無起色。其原因至為顯明。大抵辦過成本會計的人都知道，每件工作的間接開銷，往往比直接開銷多。直接開銷大都是工人的收入，而間接開銷卻與工人利益無關。如果能夠將間接開銷減至最低度，結果既絲毫無損於工人，而且因工廠節省較多，還可有餘力以酌增工人的收入。但是要減輕間接開銷，其程序也很複雜；因其中至少括有㈠機器的折舊和利息，㈡間接原料，㈢動力，㈣房租，㈤管理費等項。故要達到減輕間接開銷的目的，第一必須使機器盡其力，而增加產量；第二必須使房租動力及間接原料等適於必要的程度，勿使耗廢；第三必須使管理部分的能率充分，可以少數消費管理大量生產。所以製造成本如能減輕，便含有生產增加的意義。反之，如果不問成本，祇圖形式上的生產加增，勢必於機器力量尚未充分利用之時，添購非必需的機器，或是不問職工的工作能率已否達於相當標準，而一味無限度的添用職工。照這樣的增加生產，恐生產愈增，工廠的基礎愈動搖，一般職工亦未見有利。這種弊病，在一二八以前的商務書館，實在常常犯著；恐怕國內其他工廠與此同病的也還不少呢。

第五，復興後的編輯計畫　商務書館是一個出版家，不是一個單純的印刷家；編輯計畫對於出版家關係極為重大。我們印刷上的生產能力雖然大大擴充，如果我們在編輯上沒有計畫，結果不過成為一個印刷家，不能算是出版家。商務書館在距今三十七年前，以印行華英初階等書而起家的時候，實際上不過是一個印刷家，不能算是出版家。後來組織編譯所，為著輔助那時候最初頒行的新教育，開始編輯所謂「最新教科書」，商務書館的地位纔由印刷家而進為出版家。其後繼續印行中小學各種教科書和辭源、四部叢刊、百衲本二十四史等，商務書館遂隨著編輯計畫進展而成為國內最大的出版家。去年復業後，因歷年出版的書籍八千餘種悉數被燬，母版保存的也不及十分之一，如按一般營業的原則，自宜以全副生產力量從事於被燬各書的重版。但是我以為出版家的職責當不斷的以新著作供獻於讀書界，如果我們復業後的二三年內專印重版的書，無異成為一二八以前商務書館的販賣所或印刷所，至少在這二三年內不能認為是出版家。所以去年復業之初，我即決定保留一部分力量專供新出版物之用。自去年十一月一日起，宣布每日出版新書一冊的計畫，同時並復刊東方雜誌等四種定期刊物。當我宣布這計畫時，便有不少的同事懷疑我不自量力，也有些人以為我沒有就營業著想。我認為日出新書一種不過是最低限度的一項貢獻；我們應做的事還有很多，所以在宣布這計畫之後，更進行其他幾種計畫。

第一，就是按照新課程標準編印一套比較完善的中小學教科書，這套書連同教學法教本等共三百多冊，業於本年秋季開學以前完全出版，使實行新課程標準的全國中小學校都能如期獲得相當的教育工具。

第二，就是編印大學叢書，以為提高吾國學術、促進革新運動之一助，經與全國著名大學校及學術團體合作，組織大學叢書委員會，草擬大學校各院必要的科目，然後分別緩急先後，擬定於五年內編印第一期大學用書四百三十二種。此在我國尚屬創舉，以劫後的商務書館肩任此事，更覺不自量力；祇以在商務書館遭難之後，益覺學術救國之必要，此舉極不容緩。幸得各大學及學術團體之贊助，迄今纔一年，已經出版了大學叢書八十多種，今後更當努力進行。

第三就是編印小學生文庫，為全國兒童增進其自動讀書的機會，而為自動教育之倡導。全書五百冊，本年內可以出版三百五十冊，此舉於兒童讀物的貧乏固然補助不少；又因兒童有求知的渴望，而無辨別的能力，多讀好書便生良好的觀念，多讀無益的書便至終身受著不良的影響；所以該文庫對於量的供給以外，尤特別慎重質的選擇。

第四，就是編印萬有文庫未期應出的書，查萬有文庫內容書籍二千冊原定分五期出版，一二八以前已出版四期，除第四期存書大部分被燬尚可重版外，所有第五期應出之書四百冊，大多數沒有存稿，於是不得不重新徵集或分別託人編著，經過許多困難，本年底當可如約出版齊全，以完成三四年前我所發起編印萬有文庫的工作。

第五，就是影印古書以保存孤本，即如此次與中央圖書館籌備處訂約景印的四庫全書珍本便是其中的一例。四庫全書的景印，十餘年來經高夢旦先生等的擘畫，功敗垂成者兩次。本年三月間中央圖書館籌備處復以此來商，商務書館復業未久，重版待印的書極多，新版待印者數量也很不少，故就經濟能力和生產能力言，本不必擔任此項工作，但以此事計畫多年，功虧可惜，而且鑑於四庫全書因東省之淪亡又已喪失一部，及今而不速將孤本先行景印，將來文獻散佚，與文化至有關係。故不顧困難，遂與訂約印行，其後，因目錄學者的意見紛歧，惹起極大的論辯，我總是保持著以最後成功為目的，其他皆非所計。現在幸已開始攝影，十年來經幾許波折，終算實現有期。而於景印四庫珍本之外，並與故宮博物院訂約景印惟一孤本的宛委別藏，又與國立北平圖書館訂約借攝該館所藏的善本，與涵芬樓燼餘的善本參合景印，分期陸續發行。

敘述得太冗長了，就此終止罷。在終止以前，或者還有人想知道一個無能力的人怎樣應付這般困難的局面。我的答覆是：「無論怎樣無能力的人，祇要肯把全副精神應付一件事，多少總有一點的成就。」我本來是毫無嗜好的，社會上的應酬也極少，一二八以後，簡直完全謝絕。我生平視為最快樂的，祇有讀書和做工兩件事。除了每日睡覺六七小時外，其他的時間都完全給這兩件事支配，任它們互為消長。一二八以後，我把讀書的時間多犧牲一點，於是別人以每日八小時工作為最高度的，我便可以十五六小時來工作，結果無異兩個無能力的人一體合作。俗語說，兩三個臭皮匠可以合成一個諸葛亮，固然說得過分些；但無論如何，兩個無能力的人合作結果，總可以等於一個稍有能力的人。並且一個人專做一件事，無論其人怎樣愚鈍，結果也可以因熟練而生巧。不過無能力的人做事，縱在正常的局面，往往也要遇著困難；若在非常的時期，更不必說隨在都是困難。如果一遇困難，便作消極態度，則任何事都不能有成。我有一種特性，就是對於任何困難，決不稍感消極，並且偏喜歡把困難的事作為試驗，以充分興趣，研究其解決方法。萬一能夠解決，便認為這是惟一的最優厚的報酬。既然不為其他報酬而賣氣力，所以祇知負責，絕無怨望。在這過去兩年的苦鬭中，因為往往出力不討好，甚至還要討罵，許多人都說我太不值得，我自己卻沒有這種感覺，專以所做事的成功為惟一目的。然而我畢竟是一個人，不能沒有人的感情。我自己承認生平有一個很大的缺點，就是「小不忍」這三個字；換句話說，就是比較大些的不滿的事情日積月累的隱忍著，偶然遇著很小的事，便一觸即發，無法按住性子，因此而使生平的事業失敗了不少；就是在這兩年苦鬥的程途中，也因為這「小不忍」三個字，空耗了不少的努力，這是我常常要誥誡自己的。

六、八年的參政

這裏所謂參政，是指我膺選為國民參政會參政員而言，並不包括以後的短期從政；但政治協商會議與國民參政會有密切關係，而我之參加該會議多半是由於參政會的關係，因此，也就括入於本文的範圍；至於以參政員地位而參加的種種工作，當然併入敘述。

國民參政會係民國二十七年四月所組織，以集思廣益，團結全國力量，以利抗戰建國為目的。第一屆的參政員額為二百名，均由政府遴選聘任，其所代表者，或為省市，或為特區，或為海外僑民，或為政團及文化經濟界。由於遴選的來源不同，參政員遂分為甲乙丙丁四種。我是以代表文化界的資格而膺選的，故屬於丁種。第一屆國民參政員丁種中，除括有中國共產黨領袖七人，青年黨及民社黨領袖各若干人外，餘皆為文化工商界知名之士，其中並有不少無黨派者，而我也是無黨派人士之一。

參政會第一屆第一次大會於民國二十七年七月六日在漢口舉行，適在日本向我蘆溝橋進攻周年之前夕。那時候採議長制，以汪精衛為議長，張伯苓為副議長。參政員凡能出席者無不出席，會場充滿了團結抗戰的氣象，黨派的成見和宿恨，至少在表面上已為國家觀念所掩。我平素非必要不發言，加以當此國難關頭，國家既然給我一個建言的機會，自不敢輕率發言，而對於應說的話，卻也不稍顧忌。又因事關國家大計，會議雖忙，事前對於所有議案無不一一閱過，預為考慮，所以在這次大會中，我的發言次數雖不多，以有上述的立場和準備，更因口齒尚清晰，發言亦適可而止，絕不過分冗長，以討他人厭惡，故同人對我的印象似乎都不差。

這一次參政會召開後，不久武漢便淪陷，政府西遷重慶，建立陪都。從此時起，直至抗戰勝利，首都遷回南京為止，歷屆歷次參政會都在重慶舉行。參政員任期為一年，但國民政府認為必要時，得延長一年。前後四屆的參政會組織和選任方法迭有變更，大抵人數漸有增加，而代表省市的參政員也從中央遴選者漸改由地方議會選舉，惟丁種參政員仍由中央遴選，始終未改。我由第一屆起，先後四屆均被選為參政員。自第四屆起，並被推選為主席團主席之一。依參政會的規定，參政員改任公務員後應即辭職，但主席團之選任不以參政員為限，仍可於改任公務員後繼續擔任。因此，我於三十五年五月出長經濟部後，當然辭掉了參政員，卻仍兼任參政會主席團主席之一，直至三十六年下半年，才與王世杰君同時自動辭去此項兼職。

在我列名於國民參政會的時期中，先後計八年，統括一下我的工作，計出席大會約十次，任駐會委員三年，任主席團主席約兩年，被選代表參政會赴英國報聘約三個月；憲政實施協進會成立，我被選代表參政會參加；參政會經濟動員策進會成立，我也被選為常務委員。現將各項工作分別略述如左：

對於出席大會，因為照章每年雖有兩次，而由於交通不便，實際上往往一年祇開一次，平均兩年合開三次。每次會期初為十日，嗣改為十四日，而提案往往多至三四百件，可是我的提案特別少，恐怕在參政員中我算得是提案最少之一人。以對於大會發言而論，我也不能算多。但在重要的討論中，我往往不肯放過，結果我的主張往往也獲得通過。

參政會設駐會委員若干人，於每次大會閉會前由參政員中互選之，因為兩星期開會一次，故非能留居會所所在地者不克擔任。在太平洋戰事發生以前，我因商務書館的生產重心在香港，不得不常留該地主持業務，故除參政會召開大會時我方由香港飛重慶出席外，平時卻不能長駐陪都。及太平洋戰事發生後，我常留重慶，從此時起便被推舉為駐會委員，直至當選加入主席團為止，因主席團照章在閉會時主持駐會委員會，故無需兼任駐會委員也。駐會委員會的任務，主要是聽取政府各部會的施政報告，並提出質詢，當然也得建議於政府；

後來職權擴大一點，還加上調查政府工作的任務。因此，我在常川居留重慶的時期，便先後以駐會委員及主席團主席之一地位，不斷和政府接觸，而正式的或非正式的略有建白。

參政會自第二屆以後，改議長制為主席團制。依修正國民參政會組織條例的規定，置主席團，由參政會選舉主席五人（後改為七人）組織之，其人選不以參政員為限；參政會及其駐會委員會開會時，由主席團互推一人為主席。因為輪流主席的關係，我在每一次大會中輪任主席不過兩次左右。可是對於最後一二次的會議，大家總要我主席，甚至有時還要我加任一次的主席。原因是我已獲得「開快車」的綽號，換句話說，就是在我當主席的時候，議案通過特別迅速。本來議案處理之迅速，與主席確有不少的關係。我對於討論時發生的波折，尚能隨機應付；因此，許多不必要的爭執，在我主席時頗能避免，會議的時間也就節省不少。參政同人對我任主席時，似乎都還滿意，可是在某次會議中，因我堅持會議規則，違反了少數人的要求，遂遭遇一位綽號「大砲」的參政員抗議，高呼「主席專制」及「更換主席」，而隨聲附和的也有些人，議場秩序一時頗騷亂。我一點不為所動，鎮靜主持，結果還是我勝利了。經過這一事件後，這位參政員對我倒特別客氣。

在我留居重慶的時候，曾一度代表參政會報聘英國。事因民國三十一年間，英國國會為著中英比肩對日作戰，思有以增進兩國的好感，遂組織國會訪華團，以上下院議員各二人，其中保守黨占二人，自由黨及勞工黨各占一人，來我國訪問。我國政府為報聘之故，於三十二年冬由國民參政會及立法院組織一訪英團，以參政員四人及立法委員一人構成之。遴選的結果，參政員方面以王世杰胡霖杭立武和我擔任；立法院方面則以溫源寧擔任。我們於三十二年十一月十八日由重慶啟行，三十三年一月二十八日離英；在歸國途中，我和溫杭二君折往近東，訪問伊朗土耳其及伊拉克三國，於三月十八日返抵陪都。在英國時我們備受其朝野歡迎，並招待前赴各地參觀。我於英國上下兩院聯合招待會中代表訪英團致詞，並曾出席各地民眾歡迎大會講演。在伊朗土耳其和伊拉克的訪問中，招待亦極熱烈，為期雖短，所得印象頗深。歸國後，我曾以見聞所及，著作訪英日記中英文本，及戰時英國，共三書，均由商務印書館出版。

英人重現實，現實時有變，故英國之對外政策亦時變。當我國對日作戰之初期，以沿海淪於日人掌握，遂恃滇緬路為惟一之運輸通路，英人竟不惜封鎖此路以取悅於日人；及太平洋之戰由日本突然掀動，英屬之香港星加坡及馬來亞同為日人所攫，乃起而對日宣戰，並與我並肩作戰，於是一改其態度而親我，其國會訪華團之率先派遣，固有由來。及我等報聘，其歡迎之熱烈自在意中，其前任外相之西門爵士，對於戰前之中日關係輒有不利於我的主張；我等訪英時西門氏已轉任上議院議長，迭與我等晤見時，無論為私人的談話，或公開的演說，皆一反其前此之態度，對我國之親切遠在他人之上。本來外交祇講勢利，無所謂道義，我則以為英人所表現者且較他國人士為更顯著；但對外政策雖如此善變，其對內政策則強毅不移卻有足多，且戰時艱苦應變尤足取法，因此我於三十三年四月間對於國民參政會駐會委員會的報告，稱道戰時英國之能人盡其力，物盡其用，地盡其利，而其克收速效與大效，則不得不歸功於英人遇事以採公平的原則，科學的方法與守法的精神三者。

參政會第三屆第二次大會中有一個很重大的決議，就是關於提前實施憲政之決議，於是三十二年冬即由國防最高委員會接納這個決議，在該委員會之下設置憲政實施協進會，以推進憲政之實施工作為任務，其會員除以國民參政會主席團為當然會員外，由國防最高委員會就國民黨中央委員，國民參政員及其他富有政治經驗或對憲政有特殊研究之人士指定三十五人至四十九人充任，並置常務委員九人至十一人，而以國防最高委員會委員長為本會會長。我那時候是以國民參政員的資格被指定為會員之一，並被指定為常務會員。該會於三十二年十一月召開第一次大會，我首先提出「提前實行提審制度案」。我認為「世界上立憲國家，其人民權利之最基本者，莫如身體之自由。所謂身體自由即非依法律不得逮捕拘禁或處罰，其因犯罪嫌疑而被逮捕拘禁者，本人或他人得聲請法院於若干小時內提審；我國五五憲草亦有此規定，其提審期為逮捕拘禁後之二十四小時內，此與一般立憲國之原則正同。惟查各地方警察或其他機關濫用職權，無期拘禁人民者時有所聞，為奠立憲政基礎，提審制度自有早日實行之必要。」此一建議案，在蔣介石先生以兼本會會長主持下，即日通過，交常務委員會討論具體辦法，雖實現之期遲延頗久，但此一決議卻是一個正式的根據，後來我在訪英歸來時，應憲政實施協進會之邀，於三十三年三月二十七日對全國廣播，又以實施憲政的先決條件為題，就在英國的觀感而發揮憲政的要義，大意謂：「英國憲政之如此鞏固與完善，自有其道，而其所以致此之道，似可視為任何國家實施憲政之先決條件。此種先決條件有三：

第一是地方自治；第二是法律主治；第三是人民的基本自由備受尊重。……英國人的一般見解，以為民治的憲政能否達到目的，在於人民之是否有權選舉其所欲選之人以組織政府。然欲達上述之目的，則人民須能自由批評政府，能自由集會討論政治，並能避免政府違法的逮捕與拘禁。」

參政會第三屆第一次大會決議在本會內設置一個常置機構，初名為經濟動員策進會，以輔助國家總動員法令及戰時經濟法令之實施，並協助推動其各級業務，以期切實管制物價，鞏固經濟基礎為宗旨。全體參政員皆為會員，設會長一人，由國民參政會主席團推定；設常務委員二十五人至四十一人，由會長就會員中指定。又為工作便利起見，得設分區辦事處，每處設主任一人，並得酌設副主任，均由會長就常務委員中指定擔任。嗣又改稱經濟建設策進會，組織仍舊，並決定將後方分為川西、川東、西北、湘粵桂贛、及滇黔五區，每區設一辦事處。三十六年一月各區辦事處同時成立。滇黔區辦事處主任原經兼會長蔣介石先生指定褚參政員輔成擔任。褚先生因事一時不能前往昆明主持，遂改由蔣會長指定我暫往代理。那時候滇省情形頗特殊，許多人認為中央有所舉措，都不易在該省推行。我因固辭不獲，也就不自揣度，受命前往，但陳明蔣會長以一個月為期，以免妨礙商務書館的業務。我留昆明的一個月中，對於中央政策與地方情感，總算維繫得還好，而於經濟管制也奠立了一個頗為滿意的基礎，於我在留昆明的期間，幸而把狂漲一時的物價平抑了不少，尤其是對於糧價一項，與省政府合作平抑，尤著特效。一時頗為西南聯大的許多朋友所稱許，並以我能不卑不亢執行中央政策為奇蹟。褚老先生於是年一月十七日致我一函，中有「閱報知台端已於二日抵昆，限價工作進行順利，足見大無畏之精神可以克服一切也。」

我在昆明經過這一個月協助滇省府實施限價的結果，就實施的研究與經驗，於二月間返抵陪都後除詳陳蔣會長外，並以「從限價到平價」為題寫了一篇文，由東方雜誌發表。在此文中，我強調下列各點：㈠限價固須因地制宜，卻萬萬不可各自為政，致發生鄰地物價衝突之弊；㈡限價須注意連繫性物品之關係，勿使一物品之限價有礙於他物品之生產；㈢管制物品的種類不可過於繁瑣；㈣立法要寬，行法要嚴，一改我國流行「立法嚴行法寬」之習慣；㈤限價之物品必須同時限量發售，以免因供求不相配合，而破壞限價的防線；㈥惟有增加生產與節約消費並行，始能使限價功效持久。文中對每一要點，均就觀察所得，舉證實例。

我從昆明回渝以來，對於參政會經濟建設策進會的工作仍不斷努力。在三十三年八月二十八日該會經濟建設組常務委員會曾向蔣兼會長提出經濟建設原則建議書，即由我主稿，雖經各常務委員略有修正，大體仍不脫我的原主張。該建議書計列原則十八項，分別加以說明。茲將原則摘列於下，以見我當時的主張：㈠經濟建設宜由國家計畫，而儘可能範圍容許人民經營，俾可配合國策，迅速發展；㈡工農並重，俾取相輔並行之效；㈢重工業宜早日建設，以植工業建國之基；㈣工業上各主要部門務宜配合，俾可順遂進行；㈤工業主要原料宜預籌供應之充分，以固工業基礎；㈥水陸運輸宜加速建設，並自籌交通工具之供應，以利交通；㈦鐵路建設宜與經濟配合，以收相互為用之效；㈧航空事業宜積極發展，以謀交通之迅速；㈨農業特重防洪灌溉及機械之利用，以增進農產；㈩厲行科學管理，以增效率；㈪預謀勞資調協，以減工業上之損失；㈫技術人員宜注重深造與實用，俾資應付經濟建設之需要；㈬制定獎勵國民儲蓄之有效方法，以利自籌資金，發展工業；㈭積極增進外銷物產，以期發展對外貿易；㈮對外貿易宜劃分國營與民營之界限，而對民營外匯仍繼續管制；㈯與盟邦技術合作，利用其資本與戰時過剩之設備，為我國奠立工業之基礎；㈰確立健全之金融制度，俾工業建設不致受阻；㈷租稅宜簡單化，俾政府有實際之收入，而人民不致受擾。

我是一個無黨派的人，而且不以參政為目的而參政；因此，我的立場向來不偏不倚。可是在某一次的發言後，一方面固為我獲得不少的好感和讚揚，他方面卻為我惹起很大的誤會，竟有說我是國民黨之「前哨」的。其後外間盛傳國民黨想把四個中委的頭銜拉攏四位黨外人士入黨，而我也是其中之一個，因此紛紛向我詢問有無其事。其實前者的誤會，正如後者的誤會一般，絲毫不是事實。祇因我一本良心的主張，不知顧忌，而所主張或與國民黨的主張暗合，遂致發生此種誤會。事情是這樣的。當參政會第二屆第一次大會開會之前幾日，時在三十年二月底，我剛從香港飛到重慶與會，才聽見中共方面對於新四軍事件向政府提出辦法若干條，請求採納，而在政府未予採納以前，中共參政員拒不出席，藉此以為要挾。其時政府為著團結抗戰起見，已派出代表和中共駐陪都的代表在會談中，並由居留陪都的若干參政員從中斡旋。為了勸令中共參政員出席表示和諧起見，參政會特將原定召開預備會議，選舉主席團的日期延遲了一二日。因為從本屆大會起，參政會的議長制改為主席團制，主席團定為五人，大家曾在會前商量，除原任正議長蔣介石先生屬於國民黨籍，副議長張伯苓先生那時候還沒有黨籍，同人一致主張推選為主席外，還有三席擬即推選中共及青年民社三黨黨籍的參政員各一人充任。後來我接到通知，決於三月二日上午八時開預備會，選舉主席團，九時接開第一次大會；因此我以為中共的糾紛問題或者已經妥協了。可是到了二日上午，我如時到會，時間已屆，候之又候，還未見搖鈴開會，原來是等候擔任斡旋的幾位參政員作最後的努力。約莫八時半，他們才來，知道問題還沒有解決，中共參政員仍然拒絕出席，於是又等了些時，才舉行預備會，選舉主席團；開票的結果，除前任正副議長蔣張兩先生及民社黨的張君勱與青年黨的左舜生照原議當選外，至原擬以中共參政員當選的一席卻換了女參政員吳貽芳，當然是因為中共參政員拒絕出席，故臨時改變原議，且沒有其他黨派的代表可選，不如以一婦女代表膺選為便。選舉既畢，接著便舉行第一次大會，對於中共問題也沒有甚麼報告提出，並聞擔任斡旋的各位參政員於本日會後仍繼續努力。

次日上午舉行第二次大會，在照例的報告以後，隨即發表中共參政員毛澤東等七人的刪電，和董必武鄧穎超三月二日函稱未能出席大會。接著便由秘書長詳細報告本案的經過，並宣讀昨日董必武等來函堅持政府必須採納中共所提臨時辦法新十二條，及明白保證，始能出席云云。報告畢，復由擔任斡旋之褚輔成參政員發表意見，希望仍能繼續調解，消弭裂痕。隨著乃有兩參政員起立發言，雖對中共微有責備，卻未提任何解決意見。詞畢，主席蔣先生正起立宣佈開始次一程序之施政報告；我那時候卻忍耐不住，立時請求發言。我在事前絕未準備發言，更沒有任何人要我發言，祇是我的良心和政治常識迫使我不得不如是發言。我發言的大意是：「參政會縱然不是立憲國家的國會，至少也是全國人民，和我們自己，所期望成為戰時的國會。因此，任何不能解決的政治問題，未嘗不可在本會中謀致合理的解決。至於中共參政員主張先行解決，再出席會議；我想在目前的實際情形下，恐不僅無法解決問題，而且還要在參政會中開了一個惡例。因為參政員出席與否，除病假事假外，似不應有其他理由，尤其是不應以解決條件為出席的理由。本席現在建議對於本案應採取這幾項的處置：㈠中共參政員的來函，暫時不宜公開，以免惹起國人的疑慮；㈡切望中共參政員重加考慮，仍能出席；㈢中共參政員如能出席，可將所提臨時解決辦法作成對本會提案方式提付討論；㈣中共參政員出席後關於本問題的提案各條，本會同人應本諸良心，秉公討論，應通過者予以通過，不應通過者予以修正或作其他合理的決定；㈤希望政府仍本向來的寬大政策，如果中共參政員能出席，其提經本會通過之案，務望政府盡量接納。」

上開的一席話，完全出自良心與誠意，絕不左右袒；從不斷的掌聲中，可證明當時已獲得大多數參政員的贊成。但事後聞中共參政員對於我以無黨無派人士的資格發言，責備中共參政員不應開此惡例，而強其出席，以對政府所提條件作為對參政會的提案，因參政員大多數屬於國民黨籍，定然以壓倒多數將其打消，彼時如中共參政員不肯遵守，將不免受全國輿論的指責，使其向所採取對政府的宣傳戰略大受打擊；故無論我的說話如何冠冕堂皇，事實上乃從側面協助政府以打擊中共，較諸簡單責備中共者手段實更厲害，故從彼時起，銜我極深。然在另一方面，則國民黨中也有若干人因我對中共參政員以接受要求為出席條件雖持異議，然認為我所提的處置辦法㈣㈤兩項也有綏靖中共與責望政府之意，遂亦不很滿意。但過了幾日除中共恨我如故外，國民黨的少數人或由於明白我的真意者代為解釋，初時的誤會也漸消釋。至閉會的前幾日，中共參政員仍未出席，於是許多參政員都勸我把那天的臨時發言作成提案，以動議提交大會討論。因即寫成提案如左：

「茲謹請大會對於毛參政員澤東董參政員必武等未能出席大會事為如下之決議：

㈠本會於閱悉毛參政員等七人致秘書處刪電，董參政員必武等二人本月二日致秘書處函件，暨聆悉秘書處關於此事經過之報告，對於毛董諸參政員未能接受本會若干參政員與本會原任議長之勸告，出席本屆大會，引為深憾。本會為國民參政機關，於法於理，自不能對任何參政員接受出席條件或要求政府接受其出席條件，以為本會造成不當之先例。

㈡本會連日聆悉政府各種報告之後，深覺政府維護全國團結之意，至為懇切。一切問題，除有關軍令軍紀者外，在遵守抗戰建國綱領之原則下，當無不可提付本會討論，並依本會之決議，以促政府之實行。因是，本會仍切盼共產黨參政員深體本會團結全國抗戰之使命，並堅守共產黨民國二十六年九月擁護統一之宣言，出席本會，俾一切政治問題，悉循正當途轍，獲完善之解決。抗戰前途，實深利賴。」

此一動議案一經擬就，同人連署極為熱烈。即日提出大會討論，經全體一致之決議通過。

擬藉參政會的努力而解決中共對政府的糾紛，是我盱衡當時局勢，認為假使有解決可能的話，這或者是惟一的可能。因為在對日抗戰之際，中共方面對於抗戰建國綱領固可陽奉陰違，不顧信義；政府方面則不僅無力分兵討伐，以惹起內外的夾攻，即或有此力量，對外既難得盟國的同情，對內亦難免國民的誤會。然若專由政府與中共交涉，致外間不明真相，易為中共的宣傳所煽惑，則何如將一切癥結公開於參政會，由代表全國各方面的參政員盡其疏解與評斷的力量，在彼時中共的羽毛尚未豐，表面上或不敢過分違反公論，祇要達到軍隊國家化，則一切政治問題解決尚非絕不可能。這或者是我個人書生之見，但同此主張者亦不乏人。在上述出席問題未能解決的一個大會期內，因為時期迫促，無能為力。但其後畢竟有一個機會，就是在三十三年九月召開的一次大會內，我於開會前一天寫信給主席團，請求轉請政府把和中共商談的經過和結果向大會報告，主席團和政府都接受了我的請求，擇定九月十五日在大會中，政府方面由張治中報告，中共方面由林祖涵報告。兩方報告後，我即發言，貢獻解決意見。茲就速記錄中把我的發言要點摘述於左：

「我請求政府和中共把商談的經過和結果向大會報告，具有兩個主要的動機。第一，本會以團結全國力量為最大任務，對於任何阻礙團結的因素都不能不想辦法去消滅。第二，現在已經接近抗戰最緊張的關頭，當然需要集中全國力量，尤其是兵力，來抗戰。我們知道中共方面擁有相當的軍隊，同時政府在防護地區也保留有相當的部隊，假如團結問題能夠早日解決，這兩部分力量都可以用在抗戰和反攻上，……今天聽了兩方面的報告，歸納起來，雖然問題很不少，但最重要的問題不外兩個，一是政權公開，一是軍令統一。政權公開是中共所提出，其實不但是中共所主張，國民黨和政府也一再宣布其還政於民的決心。軍令統一，是政府所提出，當然，這不但是政府的主張，也是全國人民的主張，就是中共也不能否認的；因為中共四項諾言中的第四項也曾明白申言，十八集團軍願意在軍委會管轄之下，接受軍委會指揮，……今天還聽到林參政員口中一切坦白地申言中共決心實踐四項諾言，是則軍令統一也不當有何問題，……現再行引申說明一下。就政權公開來說，已經由國民黨，由政府，由領袖再三聲明在抗戰完結後實行憲政。對於這點，我們很欽佩國民黨和政府大公無私的精神。不過問題在這裏，就是時間問題。大家都盼望它很快實現，本席當然也同樣盼其早日實現。但有一個事實問題，就是實行憲政必須宣布憲法，宣布憲法，得先召集國民大會。現在要召開國民大會當然有困難。但是我想所謂憲政有兩種，一是形式的，就是要召開國民大會制定和頒布憲法才能實現；又一是無形式的，不待頒布憲法，自然慢慢地走上憲政之路。後者現在也可以實行。政府能把訓政時期的約法切實執行，能擴大各級民意機構的職權，即使不具形式上的憲政，也可以走上真正憲政的軌道，而我們的政權公開也就更近一步了。其次，就軍令統一來說，剛才說過中共也承認軍令應該統一，我祇希望中共能多作事實的表現。在雙方報告中有關於多少軍多少師的差別歧見；我想在軍令統一的大原則下，這似乎是不成問題的。現在反攻正要用兵的時候，雙方一兩師的差別，祇是枝節的問題。大問題在軍令統一的實現，假使軍令真能統一，所有軍隊都是國家的軍隊，便沒有彼此之分，界線之別……」

這次參政會中既將中共問題公開報告，雖未能即由參政會負起尋覓解決途徑的責任，然參政同人對此問題益形重視，政府亦頗寄期望於參政會。初時曾有以參政會為基礎，組織一個特別委員會，開誠討論此問題之擬議。後來經過相當時期的醞釀，卒形成所謂政治協商會議。該會議由五方代表所組成，就是㈠中國國民黨，㈡中國共產黨，㈢民主同盟，㈣中國青年黨，㈤社會賢達。各方面的人數不等，計國民黨八人，共產黨七人，民主同盟九人，青年黨五人，社會賢達（這個名稱我萬不敢當）九人。一至四方面之代表由各方面按照商定之人數自行推選，惟社會賢達之人選則由四方面會同推舉。第五方面被推定的就是邵從恩、莫德惠、傅斯年、胡霖、錢新之、郭沫若、李燭塵、繆嘉銘和我共九人，至其他方面之人選由各黨自行推定者，計第一方面為孫科、張羣、吳鐵城、王世杰、邵力子、陳立夫、張厲生、陳布雷等八人；第二方面為周恩來、董必武、吳玉章、葉劍英、鄧穎超、王若飛、陸定一等七人，第三方面為張瀾、張君勱、張東蓀、沈鈞儒、黃炎培、梁漱溟、張申府、章伯鈞、羅隆基等九人，第四方面為曾琦、陳啟天、余家菊、常乃德、楊永浚等五人。會期規定為三星期，由三十五年一月十日開會，原定二十二日閉會，於必要時並得再度召開。後來延至一月三十一日才閉會。關於該會議的討論範圍，事前煞費商量，規定為兩項：一是和平建設方案，二是國民大會召集事項。會議中，除開全體大會十次外，所有討論問題都是分組舉行，計分為政府組織，施政綱領，國民大會，憲法草案及軍事問題五個小組，由各代表自行認定。後來又增設一個綜合小組，由五方面各推舉代表加入。我除認定加入政府組織小組外，並由第五方面推舉參加綜合小組。

政府組織小組所討論者係關於行憲前聯合政府的組織方案。大家對於這個過渡時期的政府應採取委員制是沒有異議的。但是對於各方面所占國民政府委員的人數，和少數黨的否決權，卻為中共所極重視，民盟對於中共的主張如出一轍；國民黨則傾向於維持國民政府主席的相當權力，對各方面委員人數的分配，自然有它的主張。青年黨和第五方面參加該小組的代表，為謀會議之妥協，大致以調停雙方意見為主旨。但青年黨除調停雙方意見外，對於民盟也有一種特殊的意見，就是認為青年黨以其黨員人數及成立先後而言，應視為第三大黨，民盟雖由若干黨派聯合而成，但其實有黨員人數及成立年齡均遜於青年黨，因此極力主張該黨在未來的國民政府中所占委員名額應多於民盟，至少也當與民盟同數。反之，民盟所持的意見卻與青年黨適相反，認為民盟所占人數，無論如何，必須超過青年黨，後來經過了正面和側面不少的協商，總算決定了兩個原則：其一，規定國民政府委員名額為四十人，國民黨以第一大黨占其半數，即二十名，其餘四方面合占二十名；其二，規定國民政府委員會會議，對通常事項，仍以過半數表決，但涉及變更協商會議所通過之施政問題，則須有三分之二委員贊同，始得通過，換句話說，對於此類重要事項之決議，少數黨派得聯合三分之一之委員行使其否決權。討論至此，已屆閉會時期，各代表亦皆筋疲力竭，對於四方面合占國府委員二十名如何分配，咸主張於閉會後再由四方面自行協商。我獨認為正如俗語所謂「打鐵趁熱」，似不宜稍緩，蓋恐一經擱置，問題轉多。後來，中共推翻其參加聯合政府之諾言，此一問題亦為其所藉口之一；因為中共後來對於四方面合占之二十名國府委員中，堅持中共與民盟必須占有十四名，俾足全額三分之一以上，可以行使否決權，民盟當然也就與中共同一主張。由於此項之爭持，協商決定之政府組織，遂不克照原議實現，遲至三十六年四月改組的國民政府成立，也就因中共與民盟之拒絕參加，而不得不斟酌事實，對於構成分子也就稍有變通。

協商會議中還有一個問題，為各方面所熱烈爭持。這就是關於國民大會舊代表的有效問題。在某次大會中，中共與民盟都力主國民大會代表應重新選舉，國民黨則主張維持原有代表。第五方面有一二發言者，也傾向重新選舉。我起立發言，謂「原有代表固然選出了多年，為中共民盟等認為不能代表新的民意者。但國民大會之不能如期召集，其責任不在各代表，因當此抗戰之非常時期，甚至如英國之重視選舉，其現有國會議員亦因戰事而特別延長任期。查我國國民大會代表選舉法明定，各代表之職責應於第一屆國民大會召集後解除。國大一日不召集，則其職責一日不能解除。國大之主要職權在制定憲法，制憲為法治之始，倘以政治方式變更制憲代表的法律地位，不僅此例不可開，且原有代表倘以護法之名自行集會，豈不是徒滋紛擾。至謂多年前所選舉的代表不能代表新的民意，確係事實。但我也有一折衷辦法可以解決此困難，而仍能維持原有代表。查國民大會代表組織法規定有由政府遴選之代表二百四十名，又規定國民黨中委均為國大代表，而中委共有四百六十名，兩者合計為七百名，皆無需選舉，可由政府與國民黨支配。此次政治協商會議之目的，係因國民黨願還政於民，並容納各黨與社會賢達參加政府，推此美意，儘可將政府與國民黨所能支配之代表名額七百名，公平分配於各方面，加以各地方尚未選出之代表與原有代表身故或附逆者亦有若干名，與上述之七百名合計當有九百餘名，與現有之舊代表為數大致相等。依此辦法，分別遴選與選舉，則代表新的民意者在國民大會中至少亦可占半數。」

我此項主張，自問對於法理與事實尚能兼顧。但當我提出之初，中共與民盟的代表固然立即起立發言反對，即國民黨人士在維持舊代表的大原則下，對於我的主張固然相同；然對於我所提的解決辦法，特別是把國民黨中委所占的國大名額另行分配，聞也有些人不很贊同，可是經過了國民大會小組多日的討論，竟然脫不了我的建議，除各方面已接受我的建議為協商的基礎外，原來主張全部國大代表改選最烈的中共代表祇好退讓一步，表示一切問題倘均獲得滿意的解決，則對於承認原有代表一問題將不堅持。最後協商的結果，遂將上述的七百遴選代表名額分配為國民黨占二百三十名，中共二百名，民盟及青年黨各占一百名，社會賢達占七十名。在閉會之日最後一次綜合小組會議中，復就國民黨與中共所占名額，各撥出十名，加入於民盟所占之名額。

協商會議的中心問題，本當是中華民國的憲法草案。五五憲草固然不是國民黨所堅持不肯改變，但國民黨畢竟對於孫中山先生的建國大綱不便變更過多，也是當然的事。其他方面則以世界上民主憲政的先例本甚顯著，即孫先生所主張之五權亦脫胎於三權之制衡，惟將我國古代之考試監察兩權加重，實則此兩權在三權憲法的國家中亦未嘗不存在，不過分別容納於立法行政兩部門而已。於是頗有人主張將監察院視同一般立憲國之上議院，而將考試院之權限減縮，並取消其對於立法院之提案權。又為過分防止行政院之專擅，特將立法院對行政院之控制加強，同時又遷就五五憲草原案，未照議會內閣通例將解散立法院之權加入。這一缺點，我和若干代表也曾指出，惟以國民黨有些代表對於行政權之過分限制雖力予反對，而對於立法院有被解散之可能卻不贊同。此外爭持最烈者，便是關於國民大會的構成與其職權。五五憲草賦予國民大會的職權很大，但在協商決定的憲草原則下，立法院既成為監督政府的常設機構，自不宜再有一最高立法機構，置於立法院之上，於是憲草小組的協商中便決定將國民大會變成無形的機構，就是把省縣民意機構的代表合併起來，成為國民大會，而以行使選舉總統副總統為其主要職權，僅因敷衍建國大綱國民大會行使四權的規定，在憲草修改原則內，加入「全國選民行使四權，名之曰國民大會」一條。最後，因匆匆閉會，這些原則也就匆匆透過了綜合小組，更通過了最後一次的大會。可是這一決定是為國民黨多數人所反對的，於是大家商定在閉會後仍由綜合小組及會後組織之憲草審議委員會繼續商討，我在協商會議開會期內，因未參加憲草小組，故對此類憲草問題均未能參加討論，但閉會後的綜合小組我仍由第五方面公推參加。同時並被推參加二十五人所組織之憲法審議委員會，因此在閉會以後，迄復員還都以前，我都不斷參與憲草的繼續商討。我本人對於五五憲草賦予國民大會這般龐大的職權固然不贊同，但對於協商決定之無形國大更覺得不妥。因此，在閉會後的繼續協商中，把無形的國大修正為有形的國大，我也是極力主張者之一人。不過關於國大的職權，在繼續協商的結果，雖然費了不少的唇舌和時間，表面上仍括入四權的行使，就是除選舉總統副總統和罷免總統副總統外，對於創制權以創制憲法之修改為限，對於複決權則以複決立法院所提修改憲法案為限；而有關創制權與複決權其他部分之行使，則俟全國過半數之縣市曾經行使創制複決兩項政權時，才由國民大會制定辦法並行使之。這種職權與五五憲草原來規定者相差仍甚遠，但能夠從無形的機構變為有形的機構，已自不易；蓋凡有中共代表參加會議決定之事，如欲有所變更，真是舌敝唇焦，不可稍變其態度也，況彼時民盟大多數代表對於中共的主張簡直無不擁護，遂使中共的勢力頑強萬分。

自一月三十一日協商會議閉會後，憲草審議委員會旋即成立，該委員會除括有協商會議五方面代表各五人共二十五人外，另由政府推派專家十人加入，共同討論；同時協商會議之綜合小組繼續存在，惟人選因有暫行離開陪都者，故重行推選，仍為每方面二人；其後對於政協通過的憲草原則，為著初步重行商討之便利，更就綜合小組中每方面推定一人，彷彿是一個五人憲草小組，來專任其事。我對於這三個機構，無不參加，而且是無一次會議不參加，特別是在那五人的憲草小組中會議的次數最多。此項會議多在國防最高委員會秘書長辦公處之美專校街七號舉行。此五人小組中每次均出席者為國民黨的王寵惠先生與第五方面之我；至於其他三方面雖亦推有固定之代表，但往往委託他人為代。尤其是中共方面的代表最常常易人。他們對於易人出席往往寓有一些技巧。大抵在上次的會議中，他們屈於多數的意見，有不得不讓步之勢，便托詞有事先退，或主張詳加考慮，留待下次決定，但到了下次，毫無例外地他們上一次出席的代表定然不來，改以另一人為代，於是便可托詞不接洽，要求從頭再行討論，這樣便無異把上次接近的決議推翻。由於這樣的關係，我們的很多時間與言辭，便白白耗廢了。我因為對於協商會議的三十五人會議，十人會議，與五人會議無次不參加，遂於憲草原則所繼續商討的每一細節與其經過無不目擊耳聞，雖然事後回憶，未必毫無遺漏，但至少非數萬言不能罄，與本文的目的不符，故所述暫止於此。

一九四八大風大浪
——王雲五從政回憶錄

作者◆王雲五
發行人◆王學哲
總編輯◆方鵬程
主編◆葉幗英
校對◆鄭秋燕
美術設計◆吳郁婷

出版發行：臺灣商務印書館股份有限公司
台北市重慶南路一段三十七號
電話：(02)2371-3712
讀者服務專線：0800056196
郵撥：0000165-1
網路書店：www.cptw.com.tw
E-mail：ecptw@cptw.com.tw
網址：www.cptw.com.tw

局版北市業字第 993 號
初版一刷：2010 年 9 月
定價：新台幣 350 元

ISBN 978-957-05-2514-4

一九四八大風大浪：王雲五從政回憶錄／王雲五
著. -- 初版. -- 臺北市 ： 臺灣商務, 2010.09
面 ； 公分.

ISBN 978-957-05-2514-4（平裝）

1. 王雲五 2. 回憶錄

783.3886 99012690